Unser kleines Dorf:
Eine Welt mit 100 Menschen

Josef Nussbaumer, Andreas Exenberger, Stefan Neuner

10. Auflage 2010

W0011565

Band 1 der Reihe
„Kufsteiner Wirtschaftsstudien"

im IMT Verlag, Kufstein

Herausgegeben von Markus Mayr und Andreas Exenberger

Eine Welt mit 100 Menschen

Josef Nussbaumer
Andreas Exenberger
Stefan Neuner

IMT Verlag, Kufstein

© **SIMB GmbH & Co. KG**, School for International Management and Business Studies, Kufsteiner Wald 24, 6330 Kufstein, **Department IMT-Verlag**, info@simb.at, www.simb.at

10. Auflage (Erstauflage 2009)

Unser kleines Dorf entstand als Gemeinschaftsproduktion von Josef Nussbaumer (Idee, Recherche, Textgrundlage), Andreas Exenberger (Textgestaltung, Sekundärrecherche), Stefan Neuner (Grafiken, Umschlaggestaltung) und Markus Mayr (Produktion, Vertrieb).

Wir wollen uns bei Martina Alfreider, Sabine Comploi, Veronika Eberharter, Stefan Lang, Engelbert Theurl und Paul Tschurtschenthaler für ihre sehr sorgfältige Durchsicht des Manuskripts und ihre ausführlichen Anmerkungen ganz besonders bedanken sowie bei vielen anderen Menschen, die uns in Gesprächen Anregungen und Rückmeldungen gegeben haben, die zur Fertigstellung dieses Buches und seiner Überarbeitungen beigetragen haben. Ein spezieller Dank geht an Ursula Kaml, die mit ihrer Diplomarbeit: *Angenommen, die Welt wäre ein Dorf von 1.000 Einwohnern, wie könnte man sie statistisch seit 1950 beschreiben?* (Innsbruck, 2003) wertvolle Vorarbeiten für die weitere Konkretisierung dieser Idee geleistet hat.

Siehe auch: www.unserkleinesdorf.com

Druck: Druckerei Aschenbrenner GmbH, Untere Sparchen 50, A-6330 Kufstein
Gedruckt auf Papier mit FSC-Zertifizierung.
Umschlaggestaltung: Stefan Neuner

ISBN: 978-3-9502786-2-0

Inhaltsverzeichnis

Prolog: Ein „globozentrisches" Weltbild

Eine Welt der Krisen?

Wir haben es heute mit drei großen Krisen zu tun, so der prominente US-amerikanische Zukunftsforscher Jeremy Rifkin[1]:

- **erstens** mit dem Ende der zweiten industriellen Revolution und der Krise jener Globalisierung, die darauf aufbaut;
- **zweitens** mit dem Ende des fossilen Zeitalters und der Energiekrise;
- und **drittens** mit dem Klimawandel, der die menschliche Zivilisation auslöschen könnte.

Dennis Meadows, US-amerikanischer Systemforscher, sah bereits in den 1970er-Jahren deren gemeinsame Ursache, die er im Buch *Die Grenzen des Wachstums* beschrieb: die Verknappung und damit Verteuerung von Ressourcen.[2] Um die großen Auswirkungen dieser

---

[1] Vgl. dazu ein Interview mit Eric Frey im *Standard* am 20. Jänner 2009 (online unter: http://derstandard.at/1231152281790/). Jeremy Rifkin ist Publizist und ein im Denken radikaler Sozialwissenschaftler, der zahlreiche Bücher veröffentlicht hat, z.B. *Das Imperium der Rinder* (1994), *Das Ende der Arbeit und ihre Zukunft* (1995) und *Access* (2002). Zudem propagiert Rifkin die „dritte" industrielle Revolution auf der Basis von dezentralisierter Versorgung mit erneuerbarer Energie (siehe dazu: http://thirdindustrialrevolution.ning.com/).

[2] Vgl. Meadows, Dennis L.: *Die Grenzen des Wachstums*. Stuttgart 1972, bzw. Meadows, Donella H./Randers, Jörgen/Meadows, Dennis L.: *Grenzen des Wachstums: Das 30-Jahre-Update, Signal zum Kurswechsel*. Stuttgart 2006.

Entwicklung besonders zu betonen, meinte er in einem Interview nach der aktualisierten Neuauflage des Buches 2006 sogar, dass die Menschheit in den nächsten 30 Jahren mehr Veränderungen sehen wird als im alles andere als ereignislosen 20. Jahrhundert.

Nun kann man zwar historische Erfahrungen niemals einfach auf die Gegenwart oder Zukunft übertragen, jedoch ist aufgrund vieler Faktoren klar, dass wir in einer Phase des radikalen Umbruchs leben. Die Spannungen im bestehenden „System" nehmen seit geraumer Zeit unablässig zu und bringen es aus dem Gleichgewicht.[3] Ein neues ist aber nicht mehr auf der Basis der alten Konzepte herzustellen. Die alten „Erzählungen", die alte Logik, sie passen nicht zu einer Zukunft, die für alle auf der Welt lebenden Menschen ökonomisch wie ökologisch **nachhaltig**[4] sein muss, weil sonst der Kollaps droht.

Mit diesem Buch wird insbesondere der Versuch unternommen, das zu veranschaulichen und Ansätze zu liefern, wie es zu erklären ist – nicht zuletzt historisch. Gerade Letzteres ist wichtig, weil sonst unklar bliebe, welche zukünftigen Entwicklungen überhaupt möglich sind. Nur so können echte „Optionen" von reinen „Utopien" unterschieden werden, wobei freilich auch das Utopische schon allein dadurch Bedeutung hat, dass es ein Ziel und damit Orientierung bieten kann und dass es nur über derartige „Visionen" möglich ist, über das Althergebrachte, über die alten Erzählungen hinauszudenken und Neues zu entwickeln. Dabei ist die Vorstellung von drei gleichzeitigen Krisen ein guter Ausgangspunkt für die Bewältigung der anste-

---

[3] Diese Schlussfolgerung baut wesentlich auf Arbeiten des Chemienobelpreisträgers Ilya Prigogine zu dissipativen Systemen und Irreversibilität auf, nachzulesen z.B. in *Vom Sein zum Werden* (7. Aufl. 1992), *Dialog mit der Natur* (7. Aufl. 1993), *Das Paradox der Zeit* (1993) oder *Die Gesetze des Chaos* (1995).

[4] Unter „nachhaltig" ist ein selbsttragendes System zu verstehen, in dem also weder Ressourcen überstrapaziert noch übermäßige Abfälle hervorgebracht und damit insbesondere die Lebenschancen zukünftiger Generationen nicht gefährdet werden.

henden Aufgaben. Denn als Menschheit ebenso wie als jeder und jede Einzelne werden wir immer Einfluss auf unsere Zukunft haben. Je später wir aber agieren – oder gar nur reagieren – desto beschränkter wird unser Handlungsspielraum sein und desto kleiner und unerfreulicher die Auswahl an Möglichkeiten. Das Schicksal von Gesellschaften, die z.B. an ihre ökologischen Schranken gestoßen sind, kann eine Warnung vor allzu viel Übermut sein, dass der Mensch mit allen Problemen schon immer irgendwie fertig wird.[5]

Diese Befunde von Rifkin, Meadows und anderen werden vielen aus der Seele sprechen, ebenso wie sie vielen auf den ersten Blick unverständlich sein werden. Was zutrifft, hängt eng mit dem jeweiligen Weltbild zusammen. Gerade an mancher **Vorstellung** von der Welt will dieses Buch aber rütteln, indem der Versuch unternommen wird, weltweite Ungleichgewichte plastisch und greifbar zu machen. Das geschieht auf zwei Ebenen, auf denen zugleich die Begründungen stattfinden, warum uns einschneidende Änderungen bevorstehen. Die eine ist eher „empirisch", also eine Sache des **Begreifens**, und liegt im großen Ausmaß der Ungleichheit, die unseren Globus derzeit viel mehr prägt, als das in der so genannten „entwickelten" Welt zur Kenntnis genommen wird. Sie hat etwas mit Beobachten und Messen zu tun. Die zweite ist „theoretisch", also eine Sache des **Verstehens**. Sie liegt in der Art und Weise, wie sich die Menschen die bisherigen Entwicklungen verständlich machen, was derzeit zunehmend durch das Konzept der „Krise" geschieht. Hier haben Erklärungen, aber auch die bereits erwähnten „Erzählungen" Platz, die im Idealfall die täglichen Geschehnisse in ein stimmiges Ganzes einbetten.

---

[5] Erinnert sei an die Versalzung des Fruchtbaren Halbmonds (heutiger Irak), den Zusammenbruch der Maya-Kultur (heutiges Mittelamerika) oder das Schicksal von Rapa Nui (die Osterinsel im Südpazifik), um nur einige der bekanntesten Beispiele zu nennen. Vgl. systematisch dazu Diamond, Jared M.: *Kollaps: Warum Gesellschaften überleben oder untergehen.* Frankfurt/M. 2005.

Globo, ein Dorf mit hundert Menschen

Dieses Buch soll also die Welt beschreiben, aber auch realistische Optionen und angemessenes Handeln verdeutlichen. Dazu braucht es die Kenntnis aktueller Zustände, aber auch darüber, wie es zu diesen Zuständen gekommen ist, denn das ist nicht egal. Vielmehr wirkt der beschrittene „Pfad" prägend in die Gegenwart nach.[6] Um das zu erreichen, wird ein Gedankenexperiment unternommen. Es geht dabei darum, sich die gegenwärtige Welt als Dorf mit 100 Einwohnerinnen und Einwohnern vorzustellen, das **GLOBO** heißt. Dieser Kunstgriff soll es ermöglichen, besser mit ungewohnten globalen Realitäten vertraut zu werden, und das bezogen auf eine Gruppe, die vielleicht ziemlich genau so groß ist wie jene Gruppe von Menschen, mit der man im Bekannten- und Freundeskreis beruflich und privat wirklich zu tun hat (auch wenn sie wohl kaum je so „global" sein wird).

Ein wichtiges Darstellungsmittel in diesem Buch stellen Grafiken dar, die die Realität in **„unserem kleinen Dorf"** veranschaulichen sollen. Alle enthalten verschiedene Daten, teils historische, oft gegenwärtige und manchmal zukünftige. Manche sind einer physischen Weltkarte nachempfunden (auf der sich übrigens links von Nordamerika auch eine sonst nicht dargestellte Anomalie findet[7]), manche gleichen eher Diagrammen. Die vielleicht gewöhnungsbedürftige Optik wurde dabei absichtlich gewählt, um die **„eine Welt"** zu verdeutlichen, in der die **100 Menschen** von Globo zusammenleben.

---

[6] In der Wissenschaft nennt man diesen Sachverhalt „Pfadabhängigkeit". Vgl. dazu etwa die Arbeiten des Wirtschaftshistorikers und Wirtschaftsnobelpreisträgers Douglass C. North, z.B. *Theorie des institutionellen Wandels* (1988), *Institutionen, institutioneller Wandel und Wirtschaftsleistung* (1992), und zuletzt *Violence and Social Orders* (2009, mit John J. Wallis und Barry R. Weingast).

[7] Näheres zu diesem „Müllstrudel" findet sich unten auf den Seiten 148 und 149 (Abb. 8.03), vgl. auch http://www.greatgarbagepatch.org/.

GLOBO-ORTSPLAN

Globo   Weiler

OZEANIEN

OSTASIEN   SÜDOSTASIEN

NORDAMERIKA

ZENTRALASIEN

SÜDASIEN

OSTEUROPA

WESTASIEN

LATEINAMERIKA

WESTEUROPA

NORDAFRIKA

SUBSAHARA-AFRIKA

UNSER KLEINES DORF, EINE WELT MIT 100 MENSCHEN │ 0.01

Als Hauptbezugsjahr für die Daten wird **das symbolträchtige Jahr 2000** verwendet, weshalb ein Mensch in Globo stellvertretend für rund 61 Millionen Menschen in der realen Welt steht.[8] Auch die Geld-, Mengen- und Flächenangaben werden entsprechend umgerechnet. Um diese Daten besser zu strukturieren, wird das Dorf in sechs **Weiler** geteilt.[9] In Globo gibt es die Weiler „Afrika", „Asien", „Europa" (einschließlich Sibirien), „Lateinamerika" (und Karibik), „Ozeanien" (Australien und Pazifik) und „Nordamerika", wobei Ozeanien sozusagen „statistisch" unbesiedelt ist, aber wichtig für die Ressourcenversorgung. Wenn es zweckmäßig ist, wird noch weiter untergliedert, vor allem der bevölkerungsreichste Weiler Asien.

Auf den folgenden Seiten werden nun verschiedene Lebensbereiche in Globo dargestellt. Dabei birgt die Auswahl der Daten aus der Fülle des vorhandenen Materials immer die Gefahr der Willkür, es soll hier aber ein Gesamtüberblick gegeben werden, der alles Wichtige sowie das unserer Ansicht nach zu wenig Bekannte enthält. Die Darstellung auf der Basis von 100 Menschen soll dabei außerdem nicht nur der Vorstellung helfen, sondern sie soll auch den Eindruck allzu exakter Zahlen verwischen. Denn nahezu alle folgenden Angaben entbehren solcher Exaktheit, die aktuellen kaum weniger als die historischen. Viele beruhen hingegen vielmehr auf Schätzungen und Hochrechnungen und manche können nur als ungefähre Annäherung an eine eigentlich unbekannte Realität angesehen werden. Es macht insofern

---

[8] Es gibt sogar eine exakte Zahl: 60.711.441, vgl. Maddison, Angus: *The World Economy: Historical Statistics* (CD-rom). Paris 2003. Nun ist es zwar nötig, für Berechnungen eine solche Zahl zu haben, es wäre aber geradezu lächerlich, sie für „wahr" zu halten. Tatsächlich ist diese „exakte" Zahl nur eine unter vielen Angaben zur Bevölkerung, wobei jede letztlich nur eine Hochrechnung auf der Basis von Meldungen, Schätzungen und Stichproben mit erheblicher Fehlerquote ist.

[9] Dieser in Varianten im gesamten deutschen Sprachraum gebräuchliche Begriff beschreibt den alleinstehenden Teil eines Dorfes, der meist aus mehreren Häusern besteht.

auch keinen Unterschied, ob man solche Zahlen mit zwei Kommastellen oder auf ganze Einheiten gerundet angibt.[10] Daher wird in
diesem Buch auch weitestgehend auf Kommastellen verzichtet – und
das nicht zuletzt, weil ein Mensch immer ein unteilbares Ganzes ist.

Es geht also nicht zuletzt darum, den Blick für Realitäten zu schär-
fen, die „wirklich" globale Bedeutung haben, ist doch dieser Blick
oft durch näher liegende Probleme getrübt. Diese „Wirklichkeit" ist
dabei allerdings mit voller Absicht in Anführungszeichen gesetzt,
denn natürlich ist die Prozentgrenze, mit der hier letztlich gearbeitet
wird, ein willkürliches numerisches Konstrukt. Auf dieser Ebene
relativiert sich aber vieles, was nur scheinbar wichtig ist. Es gibt in
ganz Globo z.B. nur 2,6 Kilogramm Gold, nur 11 Autos und nur
höchstens vier Menschen können dieses Buch lesen, weil sie überhaupt Deutsch verstehen. Es schließt aber auch vieles aus: z.B. gibt
es in Globo „statistisch" keinen einzigen Löwen oder Elefanten, keinen einzigen Arzt und natürlich keinen einzigen Fernsehsender.[11]

Bei der folgenden Betrachtung handelt es sich nun zumeist um eine
Beschreibung der Gegenwart mit einigen Rückblenden, vor allem ins
19. Jahrhundert, und Ausblicken in die nähere und fernere Zukunft.
Trotz des Hauptbezugsjahres 2000 wurden für die Darstellung der
jeweiligen Lebensbereiche aber natürlich stets möglichst aktuelle

---

[10] Das gilt auch für die Rundungsregel: In diesem Buch wurde so verfahren, dass
die Summe aller Menschen in den Weilern stets der Gesamtsumme für Globo entsprechen muss. Daher wurde nicht einheitlich bei 0,5 gerundet, sondern absteigend
nach Größe der Reste aufgerundet, bis diese Entsprechung erreicht war.

[11] Bisher wurden laut Brook Larmer („Begehrtes Gold: Der Schweiß der Sonne",
Spiegel vom 25. Jänner 2009) insgesamt nur 161.000 Tonnen Gold gefördert und
laut WHOSIS, Online-Datenbank der WHO (http://www.who.int/whosis), gab es
um 2004 rund 8,5 Millionen Ärzte weltweit. Autos und Sprachen werden in diesem
Buch noch ausführlicher behandelt, die Zahl der Elefanten (obwohl auch als Ar-
beitstiere genutzt) und Löwen liegt hingegen ebenso wie die Zahl der Fernsehsender weit jenseits jeder „globo-statistischen" Wahrnehmungsschwelle.

Daten verwendet.[12] Dass dabei oft eine Zeitspanne von etwa zweihundert Jahren betrachtet wird, ist kein Zufall. Neuerdings hat man dafür sogar ein Wort erfunden: **Anthropozän**.[13] Gemeint ist damit jener Zeitraum seit etwa 1800, in dem der Mensch zu *dem* prägenden Faktor des Weltgeschehens geworden ist und sich in Globo viele in ihrer Dimension und Dynamik historisch einzigartige Entwicklungen ereigneten. Es mag dabei bezweifelt werden, ob der Mensch, das Steinzeitwesen, sich an die absolute Einmaligkeit und Beispiellosigkeit des Wandels in jüngster Vergangenheit wirklich bereits gewöhnt hat, denn erdgeschichtlich betrachtet gleicht diese letzte Phase einem Hauch. Stellt man z.B. die Zeit seit Entstehung der Erde vor 4,5 Milliarden Jahren in einem Tag dar, so ereignet sich selbst die neolithische Revolution, also die „Erfindung" der Landwirtschaft, erst in der letzten Sekunde.[14] Und das Anthropozän könnte man gerade noch auf dem Zielfoto eines Hundertmeterlaufs erkennen, nicht aber mehr in der Zeitnehmung. Dieses Bild mag auch so verstanden werden, dass nicht mehr viel Zeit bleibt, den Kurs in Globo zu korrigieren. Es weist aber vielleicht auch auf die große Aufbauarbeit der Natur hin, die in den Händen der heute lebenden Menschen liegt, und damit auf deren Verantwortung.

---

[12] Im Sinne bestmöglicher Aktualität wurden daher für viele Grafiken spätere Jahre (bis einschließlich 2008) verwendet, worauf jeweils hingewiesen wird. Infolge des Bevölkerungswachstums seither stimmen sie dann allerdings nicht mehr unbedingt mit den 100 EinwohnerInnen zusammen und sind daher nicht ohne weiteres in Pro-Kopf-Quoten oder Prozentangaben umzurechnen.

[13] Der Begriff, wörtlich etwa „Erdzeitalter des Menschen", geht auf den Chemienobelpreisträger Paul Crutzen zurück und wird z.b. diskutiert in: Zalasiewicz, Jan, et al.: „Are we now living in the Anthropocene?" in: *GSA Today* 18, 2008, S. 4-8.

[14] Zur Einordnung: Das „Leben" (in Form von Einzellern) entsteht an diesem Tag Erdgeschichte zwar bereits um 4 Uhr morgens, die ersten „Pflanzen" aber erst um 20.30 Uhr abends, und der Zeitpunkt, als die ersten „Tiere" das Land betraten, liegt nach 22.00 Uhr abends. Der „Mensch" (in Form des vielmehr affen- als menschenartigen Australopitecus) erscheint erst in der vorletzten Minute auf der Bildfläche.

Ein erster Blick auf die Globo-Geographie und die Globo-Ökonomie

Die Beschreibung soll mit einem Blick auf das Umfeld des Dorfes beginnen. Die Oberfläche beträgt etwa 8,4 Quadratkilometer bzw. 840 Hektar, von denen aber ca. 71 Prozent aus Wasser bestehen, das nahezu ausschließlich Salzwasser ist. Die restlichen 29 Prozent (also etwa 2,5 Quadratkilometer) bestehen zwar aus Festland, sind aber deshalb noch lange nicht bewohnbar. Mehr als ein Drittel des Festlands besteht nämlich aus Wüsten, Ödland, Gebirgen und Gletschern und insgesamt vier Fünftel der Dorffläche fallen damit als Wohngebiet zur Gänze aus. Doch auch der Rest besteht größtenteils aus Wald (ca. 65 Hektar), Wiesen- und Weideflächen (ca. 57 Hektar) und Ackerland und Dauerkulturland (ca. 25 Hektar). Übrig bleiben nur etwa 3 Hektar, auf denen Häuser und Infrastruktur stehen.[15]

Die reine Betrachtung der Oberfläche scheint noch wenig spektakulär zu sein. Aber auch sie ist aufschlussreich, wenn man etwa an die fortschreitende Entwaldung während des Anthropozän denkt, die alle Formen von Wald flächenmäßig dezimiert hat, zuletzt speziell den tropischen Regenwald. Dabei bleibt es aber nicht, denn auch sonst ereigneten sich während der zwei Jahrhunderte des Anthropozän viele langfristig betrachtet extreme Entwicklungen: Die Bevölkerung „explodierte", ebenso die Industrieproduktion, damit aber auch die Menge an „produziertem" Müll und die Belastung von Wasser, Boden und Luft, wobei all das natürlich auch direkt zusammenhängt.

---

[15] Vgl. für diese Zahlen z.B. den *Wikipedia*-Eintrag zur „Erdoberfläche", online unter: http://de.wikipedia.org/wiki/Erdoberfl%C3%A4che#Daten, sowie Carus, Michael, et al.: *Fossile und nachwachsende Rohstoffe für Verpackungen: Marktentwicklungen und Preistrends*. Vortrag beim Deutschen Verpackungskongress, Berlin, 12. Juni 2008, online unter: http://www.nova-institut.de/pdf/08-06-12_rohstoffwende_verpackung_nova.pdf, Folie 20).

 **DAS ANTHROPOZÄN**

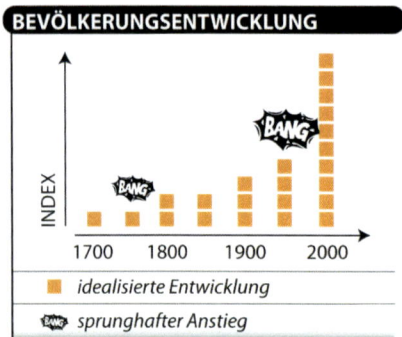

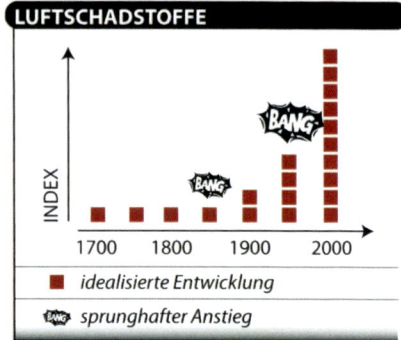

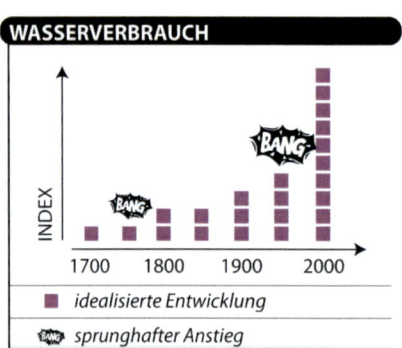

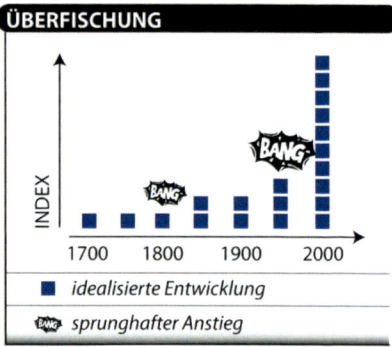

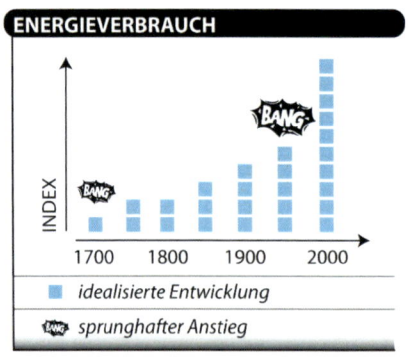

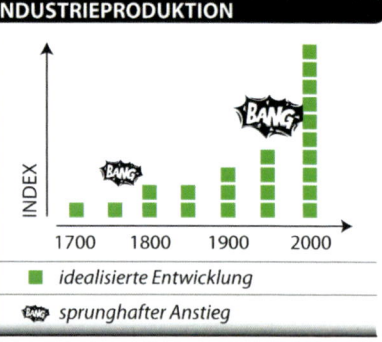

Generell gleichen viele Zeitreihen von Entwicklungen während dieser Periode jenen, die in Abb. 0.02 als eine Art „Ikonen" der Veränderung durch den Menschen zusammengetragen wurden.[16] Denn obwohl eine große Zahl solcher Reihen durch den Rost der Aufnahmefähigkeit einer solchen Publikation gefallen ist, werden in diesem Buch immer wieder vergleichbare Bilder auftauchen.

Eine Warnung vor den Tücken der Statistik

Über die **Ungenauigkeit** vieler der hier präsentierten Daten ist bereits geschrieben worden. Zahlen zum selben Sachverhalt aus vergleichbar zuverlässigen Quellen unterscheiden sich oft, teils um ein Vielfaches. Manchmal ist der Grund nachvollziehbar, wie z.B. unterschiedliche Definitionen, manchmal auch nicht. Dass hier meist nur eine Zahl präsentiert wird, soll daher nur Verwirrung vermeiden und nicht etwa den Eindruck erwecken, es gebe korrekte Angaben (wobei aber stets die als am zuverlässigsten eingeschätzte wiedergegeben wird). Eine zweite sehr wichtige Anmerkung zum Umgang mit den vielen statistischen Daten ist aber noch zusätzlich nötig. Es wird in weiterer Folge oft von der **durchschnittlichen Entwicklung** im gesamten Dorf Globo oder in einzelnen Weilern die Rede sein. Allerdings zeigt sich hier eine statistische Tücke, denn Durchschnitte sagen nichts über die Verteilung der zugrundeliegenden Daten und damit wenig über Einzelereignisse aus. In der Statistik kursiert ein Witz, der dieses Problem auf ironische Art recht anschaulich macht: Wenn ein Jäger einem Hasen nachstellt und einmal genau 5 Meter

---

[16] Sie gleichen damit einem Eishockeystock, was Joel Mokyr dazu veranlasst hat, in einem Review-Artikel 2005 gerade mit Bezug auf die letzten zwei Jahrhunderte von „Hockey Stick Economics" zu sprechen (in: *Technology and Culture* 46 (3), S. 613-617). Die Metapher stammt übrigens ursprünglich aus der Klimaforschung.

links und bei seinem zweiten Schuss genau 5 Meter rechts an ihm vorbei schießt, dann wäre der Hase statistisch betrachtet im Durchschnitt dieser beiden Schüsse mausetot. Praktisch aber würde sich jeder Hase einen solchen Jäger wünschen und sich weiter seines Lebens freuen. Man sollte bei allen Durchschnittsangaben, die auch in diesem Buch sehr häufig vorkommen werden, diese Tücke niemals vergessen.

Nun gilt es aber, in ein Panoptikum globaler Lebensrealitäten einzutauchen, das von der Bevölkerung über die Landwirtschaft, die Energie, den Verkehr, die Arbeitswelt und den Konsum bis zu den größten Bedrohungen und aktuellen Herausforderungen führen wird. Die Darstellung ist dabei bewusst dem Konzept des „Globalen Lernens"[17] verpflichtet, indem sie auf vielfältige Weise zum gemeinsamen Entdecken der Welt einladen will, vor allem einer Welt außerhalb des für viele der Leserinnen und Leser gewohnten Horizonts. Was sich dabei entfaltet, ist ein neues, **ein globozentrisches Weltbild**.[18]

---

[17] Siehe zu diesem Konzept etwa das „Portal Globales Lernen" (online unter: http://www.globaleslernen.de/) bzw. in Österreich z.B. die „Plattform Globales Lernen" (online unter: http://www.baobab.at/start.asp?b=121) und die „Strategiegruppe Globales Lernen" (online unter: http://www.komment.at/content.php?id=17).

[18] Dazu eine erklärende Anmerkung: Der Kunstbegriff eines „globozentrischen" Weltbildes lehnt sich an die Wende vom „geozentrischen" zum „heliozentrischen" Weltbild an, die Nikolaus Kopernikus im 16. Jahrhundert in der Astronomie eingeleitet hat. Kopernikus stellte damals die Sonne statt der Erde in den Mittelpunkt des Sonnensystems. Was es heute gerade angesichts der vielfältigen aktuellen Probleme der Welt bräuchte, um die Wirklichkeit besser zu begreifen und neue Herausforderungen besser bewältigen zu können, wäre eine vergleichbare Wende, z.B. von einem „anthropozentrischen" zu einem „globozentrischen" Weltbild, also von einem Weltbild, das ganz und gar auf den Menschen konzentriert ist, zu einem, das seine gesamte Lebenswelt im Blick hat, was in diesem Buch durch Globo, „unser kleines Dorf", symbolisiert ist. Dass zudem „globozentrisch" etwas fundamental anderes ist als „eurozentrisch", sei hier nur kurz angedeutet.

Kapitel 1: Bevölkerung

Am Anfang war ... der Mensch?

Die Beschreibung von Globo soll mit seinen Menschen beginnen. Hier hat sich gerade im Anthropozän ein fundamentaler Wandel ereignet. Im Jahr 1825 lebten in Globo nämlich gerade einmal 18 Menschen, davon nur 4 im Weiler Europa. Das war jene Zeit, als der englische Pastor und Ökonom Thomas Robert Malthus seinen *Essay on the Principles of Population* geschrieben hat.[19] Dabei kam er zu dem Ergebnis, dass diese Bevölkerung kaum mehr wachsen könne, weil es der Nahrungsmittelmangel sowie damit verbundene Krankheiten und Konflikte in Bälde nicht mehr zulassen würden. De facto begann die Dorfbevölkerung damals erst richtig zu wachsen, und was in weitere Folge über die Unvergleichbarkeit vieler Entwicklungen in den letzten 200 Jahren festgehalten wird, gilt in gleicher Weise und ganz grundlegend schon für die Zahl der Menschen. Verglichen mit den vorangegangenen zwei Jahrtausenden beschleunigte sich das Bevölkerungswachstum in den letzten zwei Jahrhunderten etwa um den Faktor 12. Das bedeutet z.b., dass die Globo-Bevölkerung heute alle drei Jahre um die gleiche Anzahl an Menschen zunimmt, wie insgesamt während der ersten 1.500 Jahre christlicher Zeitrechnung.

---

[19] Das Original wurde zwischen 1798 und 1826 in sechs, immer wieder überarbeiteten, Auflagen publiziert. Es liegen mehrere deutsche Übersetzungen vor, erstmals 1879 publiziert als *Versuch über das Bevölkerungsgesetz*, zuletzt 1977 (bei dtv) als *Das Bevölkerungsgesetz*.

100 BEVÖLKERUNGSVERTEILUNG

Globo   Weiler

BewohnerInnen
im Jahr 1825

BewohnerInnen
im Jahr 2000

ASIEN
12 Menschen
61 Menschen

NORDAMERIKA
0
5 Menschen

EUROPA
4 Menschen
12 Menschen

LATEINAMERIKA
1 Mensch
9 Menschen

AFRIKA
1 Mensch
13 Menschen

100
80
60
40
20
Bew.

BANG

BEVÖLKERUNGSENTWICKLUNG
CHRISTI GEBURT - 2000
sprunghafter Anstieg BANG

0   500   1000   1500   2000

UNSER KLEINES DORF. EINE WELT MIT 100 MENSCHEN | 1.01

Diese gewaltige Umwälzung hat den Wirtschaftshistoriker Gregory Clark dazu veranlasst, die Flucht aus der „Malthusianischen Falle" für den entscheidenden Moment in der Weltwirtschaftsgeschichte zu halten.[20] Dazu passt auch der Befund, dass vor zwei Jahrhunderten nahezu alle Menschen in Globo auf dem (und vom) Land lebten, während das heute für nicht einmal mehr die Hälfte zutrifft. Die andere Hälfte wohnt immer mehr in städtischen Behausungen: schon 54 Menschen im Jahr 2008, wahrscheinlich bereits 80 (von dann 130) im Jahr 2030, während es um 1900 erst 4 (von damals 27) waren.[21]

Zur Ehrenrettung von Malthus muss man freilich festhalten, dass er eine gute Zustandsbeschreibung der Welt vor 200 Jahren abgegeben hat, während er die Umwälzung der Grundlagen der menschlichen Existenz, obwohl sie sich zu seinen Lebzeiten vollzog, letztlich gar nicht als solche wahrnehmen konnte. Malthus hatte andere wissenschaftliche Probleme zu lösen: Er musste z.B. noch Kritiker überzeugen, die nicht wahrhaben wollten, dass bei prekärer Versorgungslage geringere Geburtenraten die Überlebenschancen der Geborenen erhöhen und daher insgesamt besser für die Bevölkerungsentwicklung sind. Gerade an diese „Bedingtheit" von Erkenntnis zu erinnern, ist wichtig, denn vieles erschließt sich erst in der Rückschau. Bereits in der Vorausschau Kenntnis über die Zukunft zu erwarten wäre hingegen auch von Geistesgrößen viel verlangt.

---

[20] Vgl. dazu Gregory Clark: *A Farewell to Alms. A Brief Economic History of the World.* Princeton/NJ 2007. Diese Geschichte komprimiert Clark bereits in der Einleitung dieses Buches weiter auf nur 16 Seiten und schließlich auf S. 2 weiter auf eine einzige Abbildung, die genau diese „Flucht" darstellt.

[21] Vgl. UNFPA: *State of World Population 2007*, New York 2008, S. 1. Laut nämlichem UN-Bericht (S. 90) liegt das Wachstum der Stadtbevölkerung 2005-10 mit 2 % deutlich über dem Gesamtwachstum von nur 1,1 %. Zu dieser Gruppe der „Stadtmenschen" zählen übrigens auch 15 SlumbewohnerInnen (siehe dazu auch Abb. 7.02 auf S. 131) und 2 Straßenkinder.

Globo-Demographie

Zurück aber in die Gegenwart: Im Globo des Jahres 2000 leben 50 Frauen und 50 Männer. Bei den Kindern überwiegt in zunehmendem Maße die Zahl der Buben jene der Mädchen, während sich im Alter das Verhältnis der Geschlechter umkehrt.[22] Pro Jahr werden mindestens zwei Kinder geboren und ein Mensch stirbt, weshalb die Bevölkerung bis heute (Stand Anfang 2010) bereits auf 112 Menschen gestiegen ist. Bis 2050 sollen es etwa 150 sein, möglicherweise aber auch mehr, geschätzt werden bis zu 180.[23] Die Expertinnen und Experten hoffen, dass das Wachstum danach zum Stillstand kommen wird. Im Weiler Europa wird das bereits früher eintreten und die Bevölkerung dürfte im Jahr 2050 bereits geringer sein als heute.

Entsprechend diesen Trends nahm auch die Bevölkerungsdichte in Globo zu und stieg relativ zur besiedelbaren Fläche von 19 Personen pro km² im Jahr 1950 auf 45 im Jahr 2000, wobei sich die Menschen vor allem im Weiler Europa und in Teilen des Weilers Asien ballen. Diese Dichte wird weiter steigen (denn die Fläche nimmt in Globo ja nicht in relevantem Ausmaß zu), ebenso wie die damit verbundenen Unterschiede. Ein Grund dafür ist, dass von den 26 Frauen, die 2005 zwischen 15 und 49 Jahre alt waren und die in einer Partnerschaft lebten, nur 14 eine moderne Verhütungsmethode anwandten.[24] Daher

---

[22] In manchen Teilen von Globo beginnt die Waagschale der Geschlechter vor allem bei den Kindern bereits zu kippen, weil Maßnahmen zur Geburtenkontrolle und kulturelle Faktoren zu einer Bevorzugung männlichen Nachwuchses führen.

[23] Angaben laut: Population Division of the Department of Economic and Social Affairs of the United Nations Secretariat, *World Population Prospects: The 2008 Revision*, online unter: http://esa.un.org/unpp.

[24] Angaben nach einer Presseinformation der Deutschen Stiftung Weltbevölkerung (DSW) vom 5. Juli 2006, online unter: http://www.weltbevoelkerung.de/presse/presseinformationen23.shtml?navanchor=10018.

ist möglicherweise eines der zwei jedes Jahr geborenen Kinder in diesem Sinne „ungeplant". Zudem kommt nach fundierten Schätzungen fast jedes Jahr noch ein drittes Kind dazu, das abgetrieben wird.[25] Doch auch für die beiden geborenen Kinder ist der Start oft schwierig: jedes dritte kommt ohne professionelle Hilfe zur Welt[26] und 40 % von ihnen existieren eigentlich gar nicht, weil es keine urkundlichen Aufzeichnungen über ihre Geburt gibt.[27] Wer aber nicht „existiert", hat letztlich auch keine Rechte.

Das Durchschnittsalter der Menschen in Globo betrug im Jahr 2000 26,6 Jahre. Dieser Wert gibt nicht den Mittelwert an, sondern den Median: die Hälfte der Menschen sind also jünger und die andere Hälfte älter. Dieser Durchschnitt wird aber jedenfalls steigen und soll 2050 bereits bei 38,4 Jahren liegen.[28] Das deutet einen demographischen Wandel schon an, auf den noch ausführlicher zurückzukommen sein wird: Noch gibt es nämlich erheblich mehr Kinder (unter 15 Jahren) als Seniorinnen und Senioren (ab 65 Jahren) – nämlich 30 verglichen mit nur 7 –, dieses Verhältnis wird sich in den nächsten Jahrzehnten aber zugunsten der älteren Menschen verschieben.

Dass jemand in Globo sein Heimathaus auf Dauer verlässt, ist übrigens – vielleicht entgegen der Wahrnehmung – die ganz große Ausnahme. Fast alle bleiben dort, wo sie geboren sind, und die wenigen, die wandern, bleiben meist im selben Weiler. Alles in allem sind nur

---

[25] So die Angaben der *World Health Organization* (WHO), vgl. http://www.who.int/ entity/reproductivehealth/publications/unsafe_abortion/abortion_facts.pdf.

[26] Vgl. UNFPA: *State of World Population 2007*, New York 2008, S. 90. Gemeint ist damit die Anwesenheit von zumindest einer Hebamme.

[27] So meldete die *Frankfurter Rundschau* am 4. Juni 2002, S. 32.

[28] Vgl. dazu und für die folgenden Angaben: Population Division of the Department of Economic and Social Affairs of the United Nations Secretariat, *World Population Prospects: The 2008 Revision*, http://esa.un.org/unpp.

LEBENSERWARTUNG

Globo **Weiler**

Lebenserwartung
im Jahr 1995/2000

Lebenserwartung
im Jahr 2045/2050

ASIEN
66 Jahre
77 Jahre

NORDAMERIKA
78 Jahre
84 Jahre

EUROPA
73 Jahre
82 Jahre

LATEINAMERIKA
71 Jahre
80 Jahre

AFRIKA
52 Jahre
67 Jahre

>70
60-69
50-59
40-49
30-39
20-29
10-19
0-9

BEVÖLKERUNGSPYRAMIDE
IN GLOBO IM JAHR 2000

10 8 6 4 2 0   0 2 4 6 8 10
weibliche Bew. Alter männliche Bew.

UNSER KLEINES DORF. EINE WELT MIT 100 MENSCHEN | 1.02

3 Menschen in ganz Globo wirklich „ausgewandert".[29] Die Zahl de-
rer, die aus anerkannten Asylgründen auf der Flucht sind (dazu zählen Krieg, politische Verfolgung oder Diskriminierung, nicht hingegen, dass das Leben durch Armut oder Umweltzerstörung bedroht
ist), reicht hingegen nicht annähernd aus, um die Wahrnehmungsschwelle in Globo zu überschreiten.[30] Das heißt aber noch lange
nicht, dass nicht auch in Globo viele Menschen Diskriminierungen
erdulden müssen oder Vertreibung erleiden. Besonders betroffen sind
z.B. jene 5 Personen, die als „indigen" bezeichnet werden, also „Ein-
geborene".[31] Sie sind oft sogar rechtlich benachteiligt.

Hier haben noch zwei interessante statistische Anmerkungen Platz,
die allerdings auch die Grenzen des Gedankenexperiments Globo
ausreizen: Zum einen lebte vor der neolithischen Revolution statistisch gesehen eigentlich niemand im Dorf. Erst die Landwirtschaft
hat es ermöglicht, die menschliche Bevölkerung auf 1 und darüber zu
„steigern", wobei sich dieser „statistische Moment" vermutlich erst
vor etwa 3.000 Jahren ereignet hat.[32] Zum anderen wird immer wieder die Frage gestellt, wie viele Menschen bislang eigentlich insge-

---

[29] So melden z.B. die Weltbank oder die *International Migration Organization*
(IOM), vgl. http://iom.int/jahia/Jahia/about-migration/facts-and-figures/global-estimates-
and-trends (Dazu ein Hinweis: als „Migrantin" bzw. „Migrant" zählt man für die
Statistik dann, wenn man in einem anderen Land geboren ist und gelebt hat als
dem, in dem man jetzt und zumindest für einen längeren Zeitraum lebt; der global
betrachtet sehr geringen Zahl solcher Menschen steht eine nur etwas größere Zahl
von Menschen gegenüber, die für einige Jahre ihre Heimat verlassen, natürlich
aber eine deutlich größere Zahl, die innerhalb desselben Landes „umzieht").

[30] Es kursieren zwar weit höhere Angaben speziell zu „Ökoflüchtlingen", diese
sind aber nur schwer nachzuvollziehen.

[31] Vgl. dazu etwa den Bericht *The Indigenous World 2006*. Kopenhagen 2006 (siehe auch: http://www.iwgia.org/sw29940.asp).

[32] Angaben nach dem Demographieklassiker McEvedy, Colin/Jones, Richard:
Atlas of World Population History. New York 1978, S. 344.

samt gelebt haben. Eine präzise Beantwortung dieser Frage ist angesichts der unsicheren Angaben über vergangene, eigentlich aber auch über gegenwärtige Bevölkerungszahlen zwar letztlich nicht möglich, die vielleicht beste fundierte Schätzung ergab aber – umgelegt auf Globo – etwa 1.750.[33]

Zwei allzu menschliche „Missverständnisse"

Zwei Aspekte der Globo-Demographie, die aktuell wie historisch Anlass für viele „Missverständnisse" im Dorf waren, sind Religion und Sprache. Vor allem die Religion ist zugleich jenes Thema, bei dem die Datenlage besonders unsicher ist.[34] Würde man die Angaben der verschiedenen großen Religionsgemeinschaften über die Anzahl ihrer Anhängerinnen und Anhänger summieren, müsste Globo schon heute weit mehr als 150 Menschen beherbergen. Der Grund dafür ist nicht zuletzt das Interesse mancher Vertreter dieser Religionen (vor allem der missionarisch veranlagten unter ihnen), die jeweils ihre als möglichst groß darzustellen. Dazu kommt aber auch die weit verbreitete Vermischung verschiedener religiöser Vorstellungen in der individuellen Glaubenspraxis, was eindeutige Zählungen unterläuft. Das betrifft alle „Buchreligionen" (Christentum, Islam, Judentum), mehr

---

[33] Von diesen sind übrigens – entgegen manch offenbar undurchdachter, oft genau gegenteiliger Angaben – nur wenig mehr als ein Zehntel während des Anthropozän und daher in den letzten 200 Jahren geboren worden. Vgl. dazu die Modellrechnung des US-amerikanischen *Population Reference Bureau* (von Carl Haub) mit Bezug zum Jahr 2002, online unter: http://www.prb.org/Articles/2002/HowMany PeopleHaveEverLivedonEarth.aspx.

[34] Dazu der Islam als Beispiel: Die Angaben über die Zahl der Muslime in Globo schwanken zumindest zwischen 18 (*Encyclopedia Britannica*), über 20 bis 23 (Angaben laut *CIA Factbook*) bis zu 30 (http://www.islamicpopulation.com/). Im Falle des Christentums ist die Kontroverse aber bei noch größerer interner Zersplitterung um nichts kleiner.

 **100**

VIELFALT

RELIGIONEN

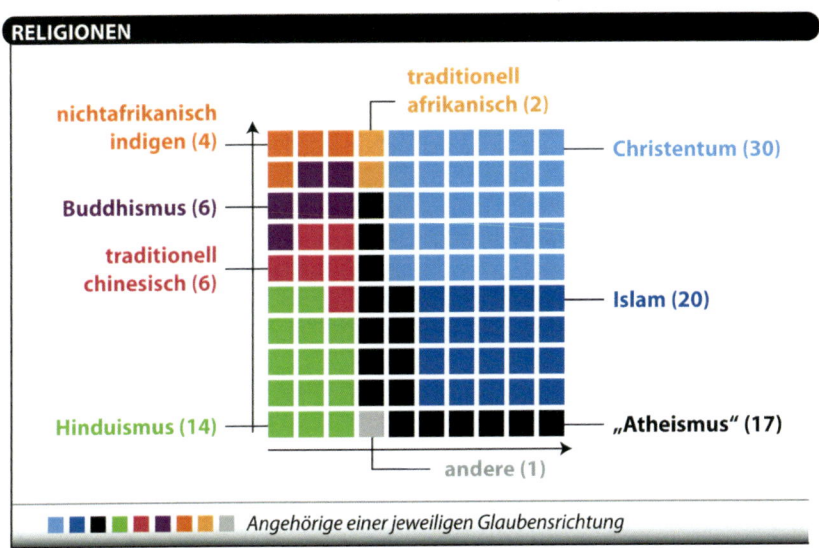

traditionell afrikanisch (2)

nichtafrikanisch indigen (4) — Christentum (30)

Buddhismus (6)

traditionell chinesisch (6) — Islam (20)

Hinduismus (14) — „Atheismus" (17)

andere (1)

■ ■ ■ ■ ■ ■ ■ ■ *Angehörige einer jeweiligen Glaubensrichtung*

SPRACHEN

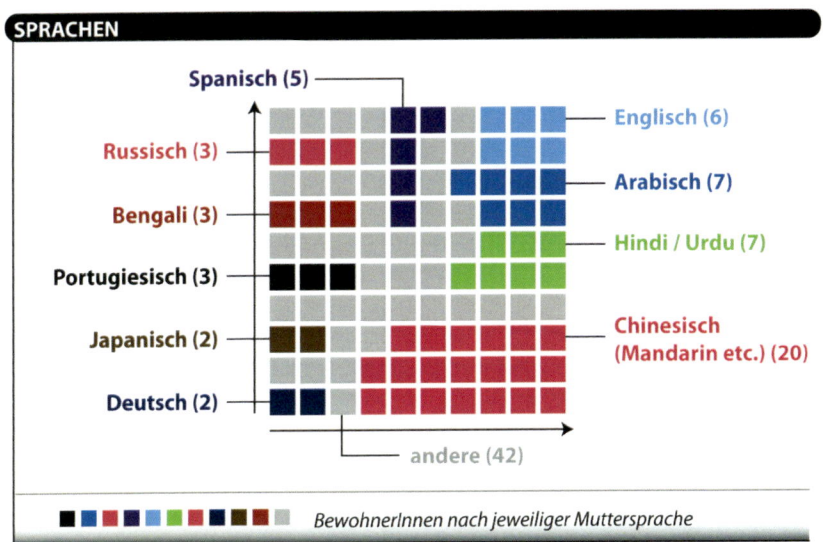

Spanisch (5)

Russisch (3) — Englisch (6)

Bengali (3) — Arabisch (7)

Portugiesisch (3) — Hindi / Urdu (7)

Japanisch (2) — Chinesisch (Mandarin etc.) (20)

Deutsch (2)

andere (42)

■ ■ ■ ■ ■ ■ ■ ■ *BewohnerInnen nach jeweiliger Muttersprache*

UNSER KLEINES DORF. EINE WELT MIT 100 MENSCHEN | 1.03

noch aber alle nicht schriftgebundenen „Glaubensgemeinschaften" (Hinduismus, aber auch Buddhismus – um nicht „Buddhismen" zu sagen) und am stärksten die „Restkategorien" des Atheismus, Agnostizismus und Animismus, bei denen eine Zuordnung meist von außen erfolgt und nicht nur deshalb oft eher willkürlich ist.

Anders als die Zahl der Religionen, die sich eher vermehren, ist die Zahl der Sprachen in Globo in den letzten Jahrhunderten zurückgegangen.[35] Das geht unmittelbar mit einer Konzentration der Sprachen einher, wobei Mehrsprachigkeit in Globo trotzdem verbreitet ist. Das gilt – was vielleicht überraschen wird – vor allem in seinen ärmeren Teilen, wo viele Menschen selbstverständlich vier oder mehr Sprachen sprechen. In den reicheren Teilen sind die Menschen zwar oft zweisprachig, selten aber mehr. Dabei sind diese Sprachen meist die jeweilige Muttersprache und Englisch, die *lingua franca* des Dorfes und vor allem seines Wirtschaftslebens, die vermutlich von mehr als einem Drittel der Bevölkerung zumindest verstanden wird.[36]

Wackelige Alterspyramiden

Mit Bezug auf das Alter ist eine ebenso problematische wie erfreuliche Entwicklung in Globo zu diskutieren. Die durchschnittliche Lebenserwartung bei der Geburt liegt derzeit bei rund 68 Jahren (70 für

---

[35] Das kann man nur mit einem Verweis auf die reale Welt erläutern, denn in Globo würden nur rund 50 verschiedene Sprachen gesprochen (20 überschreiten als Erst- bzw. Muttersprache die „globo-statistische" Schwelle). In der realen Welt ist die Zahl aber von früher 15.000 Sprachen auf nur noch etwa 7.000 gesunken, wobei bis zu 90 % davon in ihrem Fortbestand gefährdet sind und viele sicher aussterben werden. Vgl. Becker, Jörg: *Information und Gesellschaft*. Wien 2002, S. 127.

[36] Die verfügbaren Zahlen über Mehrsprachigkeit sind leider so ungenau, dass nur Schätzungen von vergleichbarer Qualität wie diese möglich sind. Andere wichtige Verkehrssprachen in Globo sind Französisch, Arabisch, Russisch und Mandarin.

Frauen und 65 für Männer).[37] Dieser Durchschnittswert hat sich im 20. Jahrhundert vermutlich nahezu verdoppelt, im Weiler Europa ist die Lebenserwartung der Menschen in dieser Zeit um rund drei Monate pro Jahr gestiegen.[38] Je nach Weiler präsentiert sich das erreichte Lebensalter recht unterschiedlich, optimistische Schätzungen gehen aber davon aus, dass es sich angleichen wird, nicht zuletzt, weil sich die medizinische Versorgung in den benachteiligten Regionen verbessern wird. So könnte sich die durchschnittliche Lebenserwartung im Weiler Afrika von ca. 53 Jahren im Jahr 2000 auf rund 67 Jahre bis 2050 erhöhen, während sie in Europa „nur" von 74 auf 82 Jahre steigen dürfte.

Trotz dieser demographischen Umwälzung sieht die Bevölkerungspyramide von Globo noch relativ stabil aus. Bei genauerem Hinsehen erkennt man aber wachsende Disparitäten, die zu den versteckten, aber zugleich sehr problematischen Trends im Dorf gehören. Das vielleicht dramatischste dieser Ungleichgewichte ist die „Apartheid" der Geschlechter, denn der weibliche Teil der Bevölkerungspyramide wird immer schmäler. Ein zweites ist das sich verschlechternde Verhältnis zwischen älteren und jüngeren Menschen, denn der obere Teil der Pyramide wird immer größer. Insgesamt wird sie damit schief und kopflastig und verdient daher immer weniger ihren Namen.

Dazu kommt noch verschärfend, dass es um die Altersversorgung in Globo insgesamt schlecht bestellt ist. Nur etwa 20 Menschen haben überhaupt Zugang zu irgendeiner Form von öffentlich finanzierten

---

[37] Angaben laut: Population Division of the Department of Economic and Social Affairs of the United Nations Secretariat, *World Population Prospects: The 2008 Revision*, online unter: http://esa.un.org/unpp. 1950 lag die durchschnittliche Lebenserwartung noch bei etwa 47 Jahren.

[38] Vgl. Oeppen Jim/Vaupel, James W.: „Broken Limits to Life Expectancy", in: *Science* 296 (2002), S. 1029-1031. Diese Angabe bezieht sich auf den Zeitraum zwischen 1840 und 2000.

Kapitel 1: Bevölkerung

PENSIONS-LAST

Globo   Weiler

Zahlenverhältnis der Menschen im arbeitsfähigen
Alter (15 bis 64 Jahre) zu den älteren (65 Jahre und darüber)
im Jahr 2000

Zahlenverhältnis der Menschen im
arbeitsfähigen Alter (15 bis 64 Jahre)
zu den älteren (65 Jahre und darüber)
im Jahr 2050

ASIEN
11 zu 1
4 zu 1

NORDAMERIKA
5 zu 1
3 zu 1

EUROPA
5 zu 1
2 zu 1

LATEINAMERIKA
12 zu 1
4 zu 1

AFRIKA
17 zu 1
8 zu 1

Afrika

Europa — Nordamerika — Lateinamerika — Asien

8
7
6
5
4
3
2
1
Bew.

LASTENVERHÄLTNIS 2050
(15-64jährige zu +65jährigen, nach Weilern)

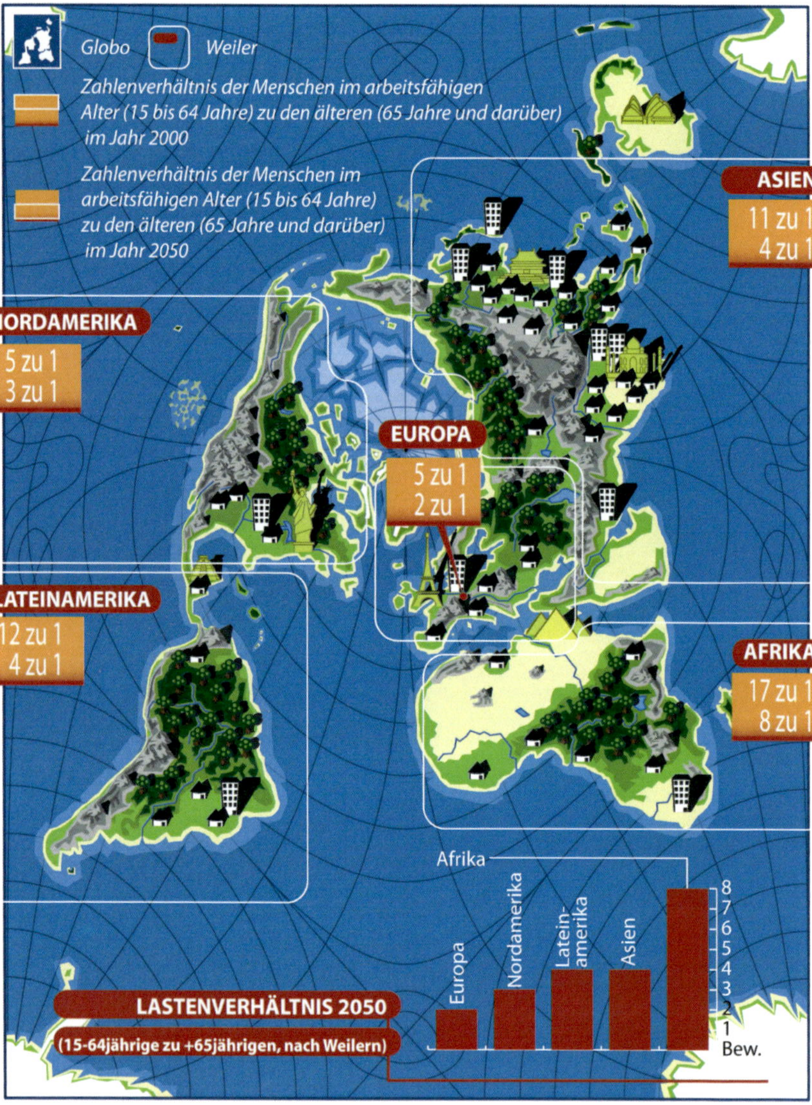

Pensionen oder Renten, der Rest ist im Alter vollkommen auf die eigene Vorsorge, einen Familienverband oder Almosen angewiesen. Die Finanzierung einer flächendeckenden Altersversorgung wäre dabei angesichts der steigenden Lebenserwartung überall im Dorf eine besondere Herausforderung. So verknüpfen sich in den optimistischen Prognosen (selbst für den Weiler Afrika, aber auch für Globo als Ganzes) mehrere schwer vereinbare Vorstellungen: Dass die Menschen immer älter werden, dass sie sich außerdem besserer Gesundheit erfreuen und dass sie zudem ab einem gewissen Alter ohne zu arbeiten ihren Lebensunterhalt bestreiten können, mag wünschenswert sein, ist aber illusorisch – zumindest unter den derzeit herrschenden Bedingungen.

Das wird durch einen weiteren Aspekt verschärft, der nicht nur die Finanzierbarkeit staatlicher, sondern auch familiärer Altersversorgung in Frage stellt: Das Verhältnis der Anzahl an Personen im „arbeitsfähigen" Alter (also von 15 bis 64 Jahren) und der Anzahl an älteren Personen (also ab 65 Jahren) wird sich erheblich verändern. Es liegt derzeit in Globo bei ca. 9 zu 1 (also 9 arbeitsfähigen Menschen, die einem nicht mehr arbeitsfähigen Menschen gegenüber stehen), soll aber bis 2050 auf 4 zu 1 sinken. Noch viel prekärer wird diese Situation im Weiler Europa, wo dieses Verhältnis schon heute nur noch 5 zu 1 beträgt und bis 2050 auf 2 zu 1 sinken wird. Dazu kommt noch, dass ja nicht nur die Altersversorgung finanziert, sondern auch eine teils beträchtliche Zahl an Kindern erhalten werden muss, und dass zudem „arbeitsfähig" zu sein noch lange kein Einkommen bedeutet (gar nicht zu reden davon, ob es angemessen wäre, worauf spätestens im Kapitel 6 zurückzukommen sein wird).

Dabei stellt sich schließlich noch eine Frage, die ins nächste Kapitel überleitet. Es ist nicht nur interessant, wie Menschen trotz unterschiedlicher kultureller und religiöser Hintergründe miteinander auskommen und wie sie – vor allem zwischen den Generationen – füreinander aufkommen, sondern natürlich auch, wie viele Menschen Globo eigentlich verkraften kann. Dazu gibt es über die Jahrhunderte viele Berechnungen, von denen einige bereits widerlegt sind (weil schon heute deutlich mehr Menschen in Globo leben, als einst für maximal möglich gehalten wurde) und andere demnächst den Härtetest erfahren. Freilich diskutieren die wenigsten dieser Schätzungen auch die unverzichtbare Zusatzfrage: Wie viele *auf welchem Niveau*? Auf dem niedrigen Niveau der ärmeren Teile des Dorfes sind erheblich mehr möglich als auf dem Niveau der reichen, wobei damit aber noch nichts über die Nachhaltigkeit dieser Lebensstile ausgesagt sein soll. Der bereits erwähnte Dennis Meadows bezog in einem aktuellen Interview zum Klimawandel auch zu dieser Frage Stellung: *„Es wird zwar eifrig diskutiert, was man gegen den Klimawandel tun kann, aber Bevölkerungswachstum und Lebensstandard werden nicht angerührt. So, als brauchten wir eine Lösung des Klimaproblems, die Reichen erlaubt, ihren Lebensstandard zu halten, und Armen erlaubt, zu den Reichen aufzuschließen. Das ist pure Fantasie. Das wird nie passieren.*"[39]

Diese Frage nach dem möglichen Lebensstandard – stets verbunden mit der Frage nach der Gerechtigkeit, wenn auch oft unausgesprochen – wird sich von nun ab durch dieses Buch ziehen.

---

[39] Vgl. das Interview mit Stefan Löffler, gedruckt im *Standard* am 29./30. August 2009 (online unter: http://derstandard.at/1250691498147/).

Kapitel 2: Wirtschaft

Ausmaß und Geschwindigkeit des wirtschaftlichen Wandels während des Anthropozän finden im Archiv von Globo keine angemessenen Vergleiche. Es wäre daher vorrangige Aufgabe des Dorfchronisten (das war fast sicher immer ein Mann, was wohl nicht ohne Einfluss darauf war, *was* aufgezeichnet wurde), auf diese Niveauverschiebung immer und immer wieder hinzuweisen. Bislang scheint die Botschaft aber bei zu wenigen Bewohnerinnen und Bewohnern angekommen zu sein, geschweige denn, dass daraus Konsequenzen gezogen würden. Der kritische Sozialwissenschaftler und Begründer der evolutionären Ökonomik, Kenneth E. Boulding, ist diesbezüglich hingegen eindeutig: *„Wer glaubt, exponentielles Wachstum kann auf einem begrenzten Planeten für immer fortschreiten, ist entweder ein Schwachkopf oder ein Ökonom. "*, soll er einmal gesagt haben.[40]

Erdbewegungen

Der erste Blick auf die „Wirtschaft" soll darauf gerichtet sein, wie die Menschen in Globo durch ihre ökonomischen Tätigkeiten den Ort physisch verändert haben. Dabei handelte es sich vor allem um landwirtschaftliche Aktivitäten, denn historisch lebten die Menschen im Dorf nahezu ausschließlich auf dem und vom Land – was letztlich sogar noch für das 20. Jahrhundert gilt.

---

[40] Das Zitat ist z.B. zu finden auf http://de.wikipedia.org/wiki/Kenneth_Boulding oder http://www.encyclopedia.com/doc/1G1-198996533.html.

WALDBESTAND

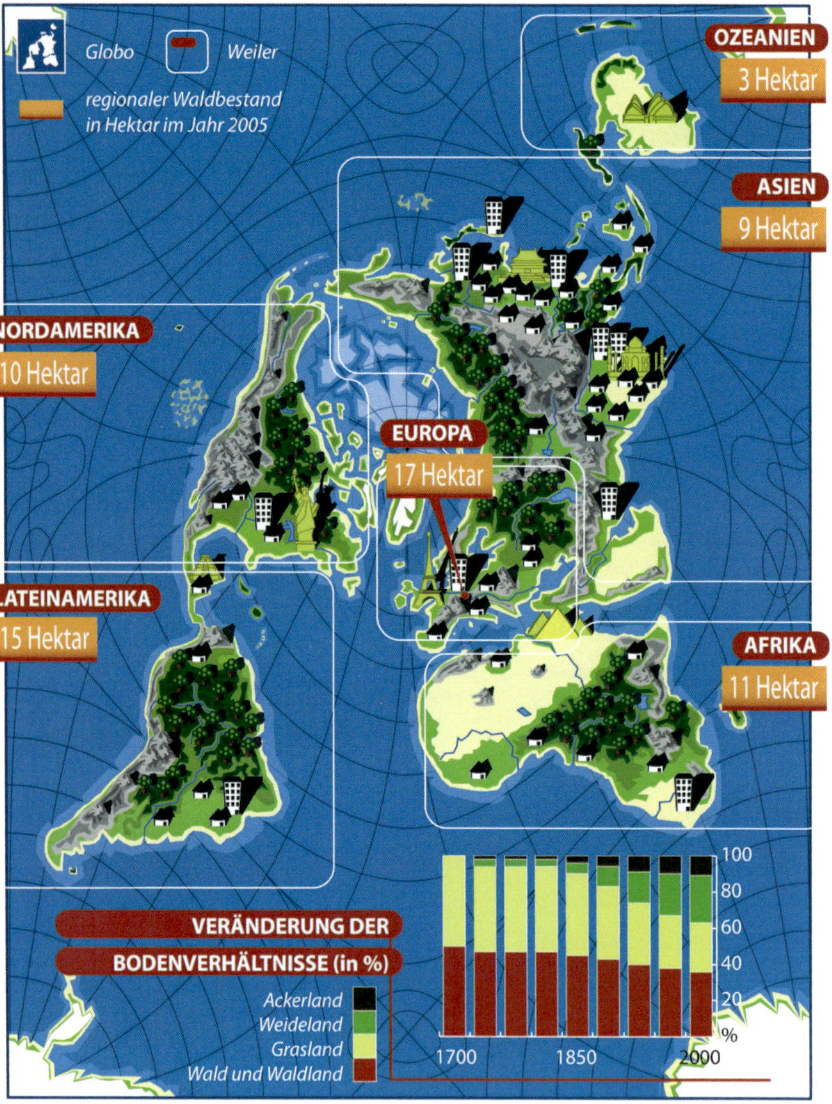

Globo | *Weiler*

regionaler Waldbestand in Hektar im Jahr 2005

OZEANIEN
3 Hektar

ASIEN
9 Hektar

NORDAMERIKA
10 Hektar

EUROPA
17 Hektar

LATEINAMERIKA
15 Hektar

AFRIKA
11 Hektar

VERÄNDERUNG DER BODENVERHÄLTNISSE (in %)

Ackerland
Weideland
Grasland
Wald und Waldland

1700   1850   2000

100
80
60
40
20
%

Die auffälligste Veränderung in Globo während des Anthropozän war die Umwandlung von Wald, Waldland und Grasland in Weide- und Ackerland. Noch um das Jahr 1700 bestanden rund 94 Prozent der gesamten Grünfläche aus Wald und Grasland, lediglich 6 Prozent (rund 9 Hektar) wurden schon gezielt für Weide- bzw. Ackerzwecke genutzt. Heute hingegen sind kaum noch 60 Prozent der Grünfläche von Wald und Grasland bedeckt und auch dieses Land ist kaum mehr unberührt. Vor allem war es der Wald, auf den die Menschen quasi als natürliche Rückversicherung im Laufe der Geschichte immer und immer wieder zurückgreifen konnten. Sie tun das weiterhin – und nicht nur in den ärmeren Teilen von Globo, wo Holz eine der wichtigsten Energiequellen ist. Die Folge: Mehr als ein Drittel, vielleicht sogar knapp die Hälfte der ursprünglichen Waldfläche im Dorf ging in den letzten Jahrtausenden, vor allem aber im letzten Jahrhundert verloren, in manchen Regionen noch mehr. Übrig geblieben sind rund 65 Hektar, wobei auch davon vieles „verwandelt" worden ist: Der „unberührte", höchstens besuchte „Urwald", vor 10.000 Jahren noch etwa 100 Hektar groß, ist heute auf einen Rest von 15 Hektar zusammengeschrumpft. Das bleibt nicht ohne Einfluss – weder auf das Klima, noch auf die lokalen Lebensbedingungen. Daher spielt es auch nicht die entscheidende Rolle, dass dieser Raubbau heute vor allem in den ärmeren Regionen des Dorfes stattfindet,[41] was ja zudem nicht zuletzt deshalb geschieht, um die Ressourcennachfrage der Reichen zu befriedigen. *„Was wir den Wäldern auf der Welt antun, ist nur ein Spiegelbild dessen, was wir uns selbst und einander antun."*, soll dazu Mahatma Gandhi einmal gesagt haben.[42]

---

[41] Vor allem in den Weilern Lateinamerika und Afrika und im Südosten des Weilers Asien; vgl. für eine detaillierte tabellarische Aufstellung UNDP: *Bericht über die menschliche Entwicklung 2003*. Bonn 2003, S. 218-222.

[42] Das Zitat ist z.B. zu finden auf der Homepage des Omnia-Verlages http://www.omnia-verlag.de/weltimwandel/php/start.php?id=3306&bc=-1-955-1159-3306.

35

In etwa die Hälfte der gesamten Landfläche ist bereits durch direkten menschlichen Einfluss verändert worden, mit negativen Folgen für Artenvielfalt, Bodenstruktur, Nährstoffkreislauf, Biologie und Klima und damit für das Weiterleben in Globo. Dazu ein kaum bekanntes, aber sehr wichtiges Beispiel: Bevor sich der Mensch Ackerbau und Viehzucht zuwandte, konnte sich in Globo ungestört von menschlichen Eingriffen eine große Menge an Mutterboden (Humus) bilden. Dieser fruchtbare Boden wurde quasi als Einstandsgeschenk seitens der Natur – der „Mutter Erde", wie sie in vielen Traditionen heißt – den Menschen zur Verfügung gestellt. Dieses „Geschenk" ist heute vielfach vergessen worden, daher wird sein Verbrauch auch nicht wirklich bemerkt. Es ist allerdings trotzdem die absolute Basis für das Überleben aller Menschen in Globo, auch jener in den reichen Teilen des Dorfes. Insgesamt beträgt der Verlust an Humus dort bereits rund 400 Tonnen pro Jahr, mit den zu erwartenden Auswirkungen auf die landwirtschaftlichen Erträge.[43] Es soll dabei Regionen im Dorf geben, wo allein in den letzten 50 Jahren der Humusanteil an der ja alles andere als dicken Erdschicht von acht auf ein Prozent gesunken ist, und es sollen bereits etwa zwei Drittel der Ackerflächen und ein Drittel der gesamten Grünflächen betroffen sein.

Generell ist festzuhalten, dass möglicherweise bereits die Hälfte aller Kulturböden in Globo „degradiert" sind, also verarmt.[44] Es gibt dafür eine ganze Reihe von Auslösern wie Entwaldung, Erosion, Überweidung, Übernutzung, unsachgemäße Bewirtschaftung, Verschmutzung und anderes mehr.[45] Die schlimmste Form der „Degradation" stellt

---

[43] Vgl. Rifkin, Jeremy: *Das Imperium der Rinder*. Frankfurt/M. 2001, S. 173.

[44] Vgl. z.B. Gresh, Alain (Red.): *Atlas der Globalisierung: Die neuen Daten und Fakten zur Lage der Welt*. Berlin 2006, S. 14-15. Als degradiert gelten Böden, die einen Teil ihrer vielfältigen Funktionen eingebüßt haben, also etwa die Fähigkeit, Pflanzen zu ernähren, Wasser zu filtern oder die Artenvielfalt zu fördern.

[45] Vgl. etwa http://www.oekosystem-erde.de/html/bodengefaehrdung.html.

100 LANDKARTE DER DEGRADATION

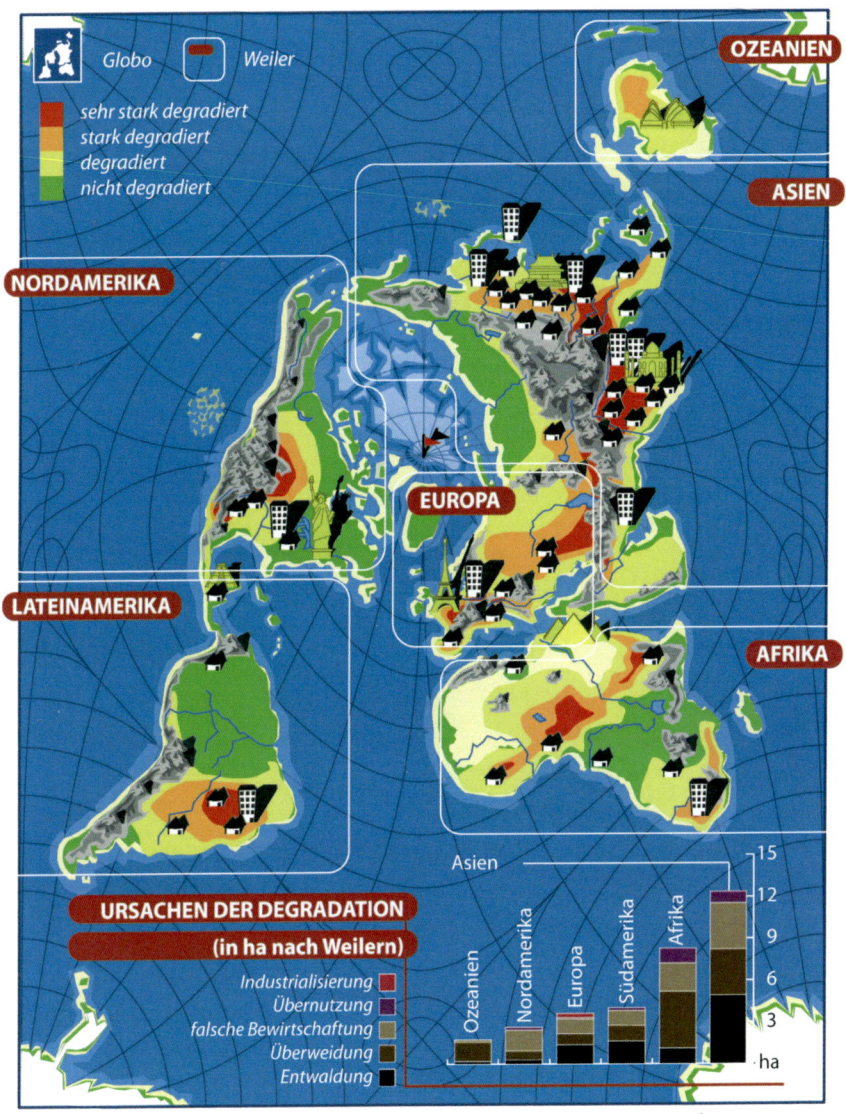

Globo   Weiler

sehr stark degradiert
stark degradiert
degradiert
nicht degradiert

OZEANIEN

ASIEN

NORDAMERIKA

EUROPA

LATEINAMERIKA

AFRIKA

URSACHEN DER DEGRADATION

(in ha nach Weilern)

Industrialisierung
Übernutzung
falsche Bewirtschaftung
Überweidung
Entwaldung

Asien

Ozeanien
Nordamerika
Europa
Südamerika
Afrika

15
12
9
6
3
ha

UNSER KLEINES DORF. EINE WELT MIT 100 MENSCHEN | 2.02

dabei die „Desertifikation" dar, also die Wüstenbildung. Bereits etwa 20 Bewohnerinnen und Bewohner von Globo leben in Regionen, die davon bedroht sind.[46]

Dass solch gravierende Veränderungen auch Auswirkungen auf die „Biodiversität" haben, also die Vielfalt an Tieren und Pflanzen, ist unvermeidlich (wobei eine Abnahme der Biodiversität wiederum die Verarmung der Böden tendenziell begünstigt). Dabei ist diese Artenvielfalt auch noch nach Einführung der Landwirtschaft weiter gestiegen, bis sich dieser Trend vor einiger Zeit umzukehren begann und es gerade im Zeitalter des Anthropozän zu einem sich ständig beschleunigenden Abbau an Vielfalt gekommen ist.[47] Man spricht in diesem Zusammenhang auch von „Generosion" und meint damit nicht zuletzt den Verlust an Selbstheilungskraft der Natur: Man denke nur an die verheerenden Auswirkungen, die eine aggressive Pflanzenseuche trotz aller Vorsichts- und Gegenmaßnahmen in den Monokulturen haben könnte, die die inzwischen für viele Menschen in Globo lebensnotwendige Agrarindustrie prägen.

Nun folgen aber Inhalte, die im Kapitel „Wirtschaft" vielleicht eher erwartet werden, nämlich Angaben zu Einkommen (bzw. Produktion), Lebensstandard, Verteilung, Rohstoffen und Handel (andere Aspekte, z.B. Arbeit und Konsum, kommen in späteren Kapiteln). Sie werden hier bewusst nachrangig behandelt, denn letztlich – auch das wird oft vergessen – basiert das Überleben der Menschen nicht auf einer abstrakten „Wirtschaft", sondern auf ausreichend Nahrung.

---

[46] So meldet etwa die UNCCD, die UN-Konvention zur Bekämpfung der Wüstenbildung, in einer Presseaussendung, online unter: http://www.unccd.int/publicinfo/mediabrief/mediabrief-eng.pdf.

[47] Vgl. WBGU: *Jahresgutachten 1999: Welt im Wandel – Erhaltung und nachhaltige Nutzung der Biosphäre*. Berlin 2000, S. 82. Vgl. auch Wullweber, Joscha: *Das grüne Gold der Gene: Globale Konflikte und Biopiraterie*. Münster 2004.

Auskommen mit dem Einkommen

Die Ökonomik ist die Wissenschaft von der Knappheit. Interessanterweise ist ihre Begrifflichkeit trotzdem eher am „Einkommen" ausgerichtet, als an der Frage, wie Menschen damit „auskommen". Zudem neigen viele Ökonominnen und Ökonomen dazu, in monetären Größen zu denken, also in Geld, überlegen aber nur selten, wie angemessen das jeweils ist. Gemessen wird das Einkommen (bzw. die Produktionsleistung) dann z.b. in inflationsbereinigter „Kaufkraft", also „real", wie das in der Ökonomik heißt, woran sich auch dieses Buch orientiert, wenn „$" angegeben werden („US$" oder „Euro" sind hingegen nominell zu lesen).[48] Rückschätzungen der Produktionsleistung ergeben dann z.b., dass das „Dorfsozialprodukt" pro Kopf und Jahr vor 2.000 Jahren rund 470 $ betragen hat, wobei dieser Wert direkt mit heute vergleichbar ist. Das entspricht einer gesamten Produktionsleistung der damals in Globo lebenden 5 Menschen von rund 2.300 $. Ausgedrückt in Pro-Kopf-Größen veränderte es sich in der Folge kaum und war um 1500 auf rund 570 $ gestiegen (bzw. rund 4.500 $ insgesamt). Pro Kopf und Tag standen den Menschen jener Zeit also im Durchschnitt nur 1,30 bis 1,60 $ zur Verfügung, wobei sie in einer ökonomisch nahezu stagnierenden Welt lebten.[49]

---

[48] Im Fall dieses Buches ist Angus Maddison die entscheidende Referenz, der sich um die quantitative Darstellung historischer Einkommensentwicklungen verdient gemacht hat. Maddison misst das Einkommen in sogenannten „Geary-Khamis"-Dollar von 1990, die grob der Kaufkraft eines US$ in den USA im Jahr 1990 entsprechen (umgerechnet in Euro des Jahres 2009 käme man auf rund 1,50 €). Freilich muss er einräumen, dass seine Schätzungen für frühere Jahrhunderte und bis weit ins 20. Jahrhundert auf vielen stark vereinfachenden Annahmen beruhen. Vgl. Maddison, Angus: *Monitoring the World Economy*. Paris 1995, und Maddison, Angus: *The World Economy: A Millennial Perspective*. Paris 2001.

[49] Gesamtwirtschaftliche Wachstumsraten lagen vor dem 19. Jahrhundert, selbst in den reicheren Regionen, in der Regel höchstens im Promillebereich und stiegen erst mit den Auswirkungen der Industriellen Revolution in den Prozentbereich.

Es kann kaum genug betont werden, wie fremd dieses Lebensgefühl allen Bewohnerinnen und Bewohnern der reichen Teile von Globo bereits seit Jahrzehnten ist. Das mag vielleicht ein Grund für die große Aufmerksamkeit sein, die der aktuellen Krise in der Dorfwirtschaft gewidmet wird (auf sie wird im Epilog noch zurückzukommen sein). Sie spielt sich auf völlig unvergleichlichem Niveau ab, denn schon im Jahr 2000 betrug das Einkommen in Globo bereits durchschnittlich mehr als 6.000 $ pro Kopf (insgesamt also 600.000 $), in den reicheren Weilern sogar mehr als 20.000 $. Zudem wächst es (zumindest bis 2007) fast ständig um mehrere Prozent jährlich – und das nicht nur absolut, sondern auch im Hinblick auf die Ungleichheit der Einkommen, die ebenfalls ständig zunimmt.

Diese Entwicklung vollzog sich natürlich nicht ohne Brüche. Im 20. Jahrhundert kam es zu zwei großen Kriegen und einer schweren Wirtschaftskrise. Dabei starb im Gefolge des ersten großen Krieges einer der damals 29 Menschen im Dorf an einer Grippe-Epidemie, und im zweiten Krieg einer von 40 durch die Kämpfe, zudem kam es zu furchtbaren Zerstörungen in Teilen des Dorfes. Erst nach diesen großen Krisen beschleunigte sich der Anstieg des Einkommens wieder, wenn auch ungleichgewichtig. Alles in allem verzehnfachte sich das Pro-Kopf-Einkommen während des Anthropozän, in Summe kam es sogar zu einer Versechsundfünfzigfachung des gesamten Dorfprodukts zwischen 1820 und 2000 auf insgesamt 601.235 $, grob verteilt auf eine Versiebenfachung vor und eine weitere nach 1950.[50]

Bislang war nur von der durchschnittlichen Entwicklung in ganz Globo die Rede, die aber bekanntermaßen nichts über Details aussagt. Was aber die Verteilung des „Dorfkuchens" auf einzelne Weiler betrifft, ist zu betonen, dass sie ausgesprochen ungleich und daher

---

[50] Demgegenüber hat sich das gesamte Dorfprodukt in den zweitausend Jahren vor 1820 „nur" verfünffacht – eine enorme Beschleunigung dieser Art von Wachstum.

 **100**

REALES EINKOMMEN

Globo — Weiler

Einkommen pro Kopf im Jahr 1820

Einkommen pro Kopf im Jahr 2000

ASIEN
$ 580,-
$ 4.400,-

NORDAMERIKA
$ 1.200,-
$ 28.000,-

EUROPA
$ 990,-
$ 12.700,-

LATEINAMERIKA
$ 690,-
$ 5.800,-

AFRIKA
$ 420,-
$ 1.550,-

ENTWICKLUNG DORFPRODUKT
(in $ pro Kopf und Jahr)
sprunghafter Anstieg BANG

BANG BANG

8.000
7.000
6.000
5.000
4.000
3.000
2.000
1.000
$

1700   1870   1950   2003

UNSER KLEINES DORF. EINE WELT MIT 100 MENSCHEN | 2.03

41

möglicherweise ungerecht ausfällt, wobei auch dieses Phänomen erst während des Anthropozän in relevantem Ausmaß aufgetreten ist. Die größte Differenz zeigt sich in Globo heute zwischen den Weilern Nordamerika und Afrika: Im reichen Weiler Nordamerika steht jedem Menschen das Zwanzigfache dessen zur Verfügung, was die Menschen im armen Weiler Afrika im Durchschnitt haben. Dabei ist auch innerhalb der Weiler die Verteilung ungleich: Unter den 5 Menschen in Nordamerika ist 1 Mann, dessen Einkommen das Zwei- bis Dreifache des nordamerikanischen Durchschnitts beträgt, während unter den 13 Menschen in Afrika 5 sind (4 davon wahrscheinlich Frauen), deren Einkommen nur ein Drittel des afrikanischen Durchschnitts ausmacht. Ein ähnliches Bild würde sich bei einem Vergleich zwischen den Weilern Europa und Afrika bieten.

Der Weiler Afrika ist dabei während des Anthropozän im Hinblick auf die Wohlstandsentwicklung am weitesten „abgehängt" worden, doch auch der Weiler Asien hat zeitweise schwere Rückschläge erlitten: Betrug der Anteil Asiens am gesamten Dorfprodukt um 1820 noch rund drei Fünftel, sank er bis 1950 auf nur noch rund ein Fünftel und ist seither immerhin wieder auf rund zwei Fünftel gestiegen. Für die Erkenntnis, dass die Gründe für diese Entwicklungen auch (natürlich nicht nur) mit Charakter und Nachhaltigkeit des europäischen Kolonialismus zu tun haben, braucht es angesichts dieser Zahlen keine komplizierten quantitativen Untersuchungen.

Eine selten erhobene und kaum je berechnete Kennzahl, die solche Unterschiede verdeutlichen könnte, ist der Lebensstandard. Hier soll – aus derselben Quelle wie die zuvor dargestellten Einkommensdaten – eine grobe Abschätzung gegeben werden, wo die einzelnen Weiler von Globo im Hinblick auf die Möglichkeit der Verbesserung desselben stehen. Dieser Information kann man sich annähern, indem man von der jährlichen Produktionsleistung einen Betrag abzieht, der für die Befriedigung der Grundbedürfnisse unbedingt erforderlich ist,

 **100** LEBENSSTANDARDPOTENTIAL

OZEANIEN
$ 130.000,-

Globo ▭ Weiler

*zwischen 1820 und 2000
kumuliertes Lebensstandardpotential
(Erklärung siehe Text)*

OSTASIEN
$ 350.000,-

SÜDOSTASIEN
$ 50.000,-

NORDAMERIKA
$ 2.750.000,-

SÜDASIEN
$ 20.000,-

EUROPA
$ 2.200.000,-

WESTASIEN
NORDAFRIKA
$ 120.000,-

LATEINAMERIKA
$ 280.000,-

SUBSAHARA-AFRIKA
$ 10.000,-

**LEBENSSTANDARDPOTENTIAL
(nach Weilern in $)**

Nordamerika
Europa

Subsahara-Afrika
Südasien
Südostasien
Westasien
Ozeanien
Lateinamerika
Ostasien

3.000.000
2.500.000
2.000.000
1.500.000
1.000.000
500.00
US$

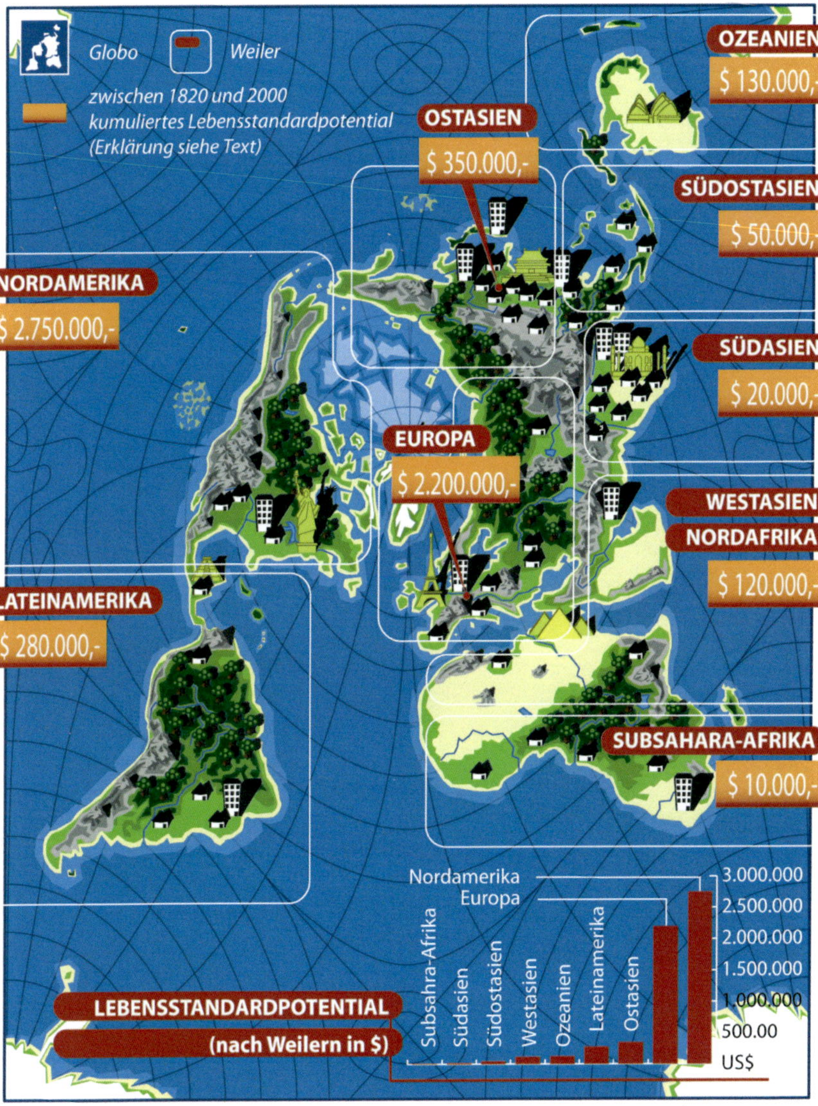

und das Ergebnis über die Jahre summiert. Das Resultat gibt ein Lebensstandard*potential* an, also einen Betrag, der zumindest zu Lebensstandard hätte werden können.[51] Soweit es realisiert worden ist, verfügen die Menschen in den jeweiligen Weilern über dieses im Laufe der Zeit angesammelte Potential auch heute noch in Form von Geld,[52] weit mehr noch aber in Form von Infrastruktur oder Bildungs- und Gesundheitssystemen von unterschiedlicher Qualität. Es stand und steht aber natürlich auch für den Luxuskonsum zur Verfügung oder, um damit Kriege zu führen, oder auch, um es einfach zu verschwenden. Die errechneten Zahlen sprechen wohl für sich.

---

[51] Das Lebensstandardpotential wurde berechnet, indem (1) das Durchschnittseinkommen nach Weilern für alle Jahre zwischen 1820 und 2000 ermittelt wurde, wobei seit 1950 die Zahlen jährlich vorliegen, während davor teilweise über bis zu 50 Jahre linear extrapoliert wurde; (2) von diesem Betrag das Subsistenzniveau von 400 $ abgezogen wurde, was auch der internationalen Grenze für extreme Armut entspricht; (3) vom Rest ein mit dem Einkommen linear von 100 auf 50 % abnehmender Anteil abgezogen wurde, bis ein Gesamteinkommen von 10.400 $ erreicht war (das entspricht ungefähr den in den reichen Regionen von Globo üblichen Armutsgrenzen); und (4) die jährlichen Ergebnisse mit der jeweiligen Bevölkerungszahl multipliziert und die Resultate dann über die Jahre summiert wurden. Diese Methode geht davon aus, dass Menschen Einkommen bis zu 400 $ vollständig konsumieren müssen, von den nächsten 10.000 $ Einkommen immer noch einen Teil für die Grundbedürfnisbefriedigung verwenden müssen und erst das Überschusseinkommen über insgesamt 10.400 $ – zumindest theoretisch – zur Gänze in eine Verbesserung des Lebensstandards „investieren" könnten. Sie verschleiert durch die Verwendung von Durchschnittseinkommen nach Weilern in Schritt 1 die Unterschiede innerhalb der Weiler (was die Differenzen zwischen Weilern etwas verringert), drückt aber durch die strenge Annahme über die Konsumquote in Schritt 3 die Potentiale armer Gesellschaften (was die Differenzen zwischen Weilern deutlich vergrößert).

[52] Allein das private Geldvermögen in Globo wird von der *Boston Consulting Group* Ende 2008 trotz Finanzkrise auf immer noch 1,53 Millionen US$ geschätzt. Vgl. die Fotostrecke zum *Spiegel*-Artikel „Europa überholt Nordamerika als reichste Region der Welt" von Sven Böll vom 15. September 2009, online unter: http://www.spiegel.de/fotostrecke/fotostrecke-46643-2.html.

Das Auf und Ab wirtschaftlicher Entwicklung

Das Zusammenspiel von Produktionsleistung und Technologie, wie es etwa in der Idee der Produktionszyklen zum Ausdruck kommt, ist eine zentrale Frage für die langfristige wirtschaftliche Entwicklung. Grundlegend dazu sind die mittlerweile 80 Jahre alten Überlegungen von Nikolai Kondratieff.[53] Vor allem zwei Dinge waren es, die seiner Meinung nach für einen massiven Strukturbruch um etwa 1800 entscheidend waren: die Erfindung der Dampfmaschine und der Umstieg auf Baumwolle als Rohmaterial im Bekleidungswesen. Deren Kombination setzte eine bis heute nachwirkende „Textilrevolution" in Gang: Verglichen mit früheren Zeiten wurden Kleider enorm billig und leicht verfügbar.[54] Ermöglicht wurde diese Entwicklung allerdings nicht nur durch hehren Erfindergeist, sondern auch durch die Ausnutzung von billiger Arbeitskraft in den Fabriken, wo um Hungerlöhne gearbeitet wurde, und auf den Baumwollfeldern, wo Sklavinnen und Sklaven Zwangsarbeit leisteten.[55]

Kondratieff schrieb in der Folge das Muster aus Produktionszyklen und „Schlüsselinnovationen" fort und wurde so zum Namensgeber des gesamten Konzepts. Der daher „Zweite Kondratieff" basierte auf der Eisenbahn, die das Reisen, vor allem aber den Transport von Gütern vereinfachte und verbilligte, und auf dem Stahl, der neue Mög-

---

[53] Vgl. etwa *Economic Statics, Dynamics and Conjuncture* (London 1998), Band 1 der Gesamtausgabe von Kondratieff-Schriften (hg. von Natalia Makasheva).

[54] Früher waren Kleider teils eine Wertanlage und wurden als solche sogar vererbt, heute kosten sie – bei allerdings natürlich auch weit schlechterer Qualität – manchmal sogar weniger als das sprichwörtliche Butterbrot.

[55] Ob der Lebensstandard auf den Feldern oder in den Fabriken letztlich niedriger war, ist eine in der Sozial- und Wirtschaftsgeschichte viel diskutierte, aber wohl nur ethisch zu klärende Frage, letztlich nach dem „Wert" von „Freiheit". Rein materiell waren die Unterschiede nicht sehr groß und überdies nicht eindeutig.

KONDRATIEFFWELLEN

ZYKLISCHE WIRTSCHAFTSENTWICKLUNGEN

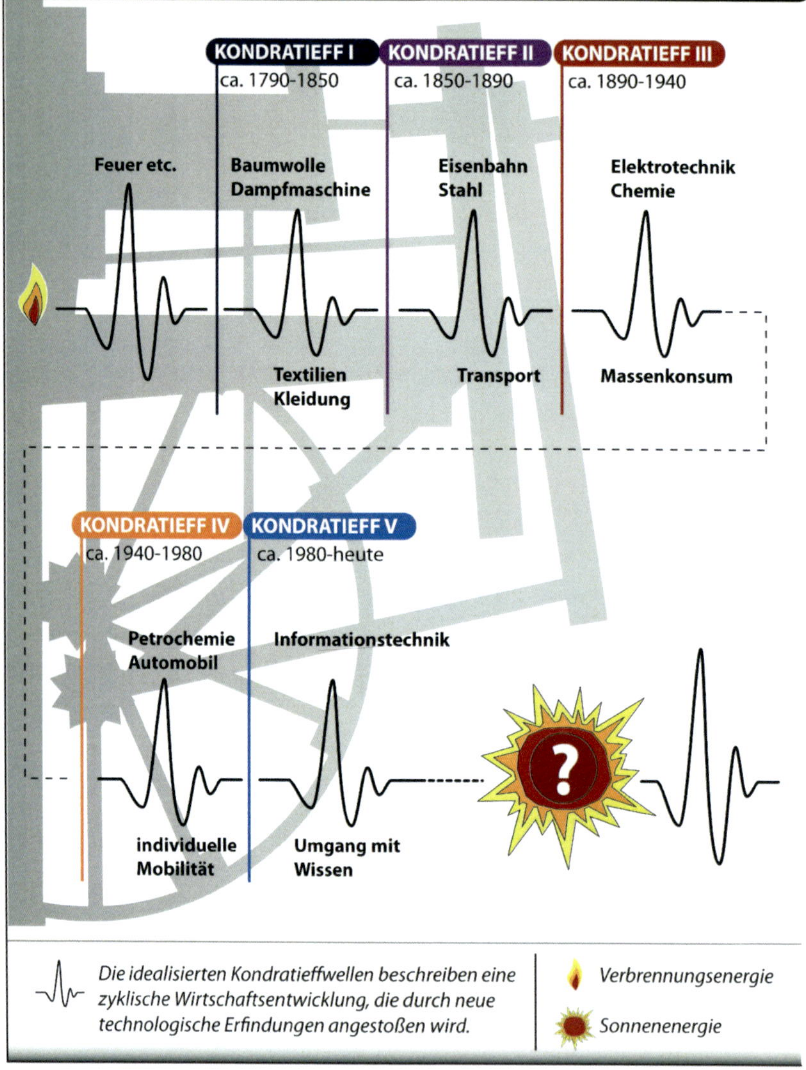

KONDRATIEFF I
ca. 1790-1850

KONDRATIEFF II
ca. 1850-1890

KONDRATIEFF III
ca. 1890-1940

Feuer etc.

Baumwolle
Dampfmaschine

Eisenbahn
Stahl

Elektrotechnik
Chemie

Textilien
Kleidung

Transport

Massenkonsum

KONDRATIEFF IV
ca. 1940-1980

KONDRATIEFF V
ca. 1980-heute

Petrochemie
Automobil

Informationstechnik

?

individuelle
Mobilität

Umgang mit
Wissen

Die idealisierten Kondratieffwellen beschreiben eine zyklische Wirtschaftsentwicklung, die durch neue technologische Erfindungen angestoßen wird.

Verbrennungsenergie

Sonnenenergie

lichkeiten im Ingenieurswesen erschloss. Diesem folgten Zyklen auf der Basis von Elektrotechnik und Chemie, Petrochemie und Mobilisierung und schließlich Informationstechnik, die alle auf verschiedene Weise zur Hebung des Lebensstandards beitrugen – wenn auch nur für einen Teil der Menschen in Globo und nicht ohne auch negative Folgewirkungen. Inzwischen wird – wenn auch mit offensichtlich großer Unsicherheit – über den nächsten Zyklus spekuliert,[56] der mit Biotechnologie und Gesundheit in Verbindung gebracht wird, aber auch schon mit Atomenergie oder Nanotechnologie in Verbindung gebracht worden ist.

Auch wenn nicht alle davon profitierten, veränderten diese Wellen Globo doch für alle seine Bewohnerinnen und Bewohner. Die mit den jeweiligen Erfindungen verbundenen „Segnungen" beschränkten sich vor allem auf jene reicheren Regionen, in denen sie zuerst aufgetreten und erprobt worden sind. Dort fielen die eigentlichen Gewinne an, während die Menschen in den ärmeren Regionen oft vielmehr gezwungen waren, die Entwicklungen unter großen Kosten nachzuvollziehen, um den Anschluss nicht zu verlieren.

Auf den Grund gehen: Rohstoffe und Handel

So sehr heute gerade angesichts der Bedeutung von „Innovationen" für die Wirtschaft versucht wird, „Entwicklung" mit dem Faktor Humankapital zu begründen, also Wissen, Fähigkeiten und Fertigkeiten der beteiligten Menschen, so sehr ist man doch in der Produktion unverändert auch auf andere „Rohstoffe" angewiesen. Gerade bei deren Beschaffung kam es zu enormen Veränderungen in Globo, die

---

[56] Vgl. Nefiodow, Leo A.: *Der sechste Kondratieff: Wege zur Produktivität und Vollbeschäftigung im Zeitalter der Information.* Sankt Augustin 2006 (6. Aufl.).

ROHSTOFFVERBRAUCH

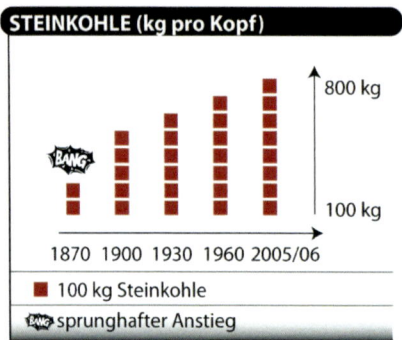

STEINKOHLE (kg pro Kopf)

800 kg

100 kg

1870 1900 1930 1960 2005/06

■ 100 kg Steinkohle

BANG sprunghafter Anstieg

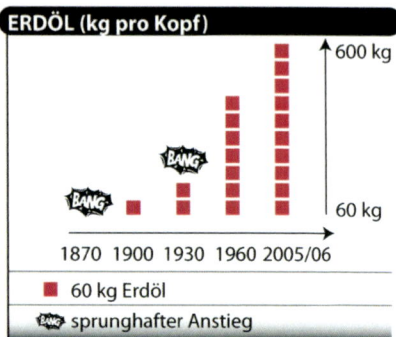

ERDÖL (kg pro Kopf)

600 kg

60 kg

1870 1900 1930 1960 2005/06

■ 60 kg Erdöl

BANG sprunghafter Anstieg

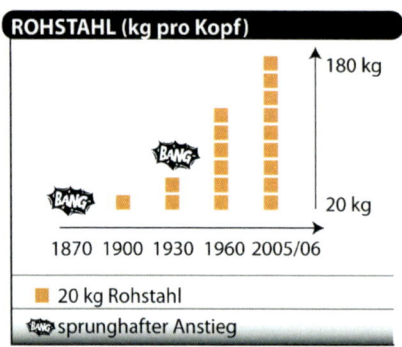

ROHSTAHL (kg pro Kopf)

180 kg

20 kg

1870 1900 1930 1960 2005/06

■ 20 kg Rohstahl

BANG sprunghafter Anstieg

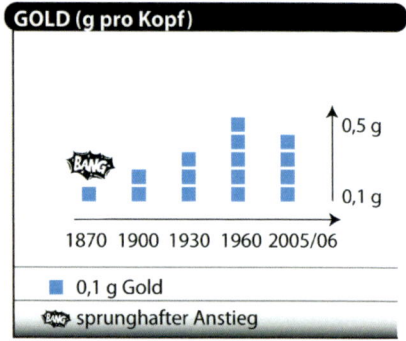

GOLD (g pro Kopf)

0,5 g

0,1 g

1870 1900 1930 1960 2005/06

■ 0,1 g Gold

BANG sprunghafter Anstieg

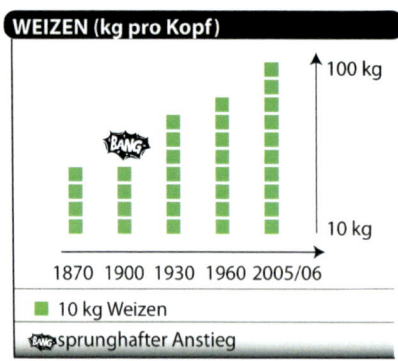

WEIZEN (kg pro Kopf)

100 kg

10 kg

1870 1900 1930 1960 2005/06

■ 10 kg Weizen

BANG sprunghafter Anstieg

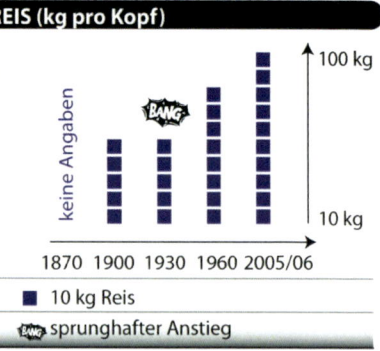

REIS (kg pro Kopf)

keine Angaben

100 kg

10 kg

1870 1900 1930 1960 2005/06

■ 10 kg Reis

BANG sprunghafter Anstieg

 **100**

BERGBAU

ANTEIL AM GLOBOBERGBAU IN %

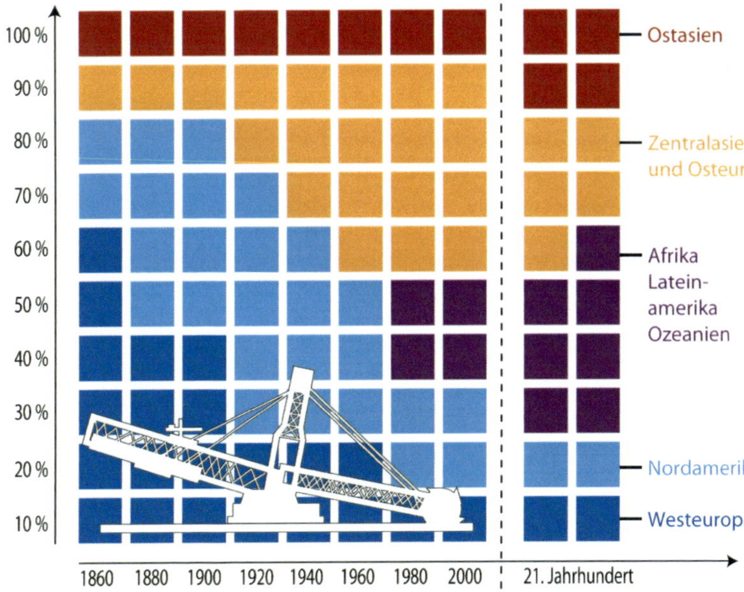

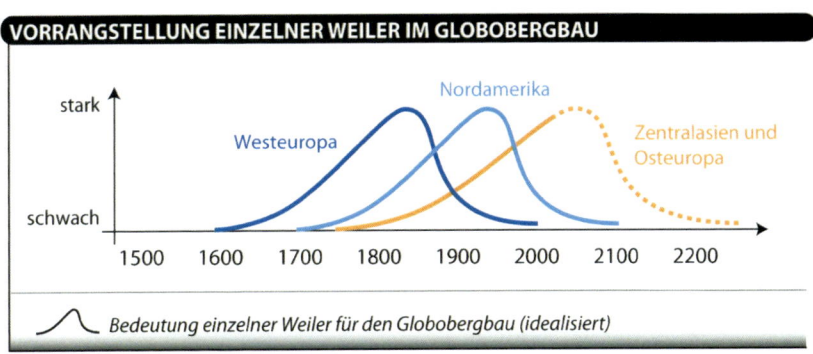

Ostasien

Zentralasien und Osteuropa

Afrika
Latein-
amerika
Ozeanien

Nordamerika

Westeuropa

10% Anteile eines Weilers am gesamten Bergbau von 1860 bis 2000

VORRANGSTELLUNG EINZELNER WEILER IM GLOBOBERGBAU

Nordamerika

Westeuropa

Zentralasien und
Osteuropa

stark

schwach

1500   1600   1700   1800   1900   2000   2100   2200

Bedeutung einzelner Weiler für den Globobergbau (idealisiert)

UNSER KLEINES DORF. EINE WELT MIT 100 MENSCHEN | 2.07

GLOBO-HANDEL

Globo   **Weiler**

Exportvolumen nach Weilern
2001 (in US$)

Exportvolumen nach Weilern
2007 (in US$)

ASIEN
US$ 30.500,-
US$ 74.000,-

NORDAMERIKA
US$ 17.400,-
US$ 30.500,-

EUROPA
US$ 44.200,-
US$ 102.300,-

LATEINAMERIKA
US$ 5.900,-
US$ 8.000,-

AFRIKA
US$ 2.300,-
US$ 6.400,-

GESAMTES EXPORTVOLUMEN
(von 1953-2003 in US$)
sprunghafter Anstieg BANG

150.000
120.000
90.000
60.000
30.000
US$

BANG BANG BANG BANG BANG

1953 1963 1973 1983 1993 2003

HANDELSSTRÖME

Globo　　*Weiler*

*Exportvolumen innerhalb
von Weilern 2007 (in US$)*

*Exportvolumen zwischen
den Weilern 2007 (in US$)*

ASIEN

US$ 41.700,-
US$ 32.300,-

NORDAMERIKA

US$ 15.700,-
US$ 14.800,-

EUROPA

US$ 79.400,-
US$ 22.800,-

LATEINAMERIKA

US$ 2.000,-
US$ 6.000,-

AFRIKA

US$ 700,-
US$ 5.800,-

6.625,-　Asien　10.911,-

13.841,-　14.947,-

Nord-
amerika　7.940,-　Europa

5.619,-

**DIE GRÖSSTEN HANDELSSTRÖME
ZWISCHEN WEILERN (2007 in US$)**

Lateinamerika　Afrika

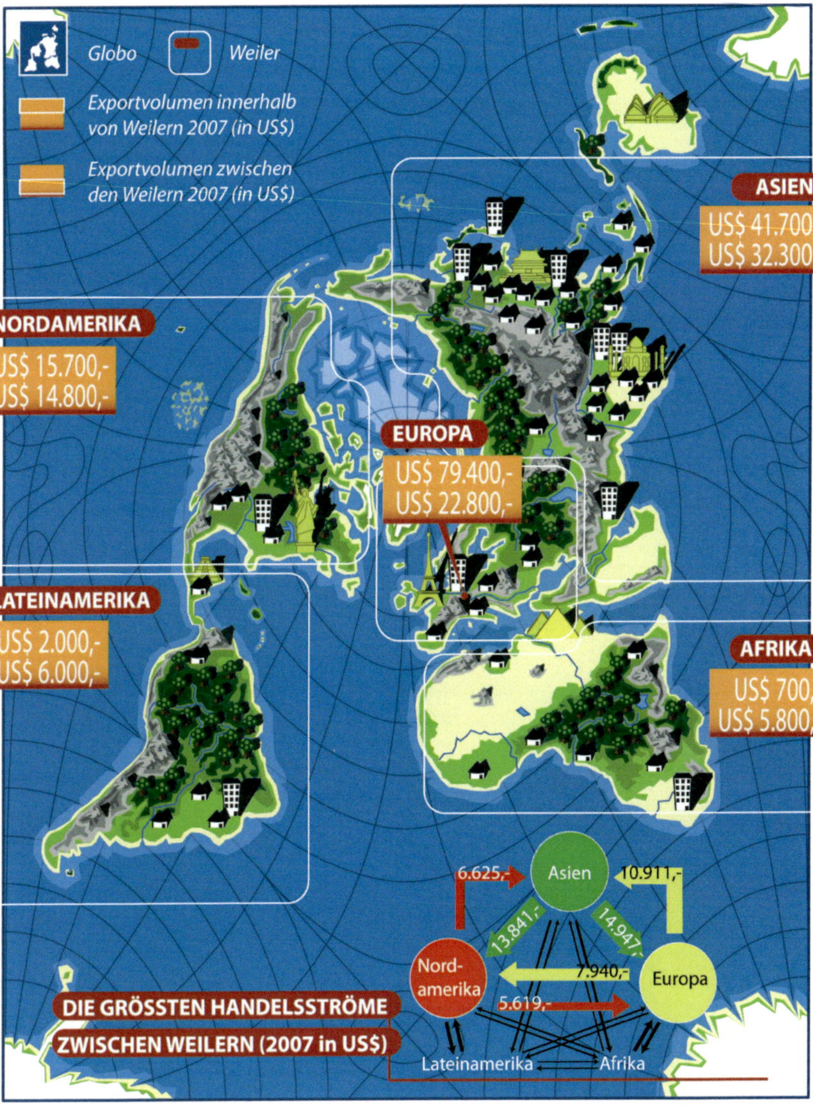

„erzeugte" Menge wurde nicht selten, pro Kopf gerechnet, während der letzten 150 Jahre verhundertfacht.

Das freilich bedeutet nicht, dass sich auch die verfügbare Menge für jeden und jede in Globo derartig vergrößert hat. Vielmehr bestehen gerade in diesem Bereich große Ungleichheiten und nicht zuletzt daher kam dem Tausch von Gütern immer größere Bedeutung zu. Erst Handel ermöglicht schließlich den Zugang zu Ressourcen, die im eigenen Weiler nicht verfügbar sind. Der „Ausgleich" auf diesem Wege ist dabei während des Anthropozän fast durchgehend stärker gewachsen als die Produktion selbst, nominell betrachtet z.B. um das 88-fache zwischen 1953 und 2003. Doch auch dieser Austausch erfasst bei weitem nicht alle Menschen und ist eher ein „Ausgleich" zwischen Besitzenden. Nur etwa 35 Menschen in Globo nehmen derzeit überhaupt daran teil (darunter aber – zumindest indirekt über den Konsum – alle in den Weilern Europa und Nordamerika).[57] Die anderen haben keinen Zugang zu den großen Märkten des Dorfes – einerseits, weil sie nicht ausreichend über Einkommen verfügen, andererseits aber auch, weil ihnen oft die nötigen Zugangsrechte fehlen.

Das freilich gilt ganz allgemein: Obwohl man in Globo kaum leben kann ohne einzukaufen, fehlt gerade den ärmsten Menschen dort oft die Möglichkeit dazu. Sie müssen teils ganz ohne Geld leben, können sich aber auch mit Geld nicht alles kaufen, weil es für sie schlicht nicht angeboten wird. Das gilt auch für jenes „Lebensmittel", das im Mittelpunkt des folgenden Kapitels steht: die Nahrung.

---

[57] So äußerte sich Hernando de Soto im Interview „Nur jeder Dritte nimmt an der Globalisierung teil" in der *Neuen Zürcher Zeitung* vom 19. Jänner 2003 (online unter: http://www.nzz.ch/2003/01/19/al/article8momr_1.200710.html).

Kapitel 3: Landwirtschaft und Ernährung

Lebensmittel

In der langen Dorfgeschichte von Globo war die Landwirtschaft der insgesamt mit Abstand wichtigste Wirtschaftszweig. Das gilt auch im Hinblick auf den Lebensunterhalt: Bis ins späte 20. Jahrhundert lebte der größte Teil der Dorfbevölkerung von der Landwirtschaft und in vielen Regionen des Dorfes (z.b. im Weiler Afrika oder im Süden des Weilers Asien) ist dies bis zum heutigen Tag so. So oder so müssen aber alle Menschen essen, was Ernährung eigentlich zum wichtigsten Thema überhaupt macht. Außerdem ist – *nomen est omen* – der Mangel an *Leben*smitteln über die Jahrtausende auch eine der häufigsten *Tod*esursachen im Dorf bzw. die Hauptursache dafür, warum Menschen früher sterben, als es sein müsste.

Aber können in Globo überhaupt genug Nahrungsmittel für alle produziert werden? Der schon erwähnte Thomas Malthus war hier pessimistisch: Er erwartete eine eher stabile Bevölkerungszahl, deren eigentlich exponentielles Wachstum durch Hunger, Kriege, Seuchen usw. „reguliert" würde. Zu solchen Krisen ist es auch in den letzten 200 Jahren durchaus gekommen, die Bevölkerung von Globo hat sich aber trotzdem versechsfacht. Andere, z.B. Franz Oppenheimer, der dem Dorf eine Kapazität von bis zu 4.000 Menschen[58] zubilligte,

---

[58] Vgl. Oppenheimer, Franz: *Das Bevölkerungsgesetz des T. R. Malthus und der neueren Nationalökonomie.* Berlin 1901 (2. Aufl.), S. 162-163.

meinten daher, dass die Sorge um die Ernährung mit der Sorge um die Erkaltung der Sonne vergleichbar wäre. Seine Vorstellung war ebenso von der Technikeuphorie um 1900 getragen, wie Malthus von den technischen Möglichkeiten späterer Zeiten verständlicherweise nichts wissen konnte. Beide Theorien sind aber in den jeweils eigenen Erfahrungen wohl fundiert und schrieben sie eben in die Zukunft fort. Das aber gilt auch für viele heutige Prognosen und Spannweite wie Fehlerhaftigkeit der beiden erwähnten Ansätze zeigt, wie vorsichtig man mit solchen Schätzungen stets sein sollte.

Wo immer die Wahrheit zwischen diesen beiden Polen auch liegen mag, die in Globo unverändert virulente Nahrungsmittelknappheit ist heute jedenfalls kein eigentliches Produktionsproblem, sondern ein Verteilungsproblem. Allerdings hat das Bevölkerungswachstum in Globo die zwischen 1950 und 1980 auch pro Kopf ständig steigende Getreideproduktion inzwischen überholt. Es ist daher zu hoffen, dass es nicht zu einer Produktivitätskrise kommt, denn die Getreideanbaufläche lässt sich letztlich nur schwer vergrößern und nimmt daher pro Kopf betrachtet ab (auf inzwischen nur noch 0,11 Hektar pro Kopf). Was ebenfalls sinkt, sind die Reserven: Während die Speicher 1961 noch für 90 Tage ausgereicht haben, genügten sie im Jahr 2000 nur noch für 62 Tage, Tendenz fallend.[59] Dafür braucht es in Globo nicht einmal ein eigenes Vorratslager, denn umgerechnet wäre das kaum mehr als ein 50-Kilo-Sack pro Kopf, der im Katastrophenfall nach nur zwei Monaten aufgegessen wäre, wenn der Verbrauch nicht eingeschränkt würde (was nur begrenzt möglich ist). Auch wenn dieser Extremfall nicht sehr realistisch ist, verweist dieser Rückgang doch darauf, dass Kriege, Missernten oder Umweltkatastrophen gerade den Getreidepreis enorm beeinflussen würden.

---

[59] Vgl. Worldwatch Institute: *Vital Signs: The Trends that are Shaping our Future.* New York 1984ff., diverse Ausgaben.

 **100** MODERNE LANDWIRTSCHAFT

BEVÖLKERUNGSENTWICKLUNG

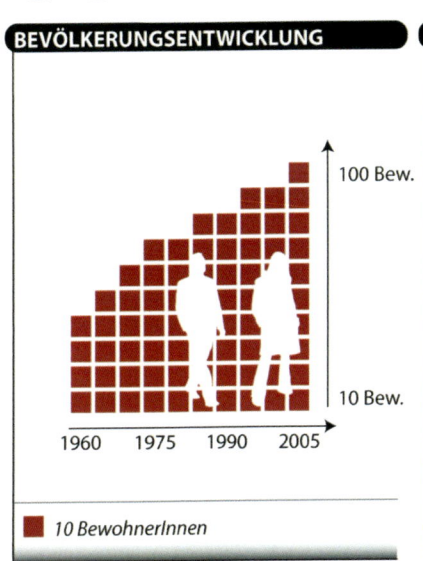

■ *10 BewohnerInnen*

GETREIDEANBAUFLÄCHE

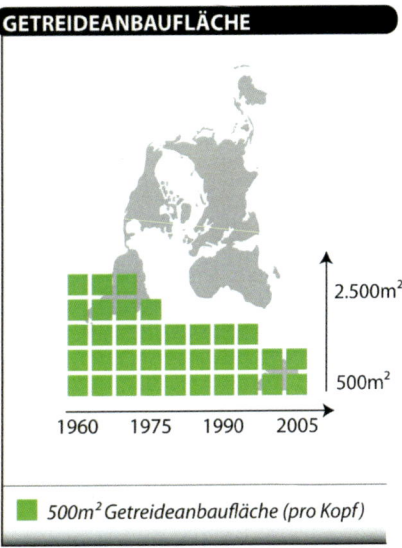

■ *500m² Getreideanbaufläche (pro Kopf)*

DÜNGEMITTELEINSATZ

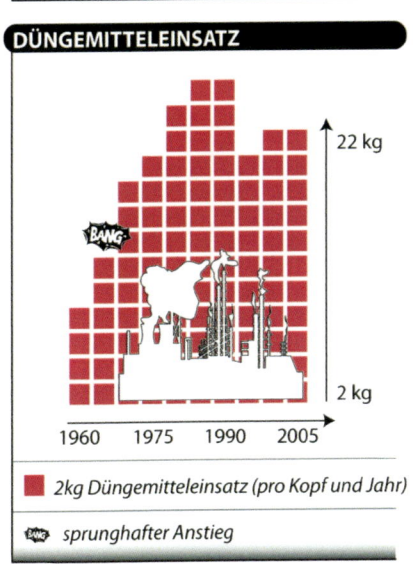

■ *2kg Düngemitteleinsatz (pro Kopf und Jahr)*

⬟ *sprunghafter Anstieg*

GETREIDEERTRAG

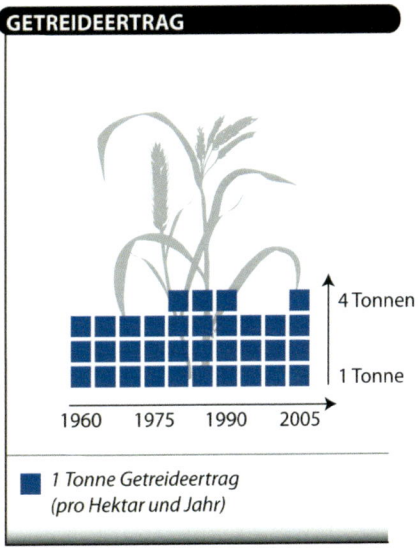

■ *1 Tonne Getreideertrag
(pro Hektar und Jahr)*

UNSER KLEINES DORF, EINE WELT MIT 100 MENSCHEN | 3.01

55

 # NAHRUNGSMITTELPRODUKTION

GETREIDEPRODUKTION

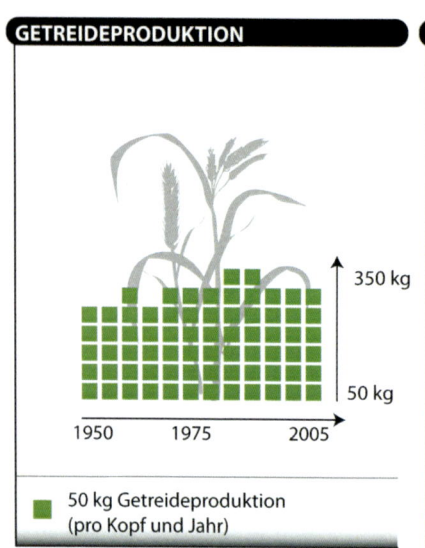

350 kg

50 kg

1950   1975   2005

■ 50 kg Getreideproduktion
(pro Kopf und Jahr)

MILCHPRODUKTION

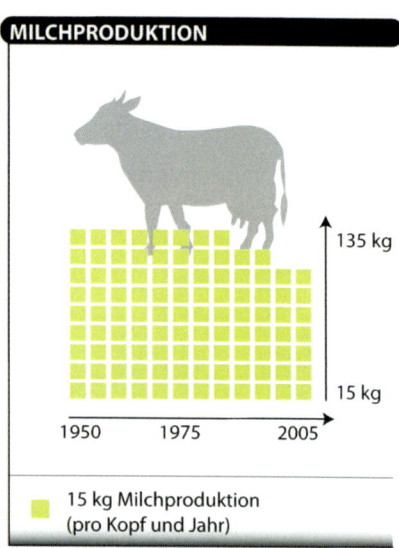

135 kg

15 kg

1950   1975   2005

■ 15 kg Milchproduktion
(pro Kopf und Jahr)

FLEISCHPRODUKTION

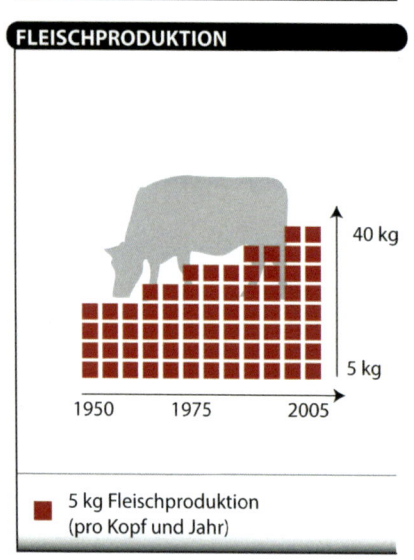

40 kg

5 kg

1950   1975   2005

■ 5 kg Fleischproduktion
(pro Kopf und Jahr)

FISCHPRODUKTION

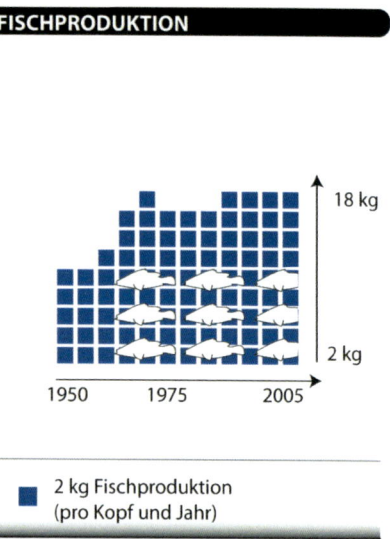

18 kg

2 kg

1950   1975   2005

■ 2 kg Fischproduktion
(pro Kopf und Jahr)

Getreide ist dabei natürlich nicht gleich Getreide: Während die Pro-Kopf-Produktion von Weizen, Reis und vor allem Mais sich im letzten Jahrhundert teils mehr als verdoppelt hat, ist die von Roggen und Hafer deutlich zurückgegangen. In ähnlicher Weise stieg die Fleischproduktion, während die Milch- und die Fischproduktion bereits seit einiger Zeit stagnieren (jeweils pro Kopf betrachtet), und bei Gütern, die für die alltägliche Ernährung in Globo in der Regel nicht zentral sind (wie Obst und Gemüse, die zum Teil vielmehr sogar Luxusgüter sind), sind die Steigerungsraten oft besonders groß.

Der Großteil dieser Zunahme basiert dabei auf Verbesserungen der Produktivität.[60] Zentrale Faktoren dafür sind der Einsatz von mehr Energie und Chemie, vor allem von Maschinen, Düngemitteln und Pestiziden, nicht zuletzt in der Produktion von Futtermitteln. Ein Schlüssel dafür war die Verwendung von immer mehr Erdöl in der sich industrialisierenden Landwirtschaft, vor allem in den reicheren Teilen von Globo, während in den ärmeren Teilen auch heute noch die menschliche Arbeitskraft in einer nicht einmal mechanisierten Landwirtschaft dominiert. Dass es sich aufgrund dieser völlig unterschiedlichen Rahmenbedingungen bei den Ergebnissen dieser Produktionsprozesse eigentlich um zwei verschiedene Güter handelt, die auf den Märkten von Globo jedoch in direkter (und daher meist unfairer) Konkurrenz zueinander stehen, sei hier nur kurz angedeutet.

Bei dieser Erfolgsbilanz im Hinblick auf die reine Produktion gibt es aber auch Nebenwirkungen. So findet sich in den Ernten nur etwa ein Drittel bis zur Hälfte des als Dünger verwendeten Stickstoffs, während ungenutzte Reste Erdboden und Trinkwasser in Globo verun-

---

[60] Anders als im 19. Jahrhundert, als vor allem die verfügbaren Flächen vergrößert – insgesamt etwa verdoppelt – wurden. Gerade das ging freilich oft einher mit der „Marginalisierung" traditioneller Produktions- und Subsistenzformen oder anders ausgedrückt: der Verdrängung oder Ermordung von indigenen Gruppen.

reinigen.[61] Ähnlich problematisch ist auch der Einsatz von Pestiziden im Dorf. In diesem Zusammenhang wird manchmal sogar von einem „Overkill" in der Landwirtschaft gesprochen, da nur teilweise jene „Schädlinge" getroffen werden, die man eigentlich bekämpfen will, der Rest richtet „Kollateralschäden" an, oft sogar an „Nützlingen".

Knappe Flächen

Bevölkerung und landwirtschaftliche Produktivität steigen in Globo, die Landfläche hingegen ist begrenzt. Dabei ist die Ackerfläche für die Ernährung von besonderer Bedeutung. Sie umfasst nur 25 Hektar und damit ein Zehntel der gesamten Landfläche. Für die Ernährung kommt eine mehr als doppelt so große Fläche (57 Hektar) dazu, die als Weideland für die Viehzucht verwendet werden kann, jedoch – wenn überhaupt – nur mit großer Mühe in wenig ergiebiges Acker-land umgewandelt werden könnte. Von diesen „landwirtschaftlichen" Flächen steht dabei pro Kopf betrachtet in den Weilern Nordamerika und Lateinamerika deutlich mehr zur Verfügung als in den Weilern Afrika, Asien und Europa.

Land steht also nicht unbegrenzt zur Verfügung. „Echte" Knappheit beginnt aber erst bei 700 Quadratmetern pro Kopf, die nach heutigem Stand der Technik eine ausreichende, nachhaltige Ernährung gerade noch erlauben, allerdings auf rein vegetarischer Basis.[62] Dieser Wert wird vermutlich auch während des 21. Jahrhunderts nicht erreicht, jedoch handelt es sich dabei um eine typische Durchschnittsaussage.

---

[61] Vgl. dazu die Homepage des *Nutrition Ecology International Center* (NEIC), online unter: http://www.nutritionecology.org/de/panel1/intro.html.

[62] Vgl. Engelman, Robert/LeRoy, Pamela: *Mensch, Land! Report über Weltbevöl-kerungsentwicklung und nachhaltige Nahrungsproduktion.* Hannover 1996, S. 48a.

 **100** FLÄCHENNUTZUNG UND -BEDARF

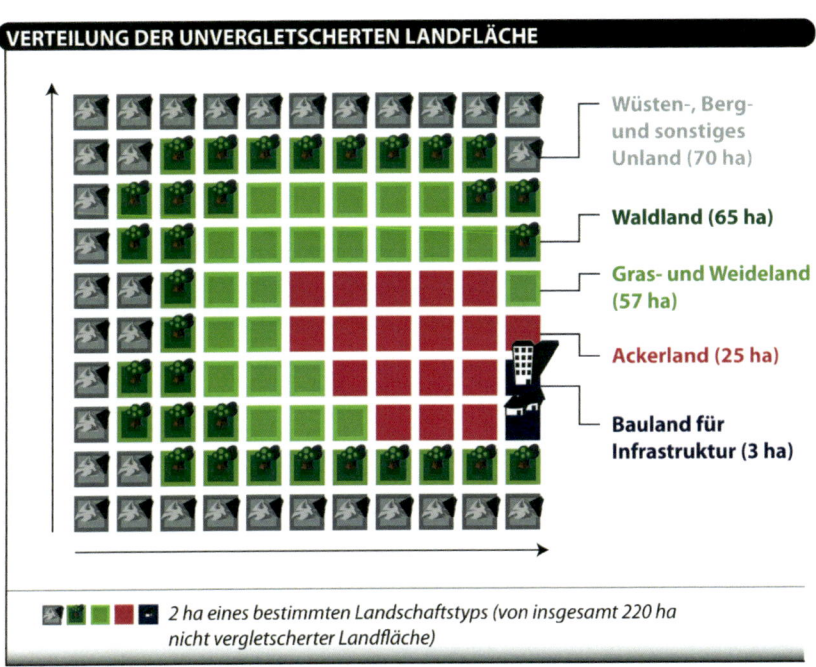

VERTEILUNG DER UNVERGLETSCHERTEN LANDFLÄCHE

Wüsten-, Berg-
und sonstiges
Unland (70 ha)

Waldland (65 ha)

Gras- und Weideland
(57 ha)

Ackerland (25 ha)

Bauland für
Infrastruktur (3 ha)

*2 ha eines bestimmten Landschaftstyps (von insgesamt 220 ha
nicht vergletscherter Landfläche)*

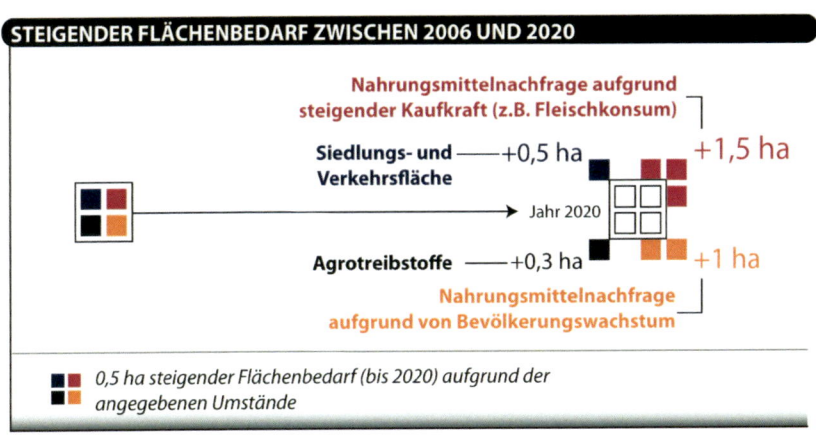

STEIGENDER FLÄCHENBEDARF ZWISCHEN 2006 UND 2020

Nahrungsmittelnachfrage aufgrund
steigender Kaufkraft (z.B. Fleischkonsum)

Siedlungs- und ——— +0,5 ha
Verkehrsfläche

+1,5 ha

Jahr 2020

Agrotreibstoffe ——— +0,3 ha

+1 ha

Nahrungsmittelnachfrage
aufgrund von Bevölkerungswachstum

*0,5 ha steigender Flächenbedarf (bis 2020) aufgrund der
angegebenen Umstände*

Denn praktisch gibt es schon Weiler im Dorf, in denen eine solche Verknappung Realität ist, 8 Menschen sind bereits betroffen. Träfe eine Prognose für das Bevölkerungswachstum im oberen Bereich ein, würde deren Zahl bis 2050 auf 45 Menschen ansteigen.[63] Das wäre dann wenigstens ein Viertel der Dorfbevölkerung, noch dazu eines mit sehr beschränkten Einkommensquellen.

Was aber wird eigentlich auf den 25 Hektar Ackerland in Globo angebaut? Es dominiert Getreide, vor allem Weizen (3,5 Hektar), Reis (2,6), Mais (2,6) und Soja (1,5). Auf ca. 4 Hektar wachsen Ölsaaten und auf je rund 1 Hektar Hülsenfrüchte bzw. Knollen und Wurzeln (darunter Kartoffeln). Noch unter je 1 Hektar liegen die Flächen für den Anbau von Gemüse und Obst. In einzelnen Weilern kommen lokale Besonderheiten auf jeweils weniger als 1 Hektar hinzu, wie etwa Sorghum, Hirse und Cassava in Afrika oder Gerste in Europa. Dabei wird nur ein Viertel des genutzten Ackerlandes (rund 5 Hektar) künstlich bewässert, größtenteils in den reicheren Regionen von Globo, während andererseits 4 Hektar brach liegen.[64]

Das „süße" Nass

Neben der Landknappheit dürfte die Süßwasserknappheit in Globo in den nächsten Jahrzehnten ein vermutlich noch größeres Problem darstellen – gerade für die Landwirtschaft, auf die mehr als 60 Prozent des Wasserverbrauchs entfällt. Wasser wird eben nicht nur getrunken, sondern auch – meist indirekt – gegessen.

---

[63] So meldet die Deutsche Stiftung Weltbevölkerung (DSW), online unter: http://www.weltbevoelkerung.de/pdf/landknappheit.pdf.

[64] Zahlen für 2007 nach FAOSTAT Database, online unter: http://faostat.fao.org. Von den 21 Hektar genutztem Ackerland liegen 9,6 in Asien, 3,5 in Afrika, 3 in Europa, 2,3 in Lateinamerika, 2,1 in Nordamerika und 0,4 in Ozeanien.

 **100**

WASSERVORRAT

GLOBALE VERTEILUNG DES WASSERS

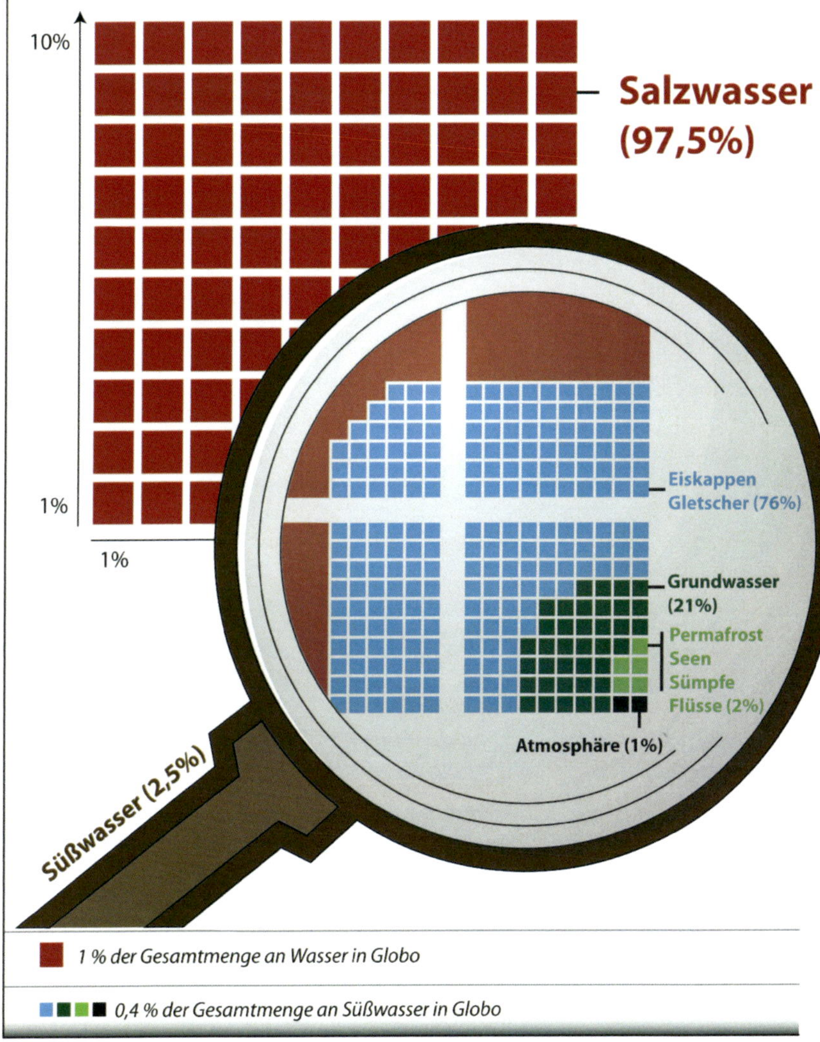

10%

Salzwasser (97,5%)

Eiskappen Gletscher (76%)

Grundwasser (21%)

Permafrost Seen Sümpfe Flüsse (2%)

Atmosphäre (1%)

1%

1%

Süßwasser (2,5%)

■ *1 % der Gesamtmenge an Wasser in Globo*

■■■■ *0,4 % der Gesamtmenge an Süßwasser in Globo*

 **DAS WEISSE GOLD**

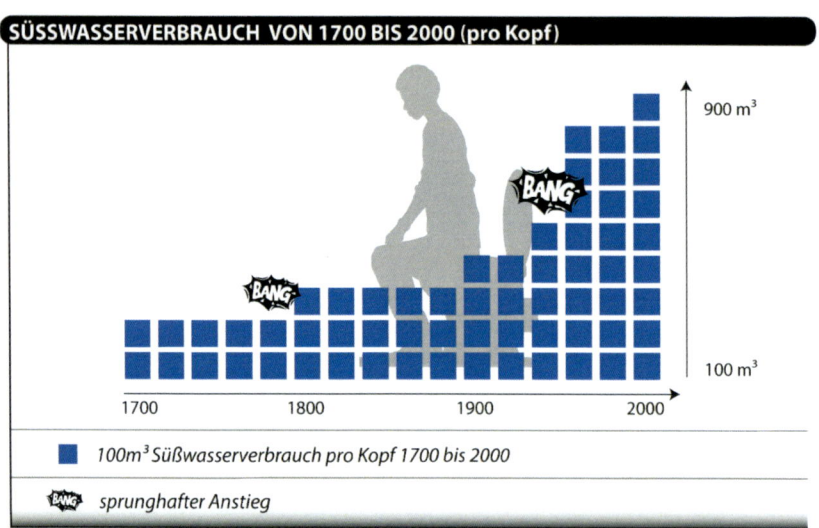

SÜSSWASSERVERBRAUCH VON 1700 BIS 2000 (pro Kopf)

900 m³

100 m³

1700   1800   1900   2000

■ *100m³ Süßwasserverbrauch pro Kopf 1700 bis 2000*

sprunghafter Anstieg

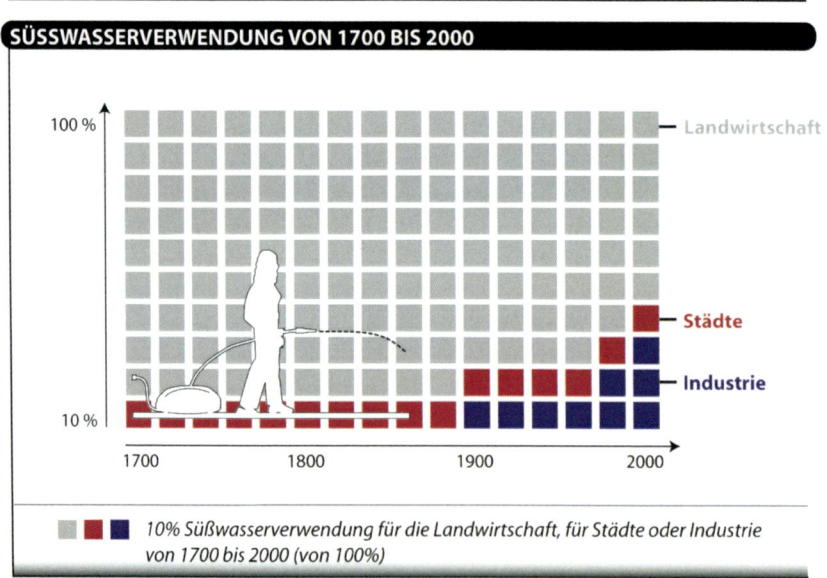

SÜSSWASSERVERWENDUNG VON 1700 BIS 2000

100 %

Landwirtschaft

Städte

Industrie

10 %

1700   1800   1900   2000

■ ■ ■ *10% Süßwasserverwendung für die Landwirtschaft, für Städte oder Industrie von 1700 bis 2000 (von 100%)*

UNSER KLEINES DORF. EINE WELT MIT 100 MENSCHEN | 3.05

Nach einem ersten oberflächlichen Blick auf die Ressource Wasser in Globo könnte man freilich den Eindruck bekommen, dass es sich dabei um einen unerschöpflichen Rohstoff handelt. Allerdings sind mehr als 97 Prozent dieses Wassers salzig. Vom kümmerlichen Rest wiederum ist der größte Teil als Eis gebunden (vor allem in der Antarktis) und daher letztlich ebenfalls nicht verfügbar. Damit bleiben nur 0,65 Prozent als verfügbares Süßwasser übrig, wovon der Großteil als Grundwasser teils tief in der Erde liegt. Mit anderen Worten: nur ein winziger Rest findet sich leicht zugänglich in Flüssen und Seen, im Boden und in der Atmosphäre.[65]

Trotz dieses verschwindend kleinen Anteils ist das große Problem nicht die Menge an sich. Im Jahr 2005 betrug das Volumen des erneuerbaren Süßwassers 8.500 Kubikmeter pro Kopf und Jahr (also insgesamt fast 1 Milliarde Liter pro Jahr für Globo).[66] Als „Wasserknappheit" würde erst ein Wert unter 1.700 Kubikmetern pro Kopf und Jahr gelten, als „Wasserstress" Mengen unter 1.000 Kubikmetern.[67] Natürlich steckt der Teufel auch hier wieder einmal im Detail des Durchschnitts, und während in manchen Regionen mehr als 50.000 Kubikmeter pro Kopf und Jahr zur Verfügung stehen, sind es in anderen bereits heute weit weniger als 1.000. Zudem hat sich

---

[65] Vgl. zu den Zahlenangaben http://www.oekosystem-erde.de/html/wasser.html oder auch Liedl Rudolf, „Wasser – Das Öl des 21. Jahrhunderts", Folie 18 und 19, online unter: http://rcswww.urz.tu-dresden.de/~tuuwi/urv/ss08/wasser/Liedl.pdf. Auch jeder Mensch besteht ja zu mehr als 60 Prozent aus Wasser.

[66] Vgl. zu den Zahlenangaben *Population Action International* (auf der Basis von FAO-Daten) online unter: http://216.146.209.72/Publications/Reports/People_in_the_Balance/Interactive/peopleinthebalance/pages/?s=2&t=data. Vgl. für einen Überblick über die Wasserproblematik auch Gresh, Alain (Red.): *Atlas der Globalisierung: Die neuen Daten und Fakten zur Lage der Welt*. Berlin 2006, S. 14-15.

[67] Alternativ zu dieser Kategorisierung wird Wasserknappheit manchmal auch nicht absolut, sondern relativ bestimmt: als Entnahme von mehr als 40 % der verfügbaren Menge.

die Menge an durchschnittlich verfügbarem Wasser seit 1950 allein infolge des Bevölkerungswachstums halbiert.

Insgesamt liegt der Wasserverbrauch trotzdem noch bei „nur" 870 Kubikmetern pro Kopf und Jahr, was freilich immerhin das Drei- bis Vierfache des Werts vor dem Anthropozän ist.[68] Davon wird nur ein winziger Anteil in seiner ursprünglichen Form getrunken. Im Essen hingegen ist weitaus mehr Wasser gebunden, als zu sehen ist: Nicht nur in den bewässerten Feldfrüchten, sondern auch im Fleisch sind oft tausende Liter pro Kilogramm als so genanntes „virtuelles Wasser" gewissermaßen indirekt enthalten.[69] Daher übersteigt der Verbrauch in den reichen Regionen von Globo und jenen mit intensiver Bewässerungslandwirtschaft schon heute oft 2.000 Kubikmeter (also 2 Millionen Liter) pro Kopf und Jahr. Eine weitere Zunahme im derzeitigen Tempo würde die Kapazitäten bald sprengen und Wasser sparende Technologien werden zur Notwendigkeit.

Der ökologische Kollaps käme allerdings schon davor, wenn Flüsse und Feuchtgebiete austrocknen.[70] Nicht erst dann droht der „Kampf" ums Wasser auszubrechen. Er beginnt schon mit unscheinbaren Fragen, z.B. mit welchen Nahrungsmitteln die Menschen in Globo sich ernähren. So braucht man etwa zur Produktion von Fleisch nicht zuletzt wegen der Futtermittel nicht nur ein Vielfaches an Boden, sondern auch die vielfache Menge Wasser, die zur Produktion derselben

---

[68] Vgl. McNeill, John R.: *Blue Planet: Die Geschichte der Umwelt im 20. Jahrhundert*. Frankfurt/M. 2003, S. 138. Schätzungen gehen aber gerade hier auseinander: die FAO spricht z.B. von nur 663 Kubikmetern für das Jahr 2000.

[69] Vgl. dazu etwa Pearce, Fred: *Wenn die Flüsse versiegen*. München 2007.

[70] Seit 1900 ist bereits etwa die Hälfte aller Feuchtgebiete verloren gegangen, mit sehr nachteiligen Folgen nicht nur für den Wasserhaushalt, sondern auch für die Artenvielfalt. Zudem erreichen einige Flüsse infolge zu starker Wasserentnahme bereits nicht mehr ihre ehemalige Mündung, wie z.B. der Colorado River. Vgl. dazu etwa http://www.oekosystem-erde.de/html/wassernutzung.html.

Verbotene Stadt
 Taj Mahal
 Pyramiden von Gizeh
 Eiffelturm
 Pyramide des Kukulcán
 Freiheitsstatue
 Opernhaus von Sydney

Unser kleines Dorf

Staaten, aus denen zumindest 1 Person in Globo käme - die also in der Realität im **Jahr 2000** zumindest **61 Millionen** EinwohnerInnen oder ein Vielfaches davon hatten

WOHER KOMMEN DIE 100 MENSCHEN VON GLOBO?

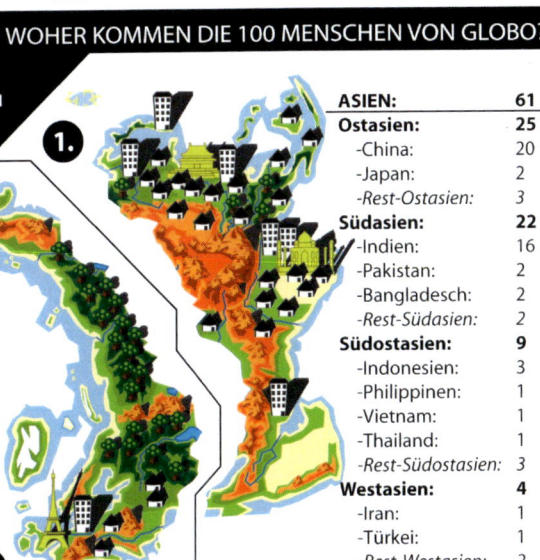

1.

3.

2.

4.

5.

6.

ASIEN:	61
Ostasien:	**25**
-China:	20
-Japan:	2
-Rest-Ostasien:	*3*
Südasien:	**22**
-Indien:	16
-Pakistan:	2
-Bangladesch:	2
-Rest-Südasien:	*2*
Südostasien:	**9**
-Indonesien:	3
-Philippinen:	1
-Vietnam:	1
-Thailand:	1
-Rest-Südostasien:	*3*
Westasien:	**4**
-Iran:	1
-Türkei:	1
-Rest-Westasien:	*2*
Zentralasien:	**1**

EUROPA:	12
Westeuropa:	**6**
-Deutschland:	1
-Rest-Westeuropa:	*5*
Osteuropa:	**6**
-Russland:	2
-Rest-Osteuropa:	*4*

LATEINAMERIKA:	9
-Brasilien:	2
-Mexiko:	1
-Rest-Südamerika:	*4*
-Rest-Mittelamerika und Karibik:	*2*

AFRIKA:	13
Subsahara-Afrika:	**10**
-Nigeria:	2
-Äthiopien:	1
-Rest-Westafrika:	*2*
-Rest-Ostafrika:	*2*
-Süd- und Zentralafrika:	*3*
Nordafrika:	**3**
-Ägypten:	1
-Rest-Nordafrika:	*2*

NORDAMERIKA:	5
-USA:	4
-Rest-Nordamerika:	*1*

OZEANIEN: 0
(Ozeanien ist "statistisch" unbesiedelt, da im gesamten pazifischen Raum nur etwa 30 Millionen Menschen leben; diese Menschen sind für diese Aufstellung Rest-Südostasien zugeschlagen)

RANGLISTE:

	China:	20
	Indien:	16
	USA:	4
	Indonesien:	3
	Brasilien:	2
	Russland:	2
	Pakistan:	2
	Bangladesch:	2
	Japan:	2
	Nigeria:	1
	Mexiko:	1
	Deutschland:	1
	Philippinen:	1
	Vietnam:	1
	Ägypten:	1
	Iran:	1
	Türkei:	1
	Äthiopien:	1
	Thailand:	1

KAPITEL:

Bevölkerung:	S 19
Wirtschaft:	S 33
Ernährung:	S 53
Energie:	S 81
Mobilität:	S 101
Arbeit:	S 113
Konsum:	S 127
Probleme:	S 143

nähere Informationen unter:
www.unserkleinesdorf.com

 **NORDPOL**

Globo in der Nussschale: Zahlen zur besseren Einordnung der dargestellten Daten

Bevölkerung und Einkommen in Globo während des Anthropozän

Die **Bevölkerung** in Globo stieg während des Anthropozän von 18 Menschen (1825) über 27 (1900), 42 (1950) und 100 (2000) auf 112 (Anfang 2010).
Das **Realeinkommen** betrug im Jahr 2000 insgesamt 601.200 $ bzw. 6.000 $ pro Kopf. Noch 1950 waren es erst 87.800 $ insgesamt bzw. 2.100 $ pro Kopf (alle Angaben in kaufkraftbereinigten Internationalen Dollar von 1990).
Das **Nominaleinkommen** betrug im Jahr 2008 insgesamt 945.600 US$ bzw. 8.600 US$ pro Kopf (Angaben in nicht kaufkraftbereinigten US-Dollar von 2008).

Aktuelle Bevölkerung nach Weilern

Von den **100 Menschen** in Globo (im Jahr 2000) lebten:
- **61** Menschen im Weiler **Asien**, davon **25** in Ostasien, **9** in Südostasien, **22** in Südasien, **4** in Westasien und **1** in Zentralasien
- **13** Menschen im Weiler **Afrika**, davon **10** in Subsahara-Afrika und **3** in Nordafrika
- **12** Menschen im Weiler **Europa**, davon **6** in Westeuropa und **6** in Osteuropa
- **9** Menschen in **Lateinamerika**, davon **6** in Südamerika und **3** in Mittelamerika
- **5** Menschen in **Nordamerika**
- **0** Menschen in **Ozeanien**

Flächenverteilung (2000)

Von den **840 ha** Fläche in Globo sind:
- **590 ha** Wasserfläche
- **30 ha** Gletscherfläche und **70 ha** Berge, Wüsten und sonstiges Unland
- **65 ha** Waldland
- **57 ha** Gras- und Weideland
- **25 ha** Ackerland und **3 ha** Gebäude, Straßen und sonstige Infrastruktur

Demographie (2000)

Von den **100 Menschen** in Globo sind:
- **50** weiblich, davon **26** im gebärfähigen Alter (15-49), und **50** männlich
- **10** Kleinkinder (jünger als 5)
- insgesamt **30** Kinder (jünger als 15) und daher **20** zwischen 5 und 14
- **63** im arbeitsfähigen Alter (15-64)
- **19** zumindest 50, **7** zumindest 65

Nussbaumer/Exenberger/Neuner: *Unser kleines Dorf. Eine Welt mit 100 Menschen.* Bereits in 3. Auflage im IMT Verlag (Kufstein) erschienen, 192 S., 68 farb. Ill., € 27,90. ISBN 978-3-9502786-2-0. Erhältlich in jeder Buchhandlung und unter www.unserkleinesdorf.com.

WASSERKNAPPHEIT

WASSERVERFÜGBARKEIT FÜR BEWOHNERiNNEN IM JAHR 2005 UND 2025

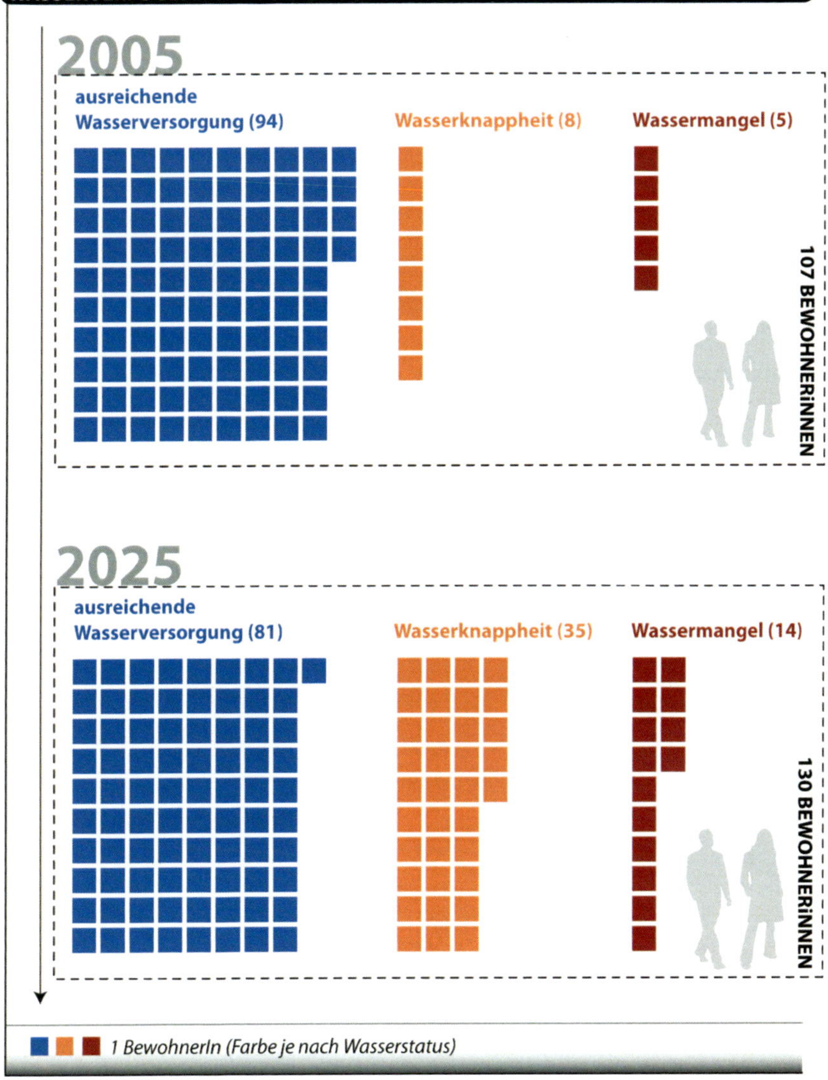

2005

ausreichende
Wasserversorgung (94)

Wasserknappheit (8)

Wassermangel (5)

107 BEWOHNERiNNEN

2025

ausreichende
Wasserversorgung (81)

Wasserknappheit (35)

Wassermangel (14)

130 BEWOHNERiNNEN

■ ■ ■ *1 BewohnerIn (Farbe je nach Wasserstatus)*

Energiemenge in Form von z.B. Getreide nötig wäre.[71] Nicht zu vergessen ist auch, dass schon heute in Globo rund acht Prozent der Nahrungsproduktion auf der Nutzung „fossiler" Wasservorkommen beruht, d.h. solcher, die dadurch endgültig verbraucht werden. Schon 8 Menschen ernähren sich also „auf Kosten kommender Generationen",[72] was Konflikte zweifelsohne weiter fördert. Dazu kommt der Kampf um Wasser innerhalb der und zwischen den Wirtschaftssektoren: Vor allem die Industrie, aber auch die Dienstleistungsbranche (man denke etwa an Golfplätze in wasserarmen Regionen) wollen letztlich ihren Verbrauch auf Kosten der Landwirtschaft steigern. Es ist daher zu befürchten, dass schon in naher Zukunft die Süßwasserproblematik noch mehr Sprengkraft entwickeln wird als heute, wo es Nutzungskonflikte vor allem in klimatisch sensiblen Regionen gibt (z.B. um das Nil- oder das Jordanwasser). Prognosen deuten zudem darauf hin, dass sich die Knappheit ausweiten wird, so etwa auch auf Teile des Weilers Europa.

Wird das Meer bald leer (gefischt sein)?

Das Wasser scheint unerschöpflich, aber es scheint eben nur so. Ebenso schien ausgeschlossen, dass die Menschen in Globo es jemals schaffen könnten, den Fischbestand in Bedrängnis zu bringen. Ganz im Gegenteil: Meerestiere galten als sichere Nahrungsquelle für die

---

[71] Ein Zahlenbeispiel dazu: Während für die Produktion von 1 Kilogramm Kartoffeln nur rund 135 Liter Wasser nötig sind, „kostet" 1 Kilogramm Rindfleisch rund 15.000. Vgl. Hoekstra, Arjen Y. (Hg.): *Virtual Water Trade. Proceedings of the International Expert Meeting on Virtual Water Trade.* Delft 2003 (online unter: http://www.waterfootprint.org/Reports/Report12.pdf), S. 16.

[72] So Lester Brown, zitiert nach: Hummel, Diana, et al.: *Versorgungssysteme als Gegenstand sozial-ökologischer Forschung: Ernährung und Wasser.* Frankfurt/M. 2004 (online unter: http://www.demons-project.de/material/demons_wp2.pdf), S. 68.

GEFAHR DER ÜBERFISCHUNG

Globo | Weiler

hohe Effektivität des
Fischfang-Managements

mäßige Effektivität des
Fischfang-Managements

geringe Effektivität des
Fischfang-Managements

OZEANIEN

ASIEN

NORDAMERIKA

EUROPA

LATEINAMERIKA

AFRIKA

UNSER KLEINES DORF. EINE WELT MIT 100 MENSCHEN | 3.07

67

Zukunft des Dorfes. Heute sieht das anders aus. Hat sich die gesamte Fangmenge von 1950 bis in die 1980er-Jahre noch rund verfünffacht, so stagniert sie seit damals pro Kopf und sinkt bei einigen Fischarten sogar dramatisch. Es ist daher zu befürchten, dass auch immer ausgefeiltere Fangmethoden nicht mehr in der Lage sein werden, diesen alles andere als „natürlichen" Schwund auszugleichen.[73] Sie sind vielmehr wesentliche Ursache des Problems.

Auch offizielle Stellen warnen daher bereits vor dem teilweisen Zusammenbruch des Fischfangs mit den damit verbundenen Konsequenzen für ganze Ökosysteme und Gesellschaften. Durch die Konkurrenz industrieller Fangflotten ist es an vielen Küsten schon heute nicht mehr möglich, den Lebensunterhalt mit traditioneller Fischerei zu verdienen. Befürchtungen gehen davon aus, dass wild aufgewachsener Fisch schon in wenigen Jahrzehnten in Globo praktisch verschwunden sein wird.[74] Inwieweit Fischzuchten diese Nahrungsmittellücke schließen könnten, ist zweifelhaft, insbesondere, wenn man an die ökologischen Folgen mancher dieser „Kulturen" denkt.

In der Tat, man sollte die „Produktivkräfte" des Menschen und auch sein „Effizienzstreben" nicht unterschätzen, vor allem nicht seine „Kreativität" gerade in diesen Feldern. Er könnte es sogar schaffen, sich dieser wichtigen Ernährungsquelle in absehbarer Zeit selbst zu entledigen. Freilich sei angesichts dieser Entwicklung die Frage er-

---

[73] Vgl. Worldwatch Institute: *Vital Signs: The Trends that are Shaping our Future.* New York 1995, S. 32-33, sowie 2006, S. 26-27. Vgl. auch Gresh, Alain (Red.): *Atlas der Globalisierung: Die neuen Daten und Fakten zur Lage der Welt.* Berlin 2006, S. 16-17.

[74] Vgl. Worm, Boris, et al.: „Impacts of Biodiversity Loss on Ocean Ecosystem Services", in: *Science* 314 (5800), 2006, S. 787-790. Die Warnung zeigte Wirkung: In einer neueren Publikation wird von einer „Abnahme der Ausbeutungsrate" und damit verbundener Regeneration einiger Bestände berichtet. Vgl. Worm, Boris, et al.: „Rebuilding Global Fisheries", in: *Science* 325 (5947), 2009, S. 578-585.

laubt, ob ein solches Verhalten denn wirklich „menschlich" wäre (gar nicht zu reden von „vernünftig"), oder ob es nicht vielmehr dem eines Raubtieres gliche (eines kurzsichtigen freilich).

In Tieren „veredeltes" und anderes Getreide

Die offensichtlichen Ungleichheiten im Ernährungsbereich sind in Globo schon allein deshalb nicht selbstverständlich, weil einerseits ein Minimum an Nahrungsaufnahme unbedingt nötig, sie aber andererseits nicht beliebig steigerbar ist. Man kann sich zwar „überfressen", stößt dabei aber ziemlich schnell an natürliche Grenzen, die z.b. dazu führen, dass scheinbar „Überflüssiges" weggeworfen wird. Angesichts dessen sind die Unterschiede im Nahrungskonsum im Durchschnitt doch recht ausgeprägt. Das beginnt bereits mit der zugeführten Nahrungsenergie, wo die größten Unterschiede zwischen den Weilern (das ist jener zwischen Nordamerika und Afrika) immerhin den Faktor 1,6 ausmachen. Es setzt sich fort mit der Art der Ernährung, vor allem der Zufuhr „veredelter" tierischer Nahrung (Fleisch- und Milchprodukte), wenn z.b. der Unterschied zwischen den Weilern Nordamerika und Afrika auf den Faktor 7 steigt.[75]

Einigermaßen verlässliche statistische Unterlagen über die Tierhaltung in ganz Globo gibt es erst seit dem Ende des 19. Jahrhunderts.[76] Damals lebten – zusammen mit erst 27 Menschen – 7 Schafe, 6 Rinder, 2 Schweine, 1 Ziege und 1 Pferd sowie 13 Stück Geflügel als Nutztiere in Globo. Im Jahr 2007 waren es 22 Rinder, 18 Schafe, 15

---

[75] Dazu ist grundsätzlich zu sagen, dass vor allem die Reichen in Globo immer schon Fleisch gegessen haben, wenn es die ökonomischen Umstände erlaubten. Nachhaltige Massenernährung ließ sich darauf aber noch nie aufbauen.

[76] Vgl. McNeill, John R.: *Blue Planet: Die Geschichte der Umwelt im 20. Jahrhundert.* Frankfurt/M. 2003, S. 281.

ERNÄHRUNGSGEWOHNHEITEN

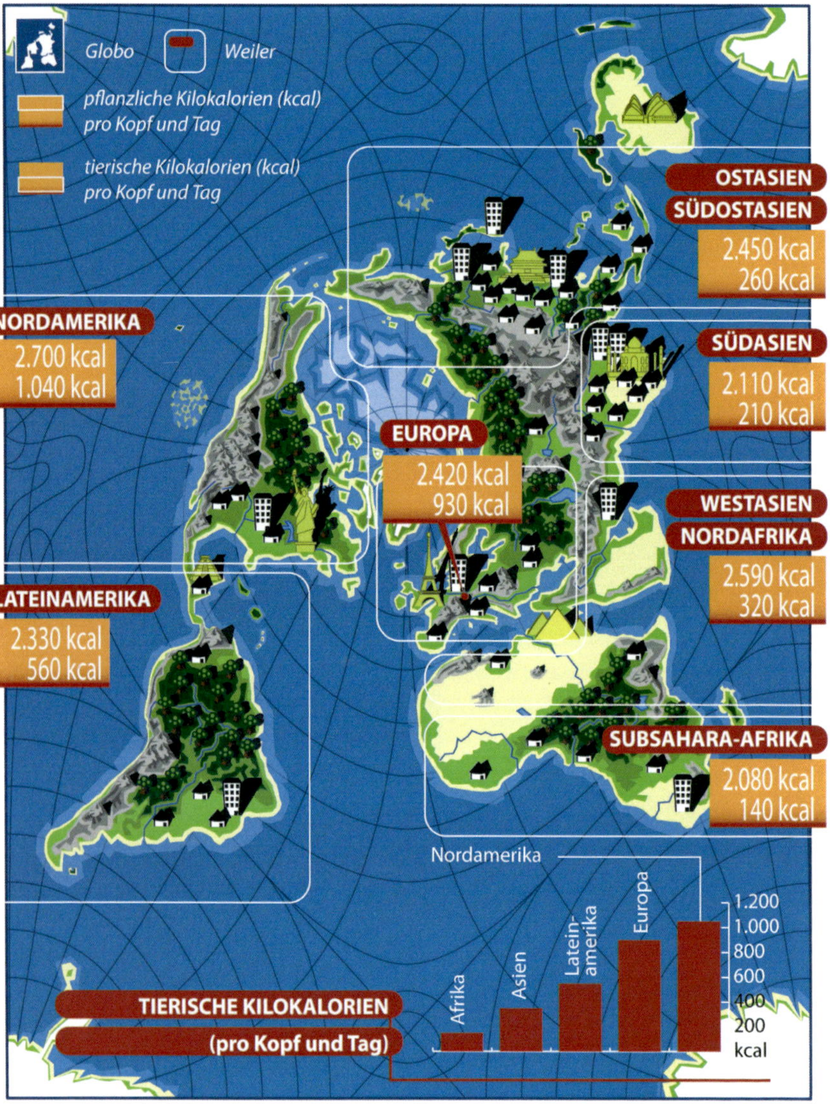

Globo · *Weiler*

pflanzliche Kilokalorien (kcal)
pro Kopf und Tag

tierische Kilokalorien (kcal)
pro Kopf und Tag

OSTASIEN
SÜDOSTASIEN
2.450 kcal
260 kcal

NORDAMERIKA
2.700 kcal
1.040 kcal

SÜDASIEN
2.110 kcal
210 kcal

EUROPA
2.420 kcal
930 kcal

WESTASIEN
NORDAFRIKA
2.590 kcal
320 kcal

LATEINAMERIKA
2.330 kcal
560 kcal

SUBSAHARA-AFRIKA
2.080 kcal
140 kcal

Nordamerika

Afrika · Asien · Latein-amerika · Europa

1.200
1.000
800
600
400
200
kcal

TIERISCHE KILOKALORIEN
(pro Kopf und Tag)

 **100** VIEHBESTAND

Globo   Weiler

*Anzahl der Rinder, Schweine
Schafe und Ziegen sowie des
Geflügels nach Weilern 2007*

OZEANIEN

Rinder:	1
Schweine:	0
Schafe&Ziegen:	2
Geflügel:	2

NORDAMERIKA

Rinder:	2
Schweine:	1
Schafe&Ziegen:	0
Geflügel:	41

EUROPA

Rinder:	2
Schweine:	3
Schafe&Ziegen:	3
Geflügel:	35

ASIEN

Rinder:	7
Schweine:	9
Schafe&Ziegen:	16
Geflügel:	177

LATEINAMERIKA

Rinder:	6
Schweine:	2
Schafe&Ziegen:	2
Geflügel:	47

AFRIKA

Rinder:	4
Schweine:	0
Schafe&Ziegen:	9
Geflügel:	24

Schweine, 14 Ziegen, immer noch 1 Pferd, aber 326 Stück Geflügel (davon 294 Hühner).[77] Die Zahl der Nutztiere wächst also mit der Weltbevölkerung und nimmt dabei nicht nur absolut, sondern teils auch relativ zu. Diese Zahlen verdeutlichen zudem die wichtigsten Änderungen im Hinblick auf die Nutzung der Tiere, wie etwa den Aufstieg von Geflügelfleisch im Speiseplan oder den Bedeutungsverlust der Arbeitskraft von Pferden. Sie deuten aber auch schon auf die immensen Steigerungsraten hin, die vor allem die Produktion jener Güter erlebt hat, die auch als Futtermittel Verwendung finden.

Daher präsentiert sich die Situation heute so, dass nicht zuletzt durch die immense Fleischnachfrage des reichsten Viertels im Dorf dort der größere Teil auch der pflanzlichen Lebensmittel verzehrt wird – zumindest indirekt. Schätzungen deuten darauf hin, dass in Globo etwa ein Drittel der gesamten Getreideernte verfüttert wird, sowie eine ähnliche Menge der Produktion an Milch und Knollenfrüchten, bei Ölsamen (vor allem Soja) liegt der Anteil noch höher.[78] Dabei erfolgt nur scheinbar eine „Veredelung" der Futtermittel zu Fleisch, denn nur ein Bruchteil der verfütterten pflanzlichen Kalorien wird in tierische Kalorien umgewandelt.[79] So könnten auf derselben Fläche, die für die Produktion von Futtergetreide für ein Kilogramm Fleisch durchschnittlich erforderlich ist, 120 Kilogramm Karotten, 160 Kilo-

---

[77] Zahlen für 2007 nach FAOSTAT Database, online unter: http://faostat.fao.org. Während die Schafe übrigens eher gleich verteilt sind, konzentrieren sich die Ziegen in Afrika und Südasien (je 5). Neben den Hühnern kommen zum Geflügel noch 18 Enten (davon 13 in Ostasien), 6 Gänse und Perlhühner (davon 5 in Ostasien) und 8 Truthähne (davon 5 in Nordamerika, die alljährlich sorgenvoll dem Thanksgiving-Fest entgegensehen).

[78] Vgl. dazu z.B. FAO: *World Agriculture: Towards 2030/2050, Interim Report.* Rom 2006, S. 45-60.

[79] Das „Verschwendungsverhältnis" ist dabei je nach Tierart sehr unterschiedlich: am geringsten ist der Verlust bei Hühnern, am größten bei Rindern.

 **100**

GETREIDE

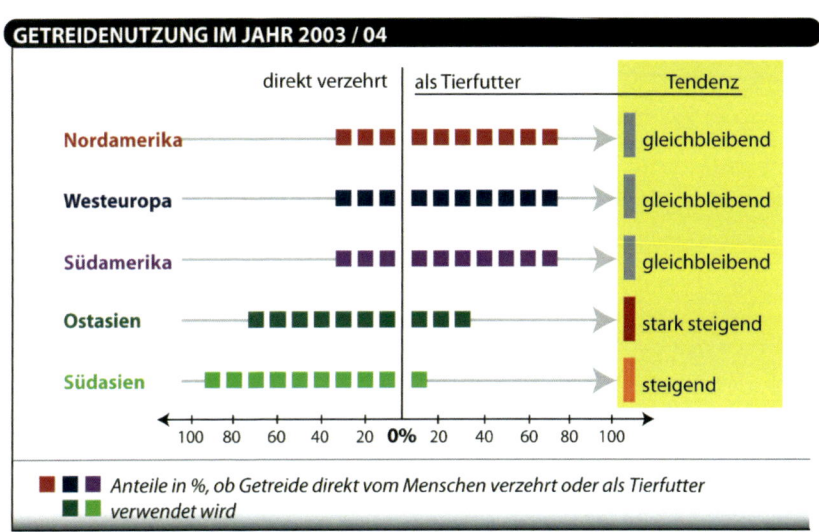

GETREIDENUTZUNG IM JAHR 2003 / 04

	direkt verzehrt	als Tierfutter	Tendenz
Nordamerika			gleichbleibend
Westeuropa			gleichbleibend
Südamerika			gleichbleibend
Ostasien			stark steigend
Südasien			steigend

100 80 60 40 20 **0%** 20 40 60 80 100

Anteile in %, ob Getreide direkt vom Menschen verzehrt oder als Tierfutter verwendet wird

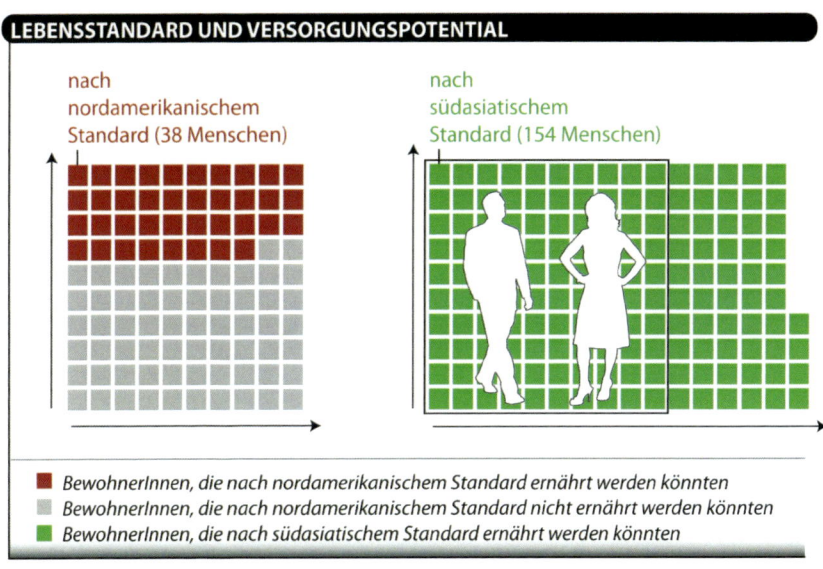

LEBENSSTANDARD UND VERSORGUNGSPOTENTIAL

nach
nordamerikanischem
Standard (38 Menschen)

nach
südasiatischem
Standard (154 Menschen)

BewohnerInnen, die nach nordamerikanischem Standard ernährt werden könnten
BewohnerInnen, die nach nordamerikanischem Standard nicht ernährt werden könnten
BewohnerInnen, die nach südasiatischem Standard ernährt werden könnten

gramm Kartoffeln oder gar 200 Kilogramm Tomaten erzeugt werden.[80]

Es liegt somit auf der Hand, dass der Ressourcenverbrauch für die Ernährung ganz entscheidend davon abhängt, wie sich die Menschen ernähren. Und damit verlangt die Frage, wie viele Menschen Globo eigentlich „verträgt", stets nach der Gegenfrage: „Auf welcher Basis?" Während der Lebensstil in den reicheren Regionen des Dorfes schon heute (bei weitem) nicht für das gesamte Dorf möglich wäre, gäbe es bei einer Ernährung auf weitestgehend pflanzlicher Basis sogar noch einige Reserven.

Was dabei vielleicht trotz des bisher Gesagten wohl immer noch überraschen wird, ist der Umstand, dass heute gerade in den reicheren Regionen von Globo mit dem Export von Nahrungsmitteln auch noch Geld verdient wird. Der globale Nahrungsmittelhandel weist insbesondere die industrialisierte Landwirtschaft in den Weilern Nordamerika, Europa und Ozeanien als Überschussproduzenten aus, während gerade jene Regionen, wo immer noch viele Menschen von der Landwirtschaft leben und die daher auf Exportchancen angewiesen wären, immer stärker in die Zwangslage geraten, Nahrungsmittel einführen zu müssen.[81] Es wäre daher naiv, den derzeitigen von Subventionen geprägten Agrarhandel für eine Hoffnung für die Armen zu halten. Vielmehr schädigt er deren Einkommensquellen und verursacht unnötige Kosten auch in den reicheren Regionen von Globo.

---

[80] Vgl. Ramsauer, Petra: *So wird Hunger gemacht. Wer warum am Elend verdient.* Wien 2009, S. 123.

[81] Statistisch interessant ist dabei, dass diese „Agroindustrie" in Globo eigentlich vollautomatisch läuft, weil die Gesamtzahl der dort Beschäftigten nicht annähernd ausreicht, um einen Menschen in Globo zu repräsentieren. In den ärmeren Regionen des Dorfes leben hingegen fast 40 Menschen in und von traditioneller Landwirtschaft, viele von ihnen ausschließlich.

100

AGRARHANDEL

Globo   Weiler

hauptsächlich
Exporteur von Lebensmitteln

hauptsächlich
Importeur von Lebensmitteln

OZEANIEN

OSTASIEN

SÜDOSTASIEN

NORDAMERIKA

OSTEUROPA

SÜDASIEN

WESTEUROPA

WESTASIEN
NORDAFRIKA

LATEINAMERIKA

SUBSAHARA-AFRIKA

Nochmals einige der wichtigsten Aspekte in aller Kürze:

- Je mehr sich die Menschen in Globo von Fleischprodukten ernähren, desto weniger im Dorf können befriedigend ernährt
werden. Hier besteht ein direktes und nicht nur ethisch bedenk-
liches Konkurrenzverhältnis, wenn die Reichen (bewusst oder
nicht) ihre Kaufkraft auf Kosten der Armen spielen lassen.

- Etwa vier Fünftel der landwirtschaftlich genutzten Fläche im
Dorf (Weide- und Ackerland) werden heute schon direkt oder
indirekt für die Viehhaltung verwendet. Dabei handelt es sich
gemessen an der produzierbaren Nahrungsenergie letztlich um
eine Verschwendung von Ressourcen.

- Daneben gibt es weitere preistreibende Konkurrenzverhältnisse
mit Agrarprodukten zur industriellen Verwertung (z.B. Gummi
oder Baumwolle) oder für die Energiegewinnung (z.B. Zucker
oder Mais für Agrotreibstoffe).

- Dabei geben die 40 ärmsten Menschen in Globo schon heute
mindestens die Hälfte ihres Einkommens für Nahrung aus,
während es für die 20 reichsten nur 10 bis 20 Prozent sind.

- Zudem ist nochmals darauf hinzuweisen, dass die gesamten ge-
lagerten Getreidereserven im Dorf immer kleiner werden – und
bequem in einem Zimmer Platz hätten.

- Eine „Ökologisierung" der Landwirtschaft im Sinne ihrer
Nachhaltigkeit ist daher im Grunde unabdingbar. Das würde
zwar in den Weilern Nordamerika und Europa zu einem Rückgang der Gesamtproduktion (und damit der Exporte) führen,
überall sonst aber die Erträge steigern[82] – neben allen positiven
ökologischen und sozialen Konsequenzen.

---

[82] Sie würden sich möglicherweise sogar verdoppeln; vgl. UNCTAD-UNEP: *Orga-
nic Agriculture and Food Security in Africa*. New York 2008 (online unter: http://
www.unctad.org/en/docs/ditcted200715_en.pdf).

Weit entfernt vom rechten Maß

Um die Dimension des Problems noch einmal zu verdeutlichen, sei zum Schluss noch auf eine besondere Paradoxie im Globo von heute hingewiesen: Einerseits hungern 17 Menschen, andererseits sind 11 Menschen von Übergewicht und Fettleibigkeit betroffen.[83] Beides stellt ein Problem für das Gesundheitssystem im Dorf dar, auch wenn an Übergewicht (zumindest noch) deutlich weniger Menschen sterben als an Hunger.[84] Beide Zahlen stiegen zudem zuletzt an, wobei Übergewichtigkeit in den reicheren Regionen von Globo immer mehr zu einem Armutssymptom wird, wenn sich viele Menschen „gesunde" Ernährung schlicht nicht mehr leisten können. Trotzdem bleibt Hunger der größere, wenn auch gleichzeitig stille Skandal in Globo, obwohl er Jahr für Jahr und unter aller Augen stattfindet. Wenn sich zudem die Prognosen im Hinblick auf den Klimawandel bewahrheiten, wird sich dieses Problem noch weiter verschärfen, weil gerade auch wichtige Anbaugebiete (insbesondere von Mais und Reis) von der Erderwärmung negativ betroffen sein werden.

Diese Aufteilung der auf die eine oder andere Weise „Fehlernährten" in jeweils ähnlich große Gruppen ist dabei ein historisches Novum in Globo. Es gab zwar immer (seit Jahrtausenden) Hunger und (zu) viele Hungernde, noch nie aber so viele Übergewichtige. Obwohl es kaum zuverlässige und vergleichbare Daten darüber gibt, kann man

---

[83] Vgl. aktuell und ausführlich dazu Patel, Raj: *Stuffed and Starved: From Farm to Fork, the Hidden Battle for the World Food System.* London 2007, oder auch schon Gardner, Gary/Halweil, Brian: „Unterernährung und Überernährung", in: Worldwatch Institut: *Zur Lage der Welt 2000.* Frankfurt/M. 2000, S. 126-156.

[84] Pessimisten rechnen vor, dass jeder zweite Todesfall letztlich direkt oder indirekt auf Unterernährung oder Hunger zurückzuführen sei. Jedes zweite Jahr „verhungert" also jemand in Globo. Vgl. etwa Ziegler, Jean: *Das Imperium der Schande. Der Kampf gegen Armut und Unterdrückung.* München 2005, S. 101.

UNTER-ERNÄHRUNG

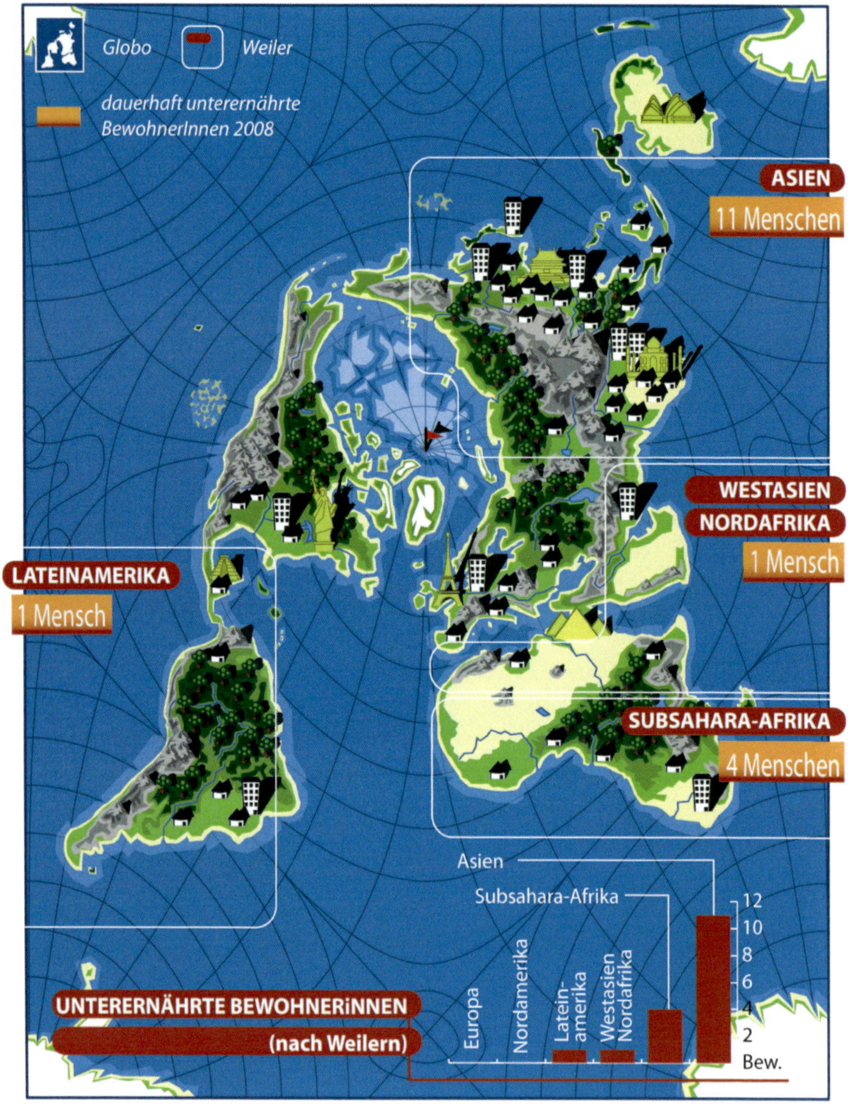

Globo   Weiler

dauerhaft unterernährte
BewohnerInnen 2008

ASIEN
11 Menschen

WESTASIEN
NORDAFRIKA
1 Mensch

LATEINAMERIKA
1 Mensch

SUBSAHARA-AFRIKA
4 Menschen

Asien
Subsahara-Afrika

Europa
Nordamerika
Latein-amerika
Westasien
Nordafrika

12
10
8
6
4
2
Bew.

UNTERERNÄHRTE BEWOHNERiNNEN
(nach Weilern)

 **100**

ÜBER - ERNÄHRUNG

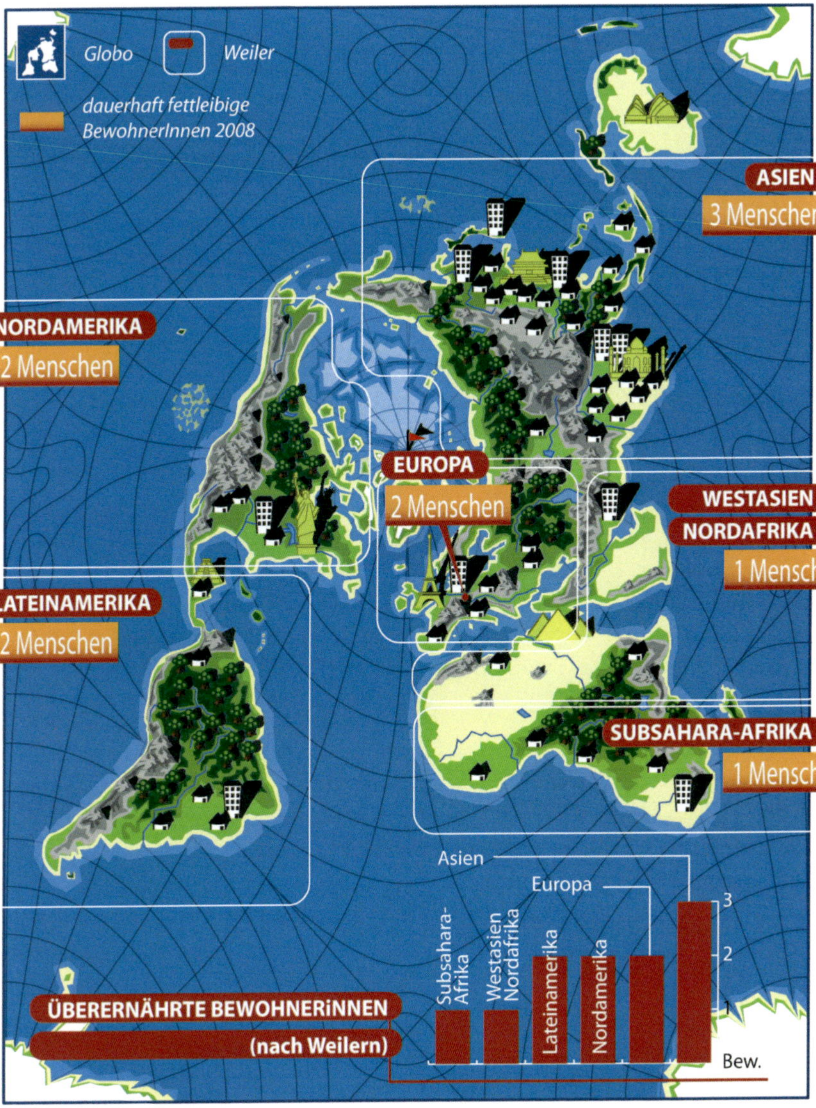

Globo — *Weiler*

dauerhaft fettleibige BewohnerInnen 2008

ASIEN
3 Menschen

NORDAMERIKA
2 Menschen

EUROPA
2 Menschen

WESTASIEN NORDAFRIKA
1 Mensch

LATEINAMERIKA
2 Menschen

SUBSAHARA-AFRIKA
1 Mensch

ÜBERERNÄHRTE BEWOHNERiNNEN
(nach Weilern)

Asien
Europa

Subsahara-Afrika | Westasien Nordafrika | Lateinamerika | Nordamerika

3
2
1
Bew.

im Zusammenhang mit Übergewicht aber bereits von einer „Pandemie" sprechen, die zunehmend auch Regionen nicht ausspart, die eigentlich Hungergebiete sind. Das verweist noch deutlicher auf das Verteilungsproblem Hunger, das einerseits global, aber eben andererseits auch lokal besteht. Es deutet aber auch an, dass es im Falle des Übergewichts zwar keine „Ansteckung" im medizinischen Sinn gibt, sehr wohl aber eine im sozio-ökonomischen Sinn, indem Lebensstile und Ernährungsgewohnheiten „kopiert" und „vererbt" werden.

Die Ungleichheit in Globo endet damit aber nicht. Sie setzt sich im nächsten Kapitel fort, wenn es um die Energieversorgung des Dorfes geht. Energie ist zwar ebenfalls lebensnotwendig, aber wenigstens ist ein Mangel meist nicht so unmittelbar lebensbedrohlich wie einer bei Nahrung oder gar Wasser. Doch abgesehen davon, dass der durch die Industrieproduktion geschaffene und abgesicherte Lebensstandard in Globo auf billiger Energie aufbaut, kann z.B. ein Mangel an Heizmaterial durchaus auch ziemlich direkt zum Tod führen – zumindest in den kälteren Regionen des Dorfes.

Kapitel 4: Energie

Der *Nervus Rerum* von Globo

Nun folgt ein weiteres zentrales Element der Lebensrealität in Globo, vielleicht sogar sein *nervus rerum* (wörtlich „Nerv der Dinge"): die Energie. Dazu sind drei kurze, aber grundsätzliche Vorbemerkungen nötig.

Erstens kann Energie im physikalischen Sinn weder geschaffen noch zerstört werden.[85] Obwohl sie also höchstens umgewandelt werden kann, sprechen gerade Ökonominnen und Ökonomen üblicherweise von Energie-*Erzeugung* und Energie-*Verbrauch*, was freilich durchaus der konkreten Erfahrung von z.B „erzeugter" und „verbrauchter" Wärme entspricht. In diesem Buch wird daher diese Konvention übernommen.

Zweitens ist Energie eine zentrale Ressource des Wirtschafts-, Gesellschafts- und Konsumsystems in Globo. Die Energiefrage berührt beinahe alle Lebensbereiche, wie z.b. die Produktion von Nahrungsmitteln und deren Bereitstellung, die Förderung von Rohstoffen, die Produktion von Industrie- und Konsumgütern, das Verkehrswesen, die Bereitstellung von Information, das Beheizen von Wohnraum, die Beleuchtung und vieles andere mehr.

---

[85] Das gilt ebenso für „Primärenergie", die direkt in Form von Energieträgern (Öl, Holz, usw.) zur Verfügung steht, wie für „Sekundärenergie", die aus diesen umgewandelt ist (z.B. Strom aus Kohle, Wasserkraft, usw.).

 **100**

ENERGIEABHÄNGIGKEITEN

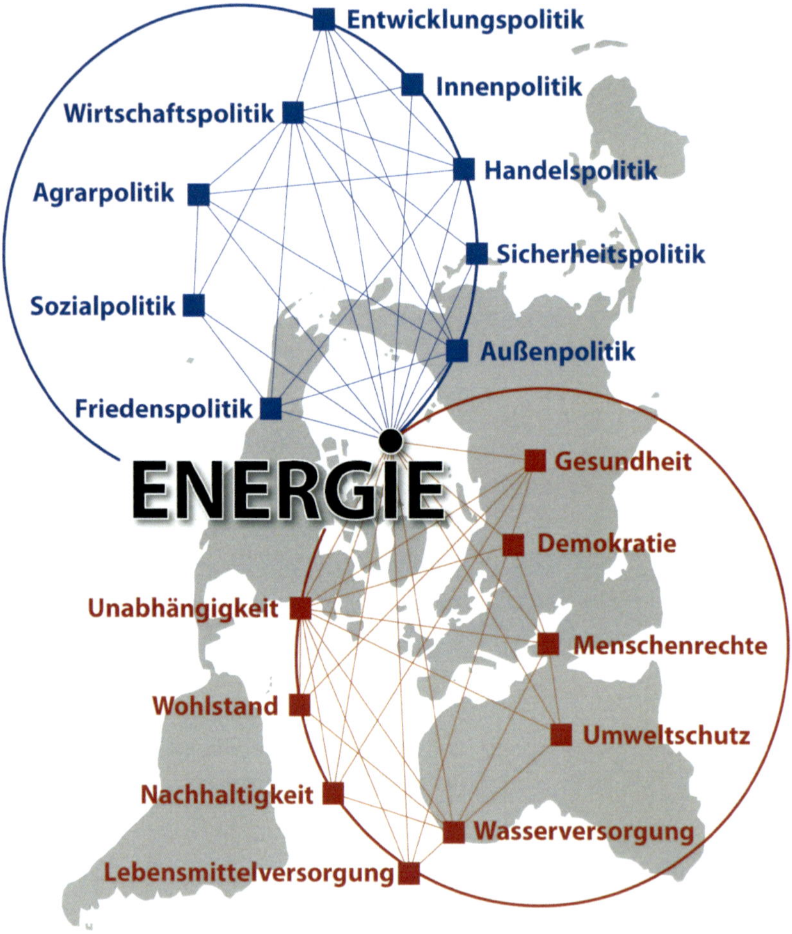

Entwicklungspolitik

Innenpolitik

Wirtschaftspolitik

Handelspolitik

Agrarpolitik

Sicherheitspolitik

Sozialpolitik

Außenpolitik

Friedenspolitik

ENERGIE

Gesundheit

Demokratie

Unabhängigkeit

Menschenrechte

Wohlstand

Umweltschutz

Nachhaltigkeit

Wasserversorgung

Lebensmittelversorgung

■ *gesellschaftliche Themenkomplexe, die mit der Energiefrage zusammenhängen*
■ *politische Themenkomplexe, die mit der Energiefrage zusammenhängen*

 **100**

PRIMÄRENERGIE

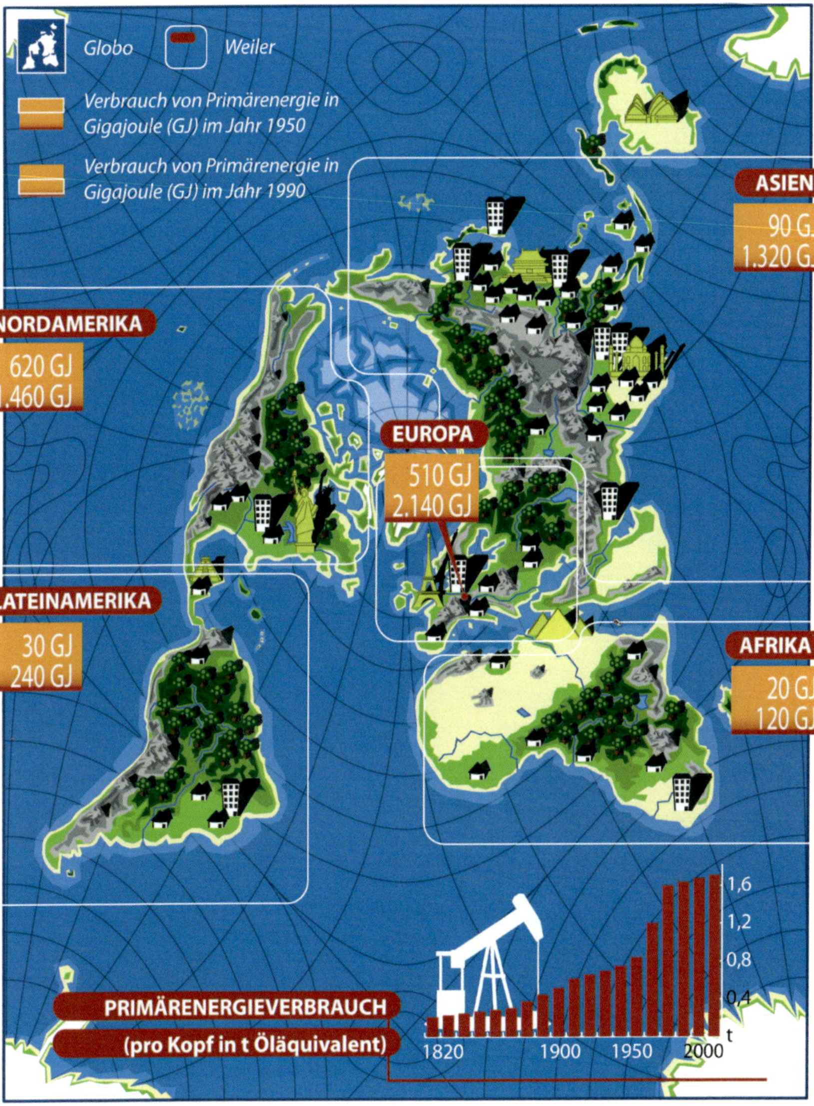

Globo   Weiler

Verbrauch von Primärenergie in
Gigajoule (GJ) im Jahr 1950

Verbrauch von Primärenergie in
Gigajoule (GJ) im Jahr 1990

ASIEN
90 GJ
1.320 GJ

NORDAMERIKA
620 GJ
1.460 GJ

EUROPA
510 GJ
2.140 GJ

LATEINAMERIKA
30 GJ
240 GJ

AFRIKA
20 GJ
120 GJ

PRIMÄRENERGIEVERBRAUCH
(pro Kopf in t Öläquivalent)

1,6
1,2
0,8
0,4
t
1820   1900   1950   2000

Drittens ist festzuhalten, dass das Energiewesen zudem die Umwelt in Dorf Globo intensiv beeinflusst. Neben der Energieknappheit ist diese Auswirkung des Energieverbrauchs wahrscheinlich das wichtigste Problem in diesem gesamten Komplex. Es ist deshalb keine Übertreibung, wenn bisweilen davon die Rede ist, dass die Energiefrage eine „Schicksalsfrage" für Globo darstellt.

Ausgehend davon kann die Energiegeschichte des Dorfes chronologisch in drei „Epochen" gegliedert werden: in ein *prä*-fossiles, ein fossiles und ein *post*-fossiles Zeitalter. Sie existieren nacheinander, aber auch nebeneinander, wobei das letzte sich erst andeutet.

Körper- und Naturkraft

Das präfossile Zeitalter (bisweilen auch als „Körperenergieregime" bezeichnet) dominierte in Globo seit Beginn der Geschichte. Erst mit dem Anthropozän wurde es in manchen Regionen abgelöst, und damit auch als Energieregime des gesamten Dorfes, indem fossile Energie (Kohle, Öl, …) einen oft entscheidenden Wettbewerbsvorteil verschaffte. Präfossile Energie spielt aber unverändert eine wichtige Rolle für das Leben vieler, ja ein erheblicher Teil der Menschen in Globo ist noch nie oder kaum in den Genuss fossiler Energieträger gekommen. Präfossile Energie wurde und wird dabei vor allem aus zwei Quellen gewonnen: körperlichen und natürlichen Energieträgern. Körperliche Energie stammt in erster Linie aus menschlicher Arbeitskraft (sei es unter den Bedingungen von Sklaverei, abhängiger oder freier Arbeit), aus tierischer Muskelkraft (Pferde, Ochsen, Esel usw.) und aus Exkrementen (in erster Linie zum Heizen und Düngen). Natürliche Energie kommt vor allem vom Wind (u.a. durch Windmühlen), vom Wasser (u.a. durch Wasserräder) und von der Sonne (die wärmt und wachsen lässt).

 **100**

ENERGIEFORMEN

VERBRAUCH NACH ENERGIETRÄGERN

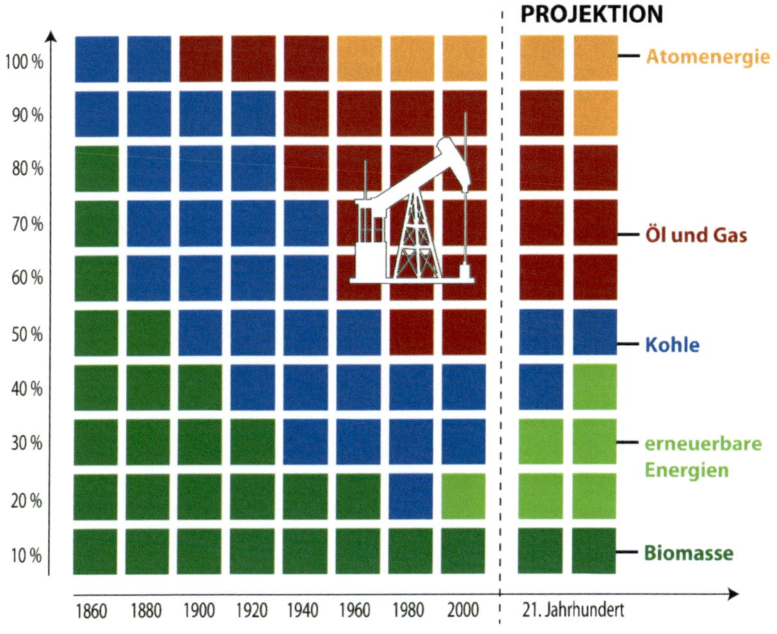

PROJEKTION

100 %
90 %
80 %
70 %
60 %
50 %
40 %
30 %
20 %
10 %

Atomenergie

Öl und Gas

Kohle

erneuerbare Energien

Biomasse

1860 1880 1900 1920 1940 1960 1980 2000 | 21. Jahrhundert

■ ■ ■ ■ ■ *10% Anteil einer jeweiligen Energieform am Gesamtniveau*

GESELLSCHAFTLICHER STELLENWERT FOSSILER ENERGIEFORMEN

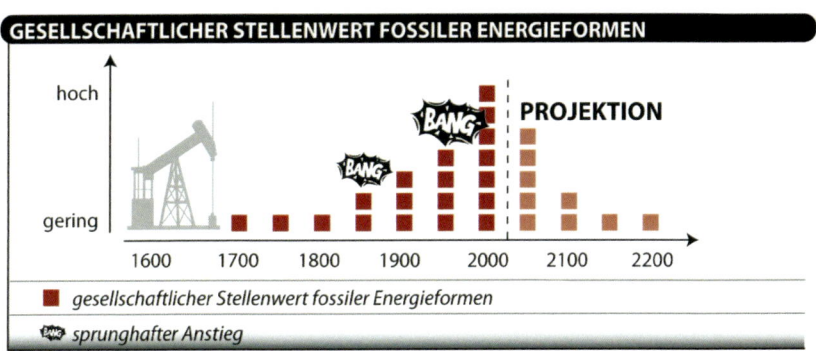

hoch

BANG

BANG

PROJEKTION

gering

1600   1700   1800   1900   2000 | 2100   2200

■ *gesellschaftlicher Stellenwert fossiler Energieformen*

💥 *sprunghafter Anstieg*

Geht man ganz weit in die Geschichte des Dorfes zurück, so war wohl einer der ersten „Energieschübe" die Einführung des Wanderfeldbaus.[86] Durch die damit vergrößerte Nahrungsmenge und die Beschleunigung ihrer Erzeugung wurde die zu Verfügung stehende Energiemenge in Ackerbaukulturen gegenüber Jäger- und Sammlerkulturen verzehnfacht. Als die Menschen sesshaft wurden und die Landwirtschaft noch produktiver, soll es dann nochmals zu einer solchen Verzehnfachung gekommen sein.[87] Durch die Domestikation folgte ein weiterer Energieschub: Zugochsen, Lastpferde, Kamele und viele andere Tiere konnten in der Folge als lebende „Maschinen" verwendet werden. Sklaven erfüllten eine ähnliche Funktion. Dass all das vor allem den Mächtigen in Globo zugute kam, ja dass erst das Sesshaftwerden die Bildung einer „unproduktiven" Herrscherschicht überhaupt ermöglicht hat, sei hier nur angedeutet.[88]

Obwohl die präfossilen Energieformen auch heute noch Bedeutung haben, vor allem (aber nicht nur) in den ärmeren Regionen von Globo, fehlen sie in vielen Energiestatistiken des Dorfes. Das hat mit Messbarkeit zu tun, aber auch mit Ignoranz. Was z.B. das Holz betrifft, wird es bisweilen als der „wichtigste Werk- und Rohstoff" der gesamten vorindustriellen Zeit bezeichnet und war Basis des Wohnens und Heizens.[89] Bis ins 18. Jahrhundert hinein wurde auch Erz in der

---

[86] Gemeint ist damit das vorübergehende Bebauen von Feldern, die aufgegeben werden, wenn die Gruppe weiterzieht, also Ackerbau vor der Sesshaftwerdung.

[87] Vgl. dazu McNeill, John R.: *Blue Planet: Die Geschichte der Umwelt im 20. Jahrhundert.* Frankfurt/M. 2003, S. 25.

[88] Vgl. etwa Diamond, Jared: *Arm und Reich. Die Schicksale menschlicher Gesellschaften.* Frankfurt/M. 1997, vor allem S. 91-100. Das heißt nicht, dass diese Schicht nichts geleistet hätte (z.B. in Kultur oder Handwerk), sondern lediglich, dass sie nicht mehr unbedingt selbst für ihren Lebensunterhalt sorgen musste.

[89] Vgl. Matis, Herbert: *Das Industriesystem: Wirtschaftswachstum und sozialer Wandel im 19. Jahrhundert.* Wien 1988, S. 72.

Regel mit Holzkohle zum Schmelzen gebracht, wobei 30 Tonnen Holz erforderlich waren, um eine Tonne Eisen zu gewinnen. Daher ist es leicht verständlich, dass insbesondere in Gegenden mit reichen Erzvorkommen ganze Wälder verschwanden.[90] Mit anderen Worten: Ging es den Menschen „gut", d.h. prosperierte die Wirtschaft und bevölkerte sich das Land, so ging es dem Wald schlecht, und umgekehrt. Diese Beziehung, die letztlich nichts anderes darstellt als eine von Rohstoffen bestimmte Wachstumsgrenze für vorindustrielle Gesellschaften, wurde erst im 19. Jahrhundert durch den Übergang auf den Energieträger Steinkohle durchbrochen. Diese Energiewende hat damit die Industrielle Revolution in der bekannten Form ermöglicht und den Wald vor der weitestgehenden Zerstörung bewahrt, die sich im Weiler Europa bereits abzuzeichnen begann. Dort und etwas später auch im Weiler Nordamerika wichen die früher allgegenwärtigen Wälder oft schon vor der Industrialisierung der Energieproduktion oder sie mussten Siedlungen Platz machen. In den Weilern Afrika, Asien und Lateinamerika verschwinden sie dagegen erst heute in größerem Stil, allerdings aus durchaus ähnlichen Gründen.

Dazu abschließend ist auf zwei wichtige Aspekte hinzuweisen. Erstens ist das Niveau des Energieverbrauchs geringer, wenn präfossile Energie verwendet wird. Wer also heute noch präfossil lebt (in der Regel, weil er oder sie muss), dem steht nur ein Bruchteil an Energie zur Verfügung, um sein Leben angenehmer oder auch nur erträglich zu machen. Dieser Zustand betrifft derzeit 39 Menschen in Globo, die praktisch nur von Biomasse leben, vor allem von Holz und Muskelkraft. Für einige Frauen in Globo besteht daher die Haupttätigkeit darin, in teils stundenlanger Arbeit Brennholz zu sammeln, wobei die dafür zurückzulegenden Wege immer länger werden. Zweitens lebt

---

[90] Varchmin, Jochim/Radkau, Joachim: *Kraft, Energie und Arbeit. Energie und Gesellschaft*. Reinbek b. H. 1988, S. 80-82. Ähnliches gilt für den Salzabbau.

ENERGIE AUS BIOMASSE

Globo   *Weiler*

*BewohnerInnen, die Energie
zum Kochen und Heizen
ausschließlich aus Biomasse
gewinnen*

OSTASIEN
SÜDOSTASIEN
16 Menschen

SÜDASIEN
12 Menschen

LATEINAMERIKA
2 Menschen

AFRIKA
9 Menschen

Subsahara-Afrika
Südasien

Nordafrika
Lateinamerika
Ostasien

100
80
60
40
20
%

ENERGIE AUS BIOMASSE
(in % nach Weilern)

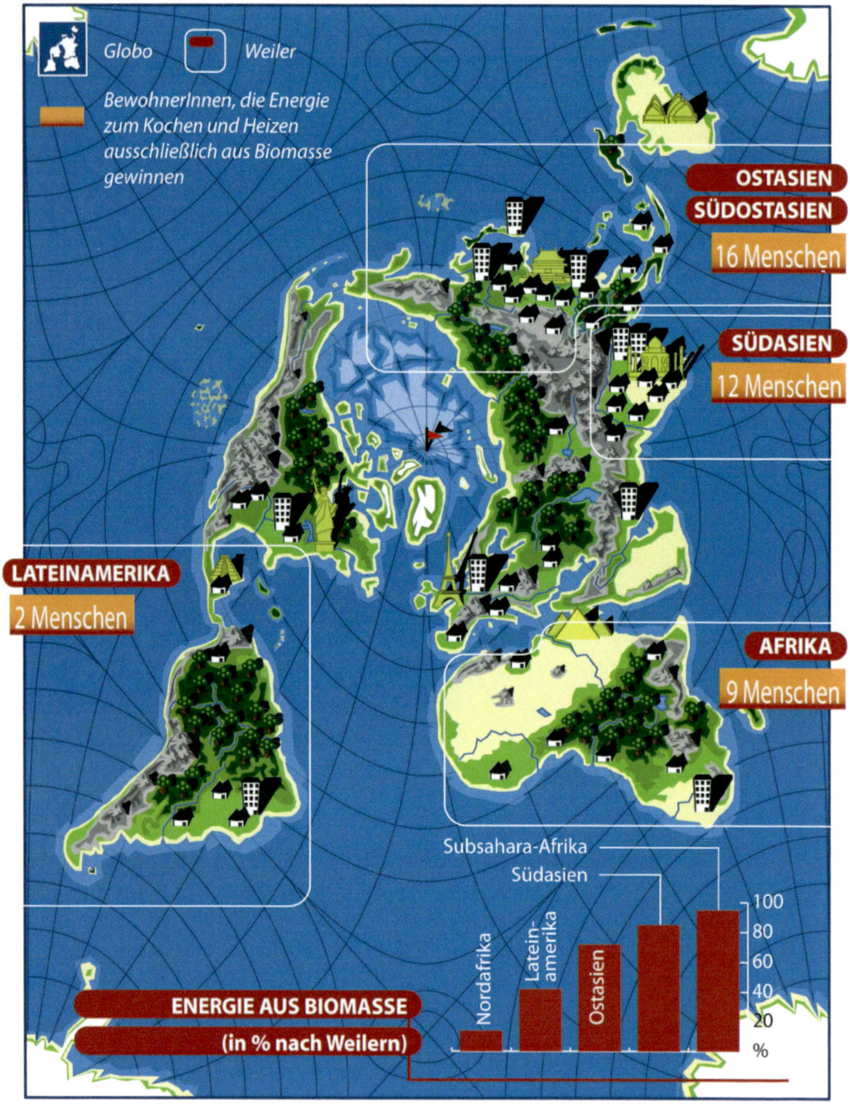

UNSER KLEINES DORF, EINE WELT MIT 100 MENSCHEN | 4.04

88

die große Mehrheit der Bevölkerung von Globo – ohne es so wahrzunehmen – unverändert größtenteils von Solarenergie,[91] vor allem der direkten Nutzung dieser tatsächlich nach menschlichem Ermessen unerschöpflichen Quelle. Schließlich gedeiht die gesamte Nahrung in Globo letztlich durch die Umwandlung von Sonnenenergie und auch für den Wärmehaushalt ist sie von entscheidender Bedeutung. Lediglich der Wirkungsgrad der Nutzung dieser Quelle lässt zu wünschen übrig.

Ehe darauf zurückzukommen ist, wird aber das fossile Zeitalter betrachtet. Es ist eigentlich noch recht kurz und wird vielleicht bald als skurrile Episode gelten, auch wenn sich die meisten Bewohnerinnen und Bewohner der Weiler Europa und Nordamerika eine nichtfossile Welt kaum mehr vorstellen können, selbst wenn sie das wollten.

Das schwarze Gold

Noch um 1850 bestand die Energie in Globo großteils aus vergleichsweise schnell erneuerbaren Quellen. Erst gegen Ende des 19. Jahrhunderts wurde Kohle für einige Jahrzehnte zum zentralen Energieträger im Dorf und damit der Kreislauf der Regeneration erstmals durchbrochen. Das veränderte die Welt von Grund auf, und nicht zuletzt deshalb zählt Kohle zu den Symbolen für die Industrielle Revolution. Die Steinkohlevorkommen sind recht konzentriert, vor allem auf den Nordosten des Weilers Asien, den Osten des Weilers Europa und den Weiler Nordamerika.[92] Diese ungleiche Ausstattung wurde

---

[91] Vgl. etwa Martinez-Alier, Juan: *Ecological Economics: Energy, Environment and Society*. Oxford 1987, S. 119.

[92] Dort befinden sich 90 Prozent der gesamten Vorkommen. Vgl. McKibben, Bill: *Das Ende der Natur*. München 1989, S. 151.

damit aber auch zu einer Basis für große Unterschiede im Energie-verbrauch, wie sie heute noch zu beobachten sind, denn kohlebasierte Industrie entwickelte sich ursprünglich nahe den Lagerstätten, wo der Verbrauch vergleichsweise billig war. Durch Öl und den sehr unglei-chen Zugriff darauf wurde dies weiter vertieft.

Kohle dominierte die Energieversorgung im Dorf für etwa 60 bis 80 Jahre, auch wenn manche Skeptiker schon im 19. Jahrhundert ihren Abgesang anstimmten.[93] Düstere Prognosen bewahrheiteten sich vor allem deshalb nicht, weil Kohle nahezu nahtlos durch ein anderes, ebenfalls fossiles Energieregime abgelöst wurde. Erdöl ermöglichte einen weiteren Niveausprung und in Kombination mit Erdgas und Kohle deckt eine fossile Trias bis heute einen Großteil der kommer-ziellen Energieversorgung im Dorf ab. Insgesamt hat sich so die Menge der verbrauchten Energie im Dorf zwischen 1800 und 1990 vervierzigfacht. Kein anderes Jahrhundert in der Geschichte von Globo kann daher, was den Anstieg des Energieverbrauchs betrifft, auch nur annähernd mit dem 20. Jahrhundert verglichen werden. Ja, die Menschen im Dorf haben seit 1900 sehr wahrscheinlich sogar deutlich mehr Energie verbraucht als während der gesamten Zeit vorher zusammengenommen.[94]

Die Massenversorgung von Globo mit Erdöl ist ein noch recht junges Phänomen. Das ist auch zu begrüßen, wird doch heute jedes Jahr be-reits eine Menge verbraucht, die sich in Millionen von Jahren gebil-det hat, und damit – wie zuvor schon bei Kohle – der darin lange ge-

---

[93] So der prominente Ökonom William Stanley Jevons, der dies 1865 in seinem Schlüsselwerk *The Coal Question* thematisierte.

[94] McNeill, John R.: *Blue Planet: Die Geschichte der Umwelt im 20. Jahrhundert.* Frankfurt/M. 2003, S. 29. John McNeill schätzt, dass im 20. Jahrhundert zehnmal mehr Energie verbraucht wurde als in den 1.000 Jahren davor, und um ein Drittel mehr als in den 10.000 Jahren seit dem Aufkommen der Landwirtschaft.

 **100**

ÖLVERBRAUCH

Globo · **Weiler**

Ölverbrauch in Barrel
im Jahr 2000

OSTASIEN
106 Barrel

NORDAMERIKA
121 Barrel

SÜDASIEN
16 Barrel

EUROPA
112 Barrel

WESTASIEN
25 Barrel

LATEINAMERIKA
38 Barrel

AFRIKA
12 Barrel

ROHÖLVERBRAUCH
(pro Kopf und Jahr in Litern)

Nordamerika
Europa
Westasien
Lateinamerika
Ostasien
Afrika
Südasien

4.000
3.500
3.000
2.500
2.000
1.500
1.000
500
Liter

bundene Kohlenstoff in Form von CO_2 in die Erdatmosphäre frei-gesetzt – mit allen negativen Folgen. Erst vor etwa 60 Jahren kam es zum Durchbruch: Während der Anteil des Erdöls an der Deckung des Energiebedarfs des Dorfes im Jahr 1900 noch keine 4 Prozent aus-machte, beruhte die Energieerzeugung schon im Jahre 1954 zu einem Drittel auf Öl[95] und 1970 zu 45 Prozent. Da die ergiebigsten Quellen im Westen des Weilers Asien und damit fern der Verbrauchszentren lagen, spielte auch der Öltransport immer eine wichtige Rolle.

Der Preis des Erdöls, von Beginn an in US$ pro „Barrel"[96] angege-ben, war dabei die meiste Zeit zu gering. Damit ist nicht nur gemeint, dass die Verkäuferregionen gerne höhere Preise gesehen hätten, son-dern vor allem, dass die Folgekosten des Erdölverbrauchs (ökologi-sche wie militärische) überhaupt keine Rolle bei der Preisgestaltung spielten und eigentlich auch heute noch nicht wirklich berücksichtig werden. Lange Zeit handelte es sich nämlich um einen so genannten „Käufermarkt", wo die Abnehmer den Preis bestimmten, oft im Um-feld quasi-kolonialer Handelsbeziehungen. Erst mit den „Energie-krisen"[97] ab den 1970er-Jahren glich sich dies aus und der Ölmarkt wurde zeitweise sogar zu einem „Verkäufermarkt", auf dem sowohl Mengen als auch Preise stiegen. Das galt auch 2007/08, als der Preis mit fast 150 US$ pro Barrel geradezu explodiert war.[98] Der reiche

---

[95] Vgl. Baade, Fritz: *Weltenergiewirtschaft: Atomenergie – Sofortprogramm oder Zukunftsplanung?* Hamburg 1958, S. 55.

[96] Diese Einheit (ca. 159 Liter) entsprach bei Einführung dem in den USA 1866 üblichen Weinfass, orientierte sich aber eigentlich am (kleinere) Whiskeyfass.

[97] Eine Anmerkung zur Sprache: Von den Jahren 1973, 1979 und auch 2007/08, als die Preise für die Käufer stiegen, wird oft als „Ölkrise" gesprochen. In Zeiten des Preiseinbruchs, der die Förderländer trifft, findet man den Begriff hingegen kaum.

[98] 2008/09 sank der Preis dann wieder (kurzfristig) auf zeitweise unter 40 US$ pro Barrel, was freilich im Vergleich zu den seit 1985 üblichen Preisen von 10 bis 25 US$ immer noch relativ hoch war.

Teil von Globo, wo zugleich am meisten Erdöl verbraucht wird, war ob dieser Entwicklung verständlicherweise beunruhigt, da Auswirkungen auf das gewohnte Konsumniveau befürchtet wurden – nicht nur von Öl, sondern auch anderer Güter, deren Produktion auf billige Energie angewiesen war.

Gerade der Ölkonsum zeigt besonders deutlich die Ungleichgewichte in Globo, denn es wird immer noch der größte Teil von den Weilern Nordamerika und Europa verbraucht. Betrachtet man die Handelsströme, fließt das Öl vor allem in die Weiler Nordamerika, in den Westen Europas und in den Osten Asiens, und es kommt vor allem aus dem Westen Asiens und dem Osten Europas. Der damit verbundene „Hunger" nach Öl, der längst eher mit einer „Sucht" zu vergleichen ist, hat dabei immer wieder auch zu Konflikten geführt.

Auch 2008 wurde in Globo heftig über Öl gestritten, allerdings vor allem darüber, was die Ursachen für die enorme Preissteigerung gewesen sein mögen. Die Pole der Diskussion bewegten sich zwischen Spekulationskapital, das im Vorfeld der Finanzkrise auf der Suche nach alternativen Anlagen den Preis hochgetrieben hat,[99] und der Vorahnung realer Knappheiten. Entscheidender Faktor für die zweite Begründung ist die Einschätzung, wie viel Erdöl in Globo noch vorhanden ist. Auch hier gehen die Meinungen von „unbegrenzt" bis „wenig" weit auseinander. Während die einen auf die Anpassung des Angebots auf den durch die Nachfrage bestimmten Preis setzen (indem z.B. im Falle der Preissteigerung vorher nicht lukrative Quellen erschlossen werden) und Öl so für praktisch unerschöpflich halten, denken die anderen an *peak oil*. Damit ist gemeint, dass die Erdöl-

---

[99] Im Frühjahr 2008 überstieg das Volumen der gehandelten Ölkontrakte die Nachfrage nach „echtem" Öl um das 17-fache. Vgl. Schürpf, Thomas: „Mitten im dritten Erdöl-Schock", in: *Neue Zürcher Zeitung*, 7. Juli 2008, online unter: http://www. nzz.ch/nachrichten/wirtschaft/aktuell/mitten_im_dritten_erdoel-schock_1.776407.html.

ENERGIEFLÜSSE

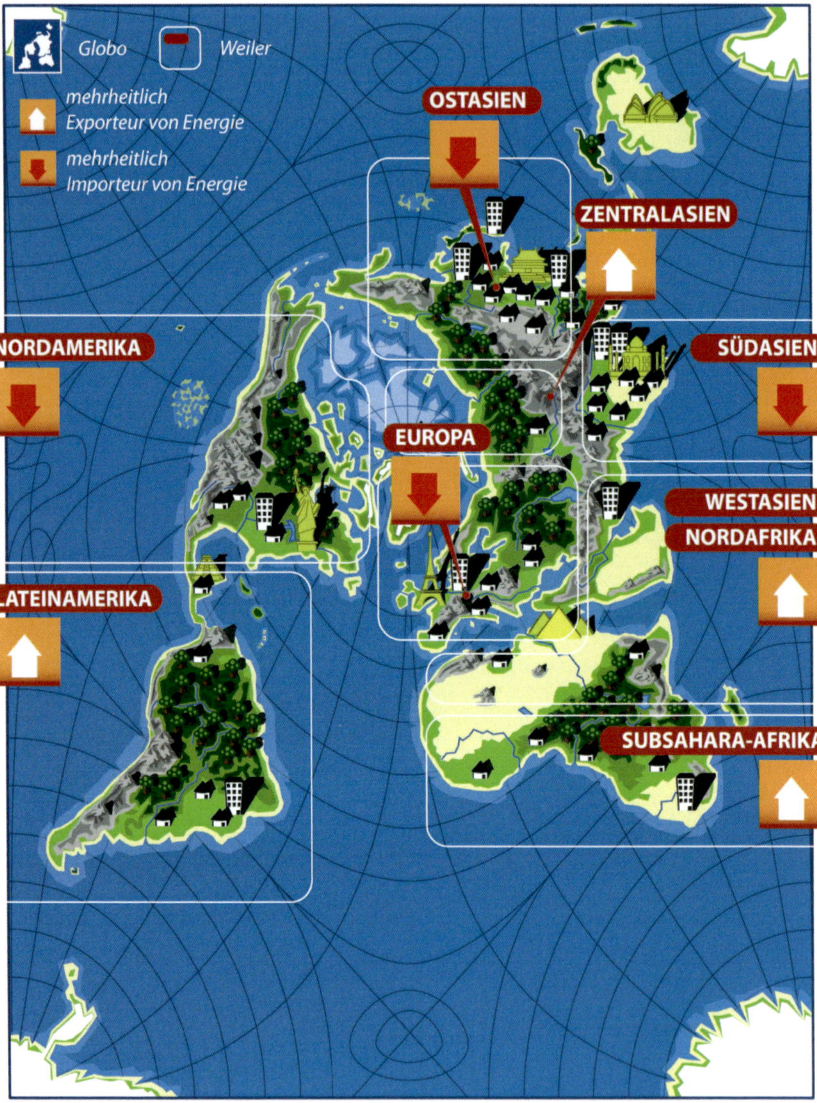

Globo | Weiler

mehrheitlich Exporteur von Energie

mehrheitlich Importeur von Energie

OSTASIEN

ZENTRALASIEN

NORDAMERIKA

SÜDASIEN

EUROPA

WESTASIEN
NORDAFRIKA

LATEINAMERIKA

SUBSAHARA-AFRIKA

produktion ihren „Peak", also ihren Höhepunkt, bereits überschritten hat oder bald erreichen wird, weil der Großteil der förderbaren Reserven verbraucht ist, und zumindest das verfügbare Öl also ausgeht.

Fest steht – wenn man nicht seine ganze Hoffnung auf außergewöhnliche Effizienzsteigerungen der fossilen Technologie setzen will –, dass das Erdölzeitalter ein beschränktes Intermezzo in der Energiegeschichte von Globo darstellen wird. Selbst wenn es auch weiterhin Erdöl gibt, wird es sehr wahrscheinlich dauerhaft teurer werden (in der Förderung wie im Verbrauch) und die Veränderung des Energieregimes bleibt unausweichlich. Die einzige offene Frage scheint zu sein, wie viel Zeit für die Transformation noch bleibt und ob sie daher eher reibungslos oder vielmehr katastrophisch geschehen wird.

Als dem Dorf ein Licht aufging

Ein anderes Element des fossilen Energiezeitalters, das dieses aber vermutlich überdauern wird, ist die Elektrifizierung. Sie fand bisher vor allem auf fossiler Basis statt (mit Kohle, Öl und Gas als Quelle für Kraftwerke), ist aber auch anders vorstellbar (z.B. durch Wasser-, Wind- oder Sonnenkraft). Auch das Stromzeitalter begann im reichen Teil von Globo vor etwa 100 Jahren, als dem Dorf buchstäblich ein Licht aufging. Heute ist die Versorgung mit elektrischer Energie in vielen Teilen Globos selbstverständlich. Obwohl sich der Verbrauch im Dorf allein in den letzten zwei Jahrzehnten beinahe verdoppelt hat, ist die Versorgung allerdings lückenhaft. Den größten Teil des Stromes verbraucht erneut der reichste Teil des Dorfes: nur 14 Menschen verbrauchen fast zwei Drittel.[100] Dagegen haben 27 Bewohner

---

[100] Vgl. Seitz, Klaus: „Das Weltdorf", in: *21 – das Leben gestalten lernen* 3/2001, S. 10.

S T R O M L O S

Globo ▮ *Weiler*

BewohnerInnen ohne Strom

OSTASIEN
SÜDOSTASIEN
4 Menschen

SÜDASIEN
13 Menschen

WESTASIEN
NORDAFRIKA
1 Mensch

LATEINAMERIKA
1 Mensch

SUBSAHARA-AFRIKA
8 Menschen

STROMLOSE BEWOHNERiNNEN
(von 1970 bis 2030)

1970	1985	2000	2015	2030	

35
30
25
20
15
10
5
Bew.

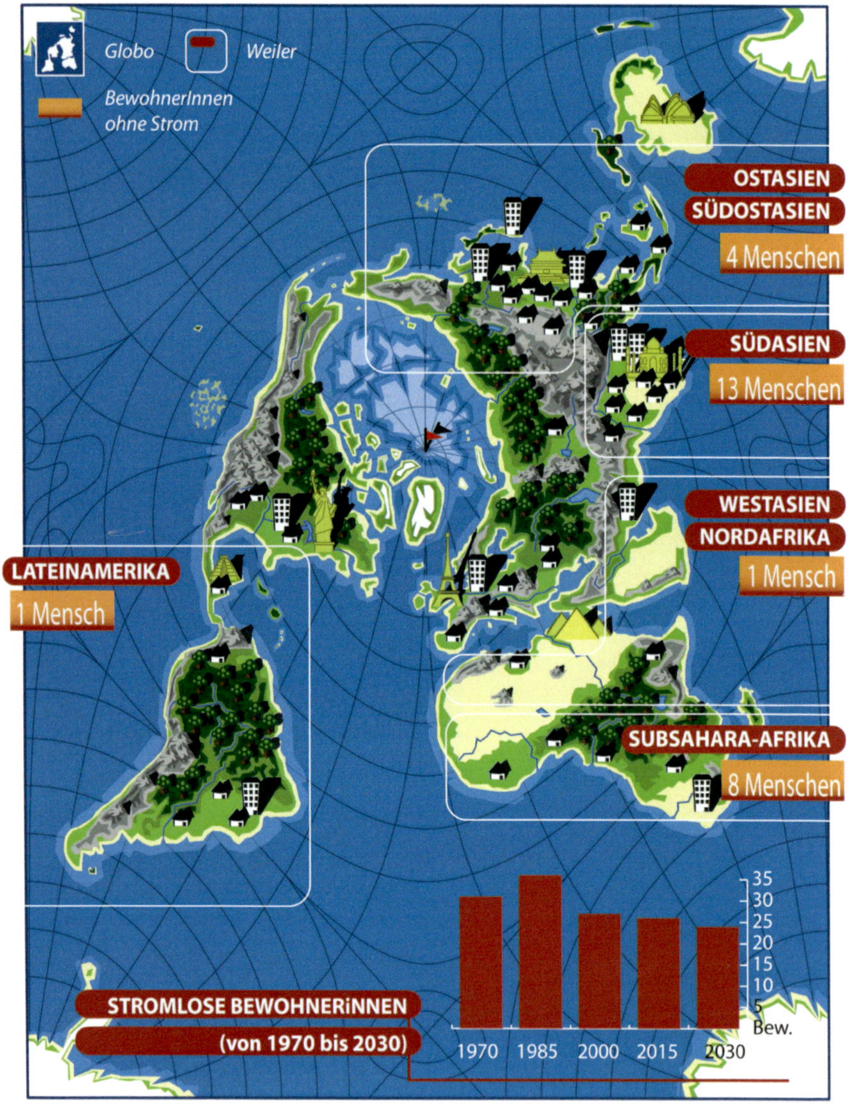

und Bewohnerinnen praktisch überhaupt keinen Zugang zu elektrischer Energie und damit auch keine Möglichkeit, elektrische Geräte zu benutzen.[101] So müssen etwa 50 Menschen in Globo ja auch generell ihre Wohnung, ihre Nahrung und ihr Wasser mit Biomasse oder Kohle auf offenen Feuerstellen erhitzen – mit allen damit verbundenen auch gesundheitlichen Folgen.[102]

Das postfossile Zeitalter – die Rettung vor dem Kollaps?

Das fossile Energiezeitalter neigt sich dem Ende zu, eine tiefe Zäsur in der Wirtschaftsentwicklung scheint daher zumindest möglich. Was also ist zu tun, und darf dabei auch Utopisches gedacht werden?

Wenig innovativ und klimapolitisch bedenklich wäre die Rückkehr zur Kohle, wo für eine gewisse Zeit noch Reserven bestehen. Eine andere Alternative böte die Atomenergie, die freilich ebenfalls auf einer nicht erneuerbaren Ressource basiert, der die Akzeptanz fehlt und die im Ausbau teuer und zeitaufwändig ist. Dabei sind schon heute die Produktionskosten relativ hoch und die Folgekosten (das Abwracken der Kraftwerke, die ungelöste Endlagerung radioaktiven Abfalls) schwer kalkulierbar. Zumindest grundsätzlich erneuerbar wären hingegen die zuletzt als Hoffnungsträger identifizierten „biologischen" Energieträger. Neben moderner Biomasse (z.B. in Form von Hackschnitzelkraftwerken) setzt man dabei vermehrt auf „Agrotreibstoffe", die freilich außer ihrem Rohstoff wenig Biologisches an

---

[101] Vgl. IEA: *World Energy Outlook 2002*. Paris 2002, S. 372. Der *Spiegel* meldete am 30. April 2007 allerdings mit unklarer Berufung auf UN-Quellen 40 Personen, online unter: http://www. spiegel.de/wirtschaft/0,1518,480318,00.html.

[102] Vgl. Bruce, Nigel/Perez-Padilla, Rogelio/Albalak, Rachel (2000): „Indoor Air Pollution in Developing Countries: A Major Environmental and Public Health Challenge", in: *Bulletin of the World Health Organization* 78 (9), 1078-1092.

sich haben. Vielmehr bestehen große Probleme: Zum einen stehen die für die Treibstofferzeugung derzeit verwendeten Rohstoffe (Zucker, Mais, Weizen) in teils direkter Konkurrenz zu ihrer Verwertung als Nahrungsmittel,[103] zum anderen ist sogar die Klimabilanz negativ, wenn man den gesamten Produktionsprozess betrachtet.[104]

Welche Optionen bleiben somit für Globo, wenn es darum geht, die in Zukunft benötigten Energiemengen bereit zu stellen? Dass sie merklich sinken werden, ist angesichts der Wirtschaftsentwicklung vor allem im Weiler Asien trotz wahrscheinlicher Steigerung der Energieeffizienz nicht zu erwarten. Die Debatte wirft dabei auch ethische Probleme auf: Warum sollten arme Menschen heute auf „Entwicklung" verzichten, wenn doch die Weiler Nordamerika und Europa die Reserven aufgebraucht und davon ausgezeichnet gelebt haben? Ein Verdrängen dieser Problematik könnte jedenfalls sehr unerfreuliche Folgen haben.

Man kann insgesamt wohl davon ausgehen, dass im Bereich Energie im Dorf große wissenschaftliche und politische Anstrengungen in Richtung Energiewende unternommen werden müssen. Gemeint ist damit eine Wende weg von einer reinen Energiebereitstellungspolitik hin zu einer nachhaltigen und vor allem klimaverträglichen Energiepolitik, die auch Investitionschancen bietet. Die Energieträger dafür stünden vor allem mit Sonne, Wind und Biomasse schon bereit. An-

---

[103] Es ist manchmal kaum komplizierter als die im wahrsten Sinne des Wortes existentielle Frage „Tanken oder Essen", wenn auch für unterschiedliche Menschen (mit unterschiedlicher Kaufkraft). Vgl. Erklärung von Bern (Hg.): *Bis zum letzten Tropfen: Wie Agrotreibstoffe den Kampf um Ressourcen verschärfen.* Zürich 2008, online unter: http://www.cleanclothes.ch/cm_data/08_03_Agrofuels.pdf.

[104] Vgl. dazu etwa die viel rezipierte OECD-Studie Doornbosch, Richard/Steenblik, Ronald: „Biofuels: Is the Cure Worse than the Disease?", OECD Round Table on Sustainable Development, Dokument Nr. SG/SD/RT(2007)3/REV1, online unter: http://www.oecd.org/dataoecd/15/46/39348696.pdf.

 **100**

ERNEUERBARE ENERGIEN

ENERGIETRÄGER IN GLOBO 2006

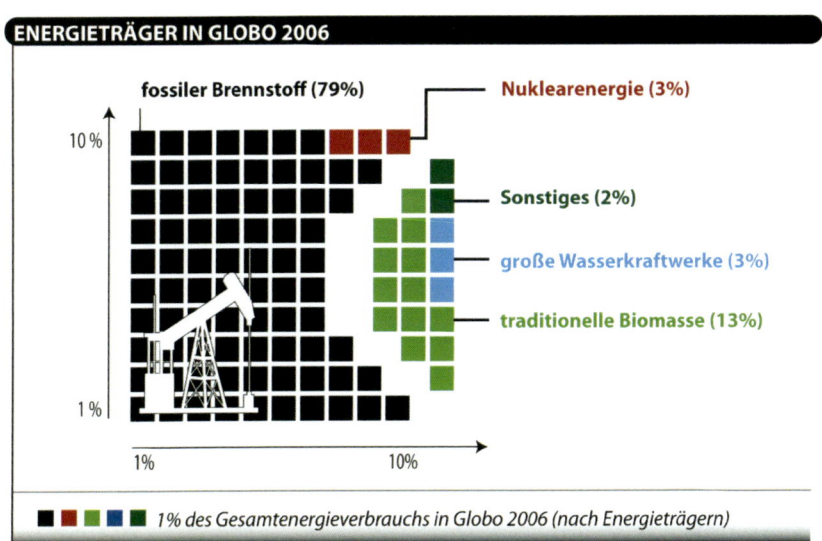

fossiler Brennstoff (79%)   **Nuklearenergie (3%)**

Sonstiges (2%)

große Wasserkraftwerke (3%)

traditionelle Biomasse (13%)

10 %

1 %

1%   10%

■ ■ ■ ■ ■ *1% des Gesamtenergieverbrauchs in Globo 2006 (nach Energieträgern)*

ANGEBOT NATÜRLICHER ENERGIESTRÖME

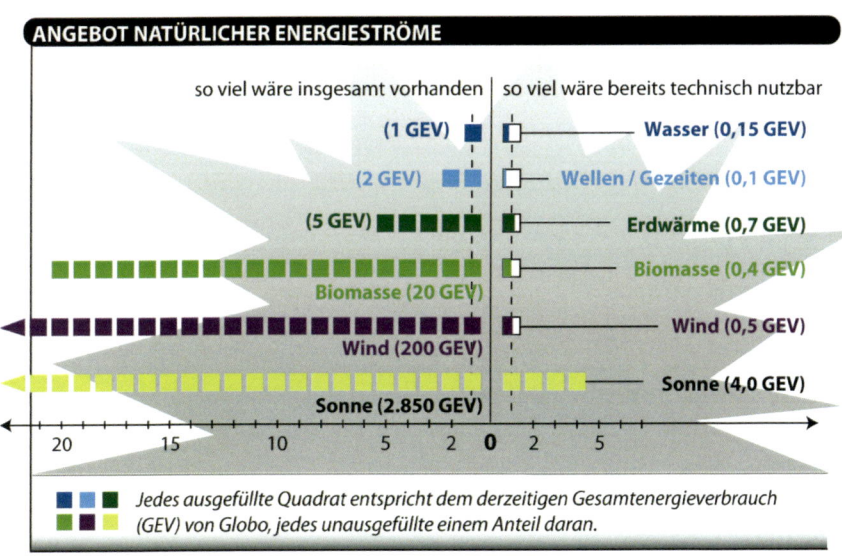

so viel wäre insgesamt vorhanden | so viel wäre bereits technisch nutzbar

(1 GEV) □ — **Wasser (0,15 GEV)**

(2 GEV) □ — **Wellen / Gezeiten (0,1 GEV)**

(5 GEV) □ — **Erdwärme (0,7 GEV)**

□ — **Biomasse (0,4 GEV)**

Biomasse (20 GEV)

□ — **Wind (0,5 GEV)**

Wind (200 GEV)

□ — **Sonne (4,0 GEV)**

Sonne (2.850 GEV)

20   15   10   5   2   **0**   2   5

■ ■ ■ *Jedes ausgefüllte Quadrat entspricht dem derzeitigen Gesamtenergieverbrauch*
■ ■ □ *(GEV) von Globo, jedes unausgefüllte einem Anteil daran.*

gefangen bei einem ausgewogeneren Mix aus diesen Energieträgern bis hin zur vielleicht wichtigsten „Quelle", dem Energiesparen, liegt hier viel Potential, auch mit bereits existierenden Technologien.

Die wichtigste, weil reichlichste alternative Energiequelle ist dabei wohl die Sonne. Wenn man den Berechnungen diverser Expertinnen und Experten Glauben schenken darf, dann wäre es sogar möglich – wie zu den Ursprungszeiten des Dorfes – praktisch nur mit Sonnenenergie auszukommen. Es wäre vor allem ein technisches Problem des Wirkungsgrades der Umwandlung von Sonnenstrahlen in Nutzenergie und erscheint daher noch als auch wirtschaftliches Problem. Angesichts des riesigen Angebots wäre bei technischem Fortschritt (von dem gerade in diesem Bereich auszugehen ist) selbst bei erheblicher Zunahme des Energieverbrauches (auch davon ist ziemlich sicher auszugehen) die Umstellung aber grundsätzlich möglich.

Zusammenfassend gilt daher, was Abdullah Hamad al-Attiyah, Vorsitzender der UN-Kommission für nachhaltige Entwicklung, 2007 gesagt hat: „*So lange Frauen und Kinder noch nach Feuerholz suchen müssen, Schüler und Studenten nach Sonnenuntergang nicht mehr lesen können, und neuen Industrien die nötige Energie zum Produzieren fehlt, ist das Ziel einer wirtschaftlich, sozial und umweltmäßig gerechten Entwicklung ausgeschlossen [...].*"[105] Dem kann kaum widersprochen werden, wobei es zu denken geben sollte, dass al-Attiyah zugleich Energieminister des Erdölstaats Katar ist. Öl wird die „nötige Energie" nicht mehr zur Verfügung stellen und das postfossile Zeitalter könnte daher dem präfossilen weit ähnlicher sehen als dem fossilen. Die Art der Transformation wird darüber entscheiden, ob dieser Umstand zu beklagen oder zu feiern ist.

---

[105] Zitiert nach *Spiegel* vom 30. April 2007, online unter: http://www.spiegel.de/wirtschaft/0,1518,480318,00.html.

Kapitel 5: Mobilität

In Bewegung

Der Übergang vom Thema Energie zum Thema Mobilität ist einfach, denn das eine hängt direkt mit dem anderen zusammen. In Kombination mit Technologie ist Energie der entscheidende Faktor, der die Mobilität begrenzt, sowohl vom Tempo wie auch vom Umfang her, und die Art der Bewegung ist direkt vom Energieregime bestimmt. Das ist umso wichtiger, als die Menschen in Globo immer zu einer gewissen Mobilität gezwungen waren. Auch nach der „Sesshaftwerdung" waren im Wechselspiel von so genannten *Pull-* und *Push-*Faktoren (solchen, die Menschen in die Fremde „fortziehen" bzw. von zuhause „wegstoßen") immer wieder viele Menschen zur Bewegung genötigt, insbesondere in Kriegszeiten, infolge von Versorgungskrisen und Umweltkatastrophen oder auf der Suche nach Arbeit oder Reichtümern. Mit anderen Worten: Der Mensch ist seiner Anlage nach eigentlich ein *Homo Migrans*.

Die Reisegeschwindigkeit, mit der er sich dabei bewegte, blieb über Jahrtausende allerdings annähernd gleich, weshalb der Mensch sich lange auch nur langsam über das Dorf verbreitete. Zu Lande konnten die eher wohlhabenden Menschen mit höchstens 15 Kilometern pro Stunde (dem Tempo von Pferden) reisen, die ärmeren mit ca. 4 (Gehgeschwindigkeit). Etwas schneller voran kam man zur See, weil dort anders als am Land meist gerade Wege genommen werden können. Auch dort war man aber auf Muskelkraft, Wind, Wasser und Strömung angewiesen und durch deren Leistungsfähigkeit beschränkt.

REISEGESCHWINDIGKEIT

BESCHLEUNIGUNG DER REISEZEIT

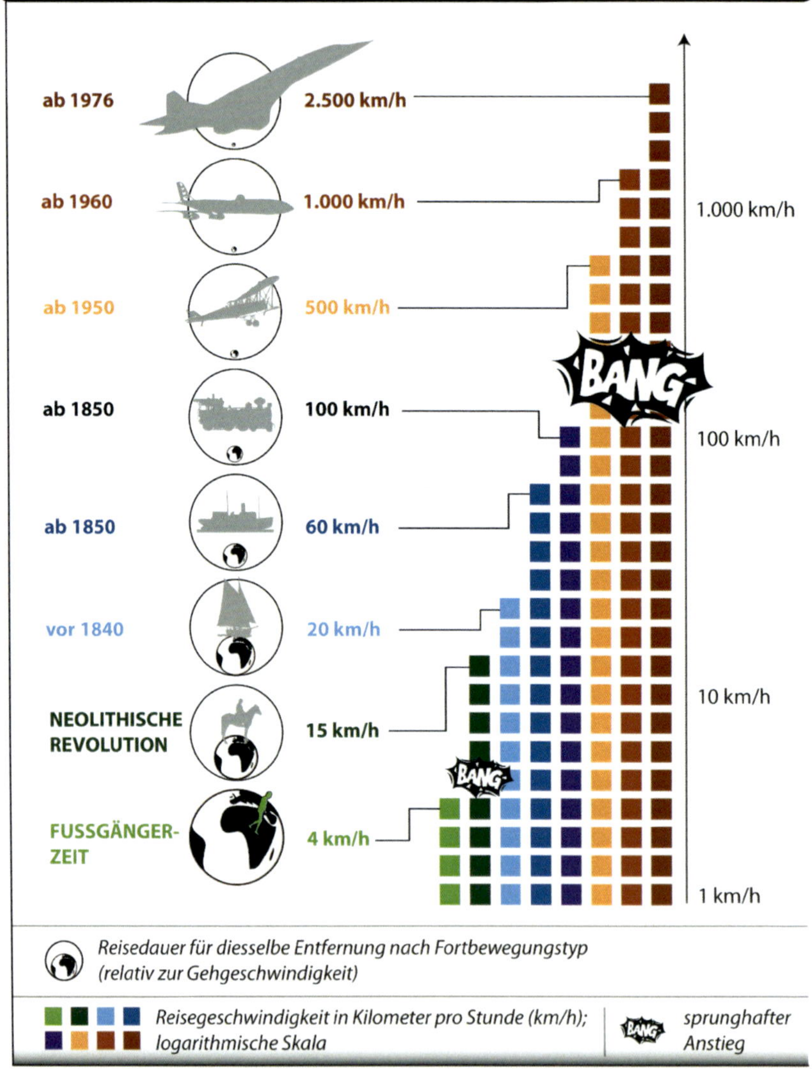

ab 1976	2.500 km/h	
ab 1960	1.000 km/h	1.000 km/h
ab 1950	500 km/h	
ab 1850	100 km/h	100 km/h
ab 1850	60 km/h	
vor 1840	20 km/h	
NEOLITHISCHE REVOLUTION	15 km/h	10 km/h
FUSSGÄNGER-ZEIT	4 km/h	1 km/h

BANG

BANG

Reisedauer für dieselbe Entfernung nach Fortbewegungstyp (relativ zur Gehgeschwindigkeit)

Reisegeschwindigkeit in Kilometer pro Stunde (km/h); logarithmische Skala

sprunghafter Anstieg

Gegen Mitte des 19. Jahrhunderts konnten diese Grenzen durch das Aufkommen der Eisenbahn und der Dampfschifffahrt überwunden werden. Es war also wieder das Anthropozän, das auch in diesem Zusammenhang einen Umbruch mit sich brachte und eine völlige Veränderung der Reisegeschwindigkeit einleitete. Nach dem Bau eines Kanal- und eines Schienensystems in manchen Gegenden des Dorfes wurde es möglich, weit voneinander entfernte Plätze relativ leicht, zuverlässig und zudem – verglichen mit vorher – extrem billig zu erreichen, zu Wasser und zu Land. Die Transportkosten relativ zur Entfernung sind in Globo durch diese Innovationen auf durchschnittlich vermutlich ein Zehntel früherer Werte gesunken. Das stellte nicht nur für den Transport, sondern auch für die Produktion im Dorf eine Revolution dar, die immer noch nicht abgeschlossen ist.

Vorerst blieb diese Revolution jedoch „kollektiv", d.h. die Individualisierung der Mobilität stand noch aus – von ganz wenigen Ausnahmen abgesehen. Es setzte sich aber ein regelrechter „Tempovirus"[106] fest, der bis heute überlebt hat. Diese Entwicklung hat Globo zu dem gemacht, was es ist: einem eigentlich recht kleinen Dorf, dem sprichwörtlichen *„global village"*, zumindest für manche seiner reicheren Bewohnerinnen und Bewohner.

Auf dem Weg zur Massenhaftigkeit

„Mobilität" hat aber nicht nur etwas mit verreisenden Menschen oder transportierten Gütern zu tun, sondern auch mit übermittelten Nachrichten, wobei sich das Anthropozän genauso als Schlüsselphase in der Geschichte von Globo erweist. Eine ganz wesentliche Erfindung

---

[106] Dabei handelt es sich nicht zufällig um einen Begriff aus der Medizin, überdies mit bedrohlichem Unterton. Vgl. dazu Borscheid, Peter: *Das Tempo-Virus: Eine Kulturgeschichte der Beschleunigung.* Frankfurt/M. 2004.

war dabei das Telegramm, jener Vorläufer von Telefon und E-Mail, der mit der massiven Beschleunigung der Nachrichtenübermittlung den grundlegendsten Wandel in der Geschichte von Globo in diesem Bereich ausgelöst hat. 1858 wurde erstmals ein solches Telegramm vom Weiler Europa über den Ozean zum Weiler Nordamerika geschickt. Darin hieß es pathetisch: *„Europa und Amerika sind telegraphisch verbunden. Ehre sei Gott in der Höhe; Friede auf Erden, den Menschen ein Wohlgefallen."*[107] Diese Erfindung beschleunigte den bis heute andauernden Schrumpfungsprozess der Entfernungen im Dorf, zumindest der wahrgenommenen.

Noch aber gab es keine individuelle Mobilität und auch Nachrichtenübermittlung war teuer. Erst zwei andere Erfindungen gegen Ende des 19. Jahrhunderts sollten das ändern: Automobil und Telefon. Das Telefon machte im Laufe der folgenden Jahrzehnte Gespräche über weite Distanzen zu einem Massenphänomen, das heute relativ günstig zur Verfügung steht – zumindest manchen Menschen. Und nach einer ähnlichen Zeitspanne setzte sich das Auto als Fortbewegungsmittel durch, ausgehend vom Weiler Nordamerika und zumindest in Teilen des Dorfes. Seit Mitte der 1950er-Jahre scheint sein Siegeszug nicht mehr aufzuhalten, wenngleich noch ein weiter Weg bis zur „Vollautomobilisierung" zu gehen wäre. Derzeit gibt es 11 Autos in Globo, von denen 7 in Nordamerika und Europa betrieben werden, wo zudem die Infrastruktur stark an den Bedürfnissen jener Menschen ausgerichtet ist, die dieses Verkehrsmittel nutzen. Betrachtet man freilich das ganze Dorf, so ist die Autodichte noch eher moderat. In jenen Regionen, wo es relativ wenige Autos gibt, dominiert daher unverändert Muskelkraft als Fortbewegungsmittel.

---

[107] Zitat nach Paturi, Felix R. (Hg.): *Chronik der Technik*. Dortmund 1989 (3. Aufl.), S. 261. Die Kommunikationszeit über den Ozean nahm damit von Wochen auf Minuten ab.

AUTOMOBIL

100

Globo | Weiler

Anzahl der Automobile
im Jahr 2000

OSTASIEN
2 Autos

NORDAMERIKA
3 Autos

EUROPA
4 Autos

LATEINAMERIKA
1 Auto

AFRIKA
1 Auto

IN BETRIEB BEFINDLICHE
KRAFTFAHRZEUGE (1900-2000)
sprunghafter Anstieg BANG

BANG
BANG
BANG

1900 1920 1940 1960 1980 2000

12
10
8
6
4
2
0

UNSER KLEINES DORF, EINE WELT MIT 100 MENSCHEN | 5.02

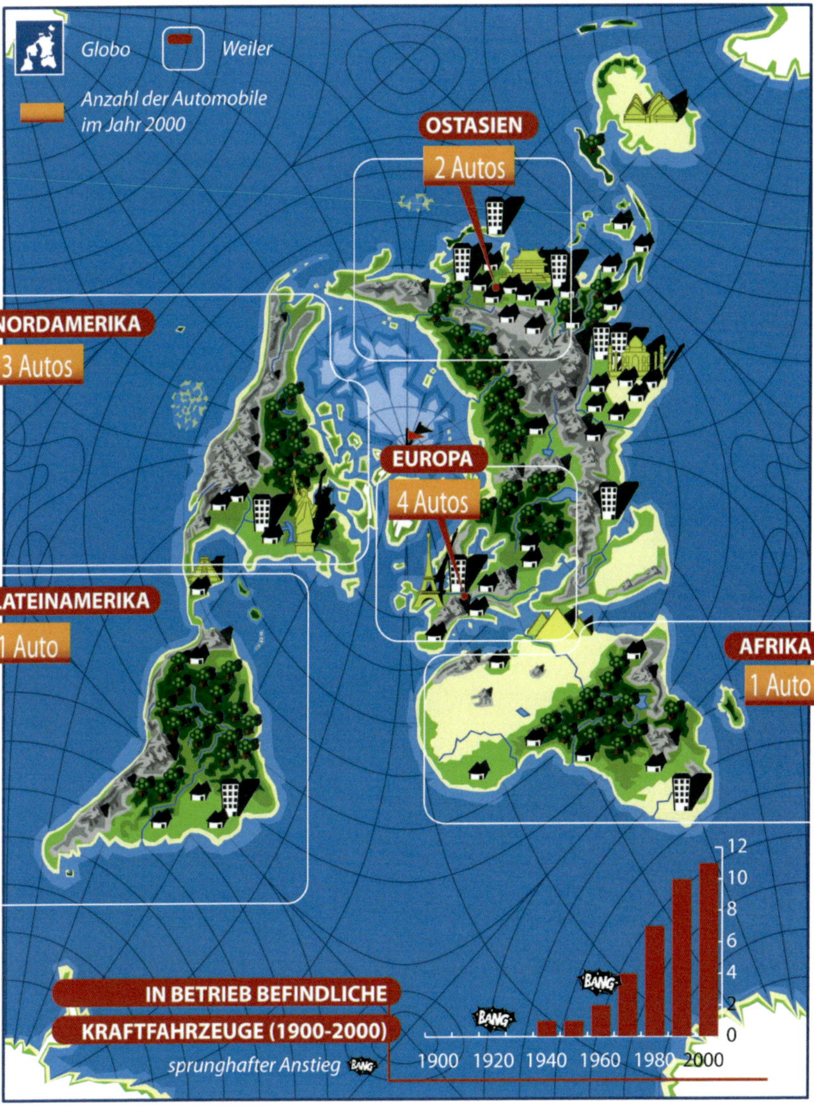

Diese Autodichte wird sich aber in den nächsten Jahrzehnten erheblich vergrößern. Man schätzt, dass die Autozahl im Dorf bis 2050 auf – je nach Szenario – 23 bis 45 angestiegen sein wird.[108] Ein solcher Anstieg würde freilich eine radikale Änderung der Rahmenbedingen erfordern, um einem sonst nahezu unausweichlichen „Crash" der Ökologie oder der Energieversorgung zu entkommen. Das gilt umso mehr, als die bisherige Erfahrung lehrt, dass in Globo viele Menschen vom Besitz eines Autos träumen. Die Wirkung des Wohlstandes ist auch hier nicht zu unterschätzen, denn Autos sind im Dorf eben nicht nur Transportmittel, sondern auch Konsum- und Prestigegut. Wenn die Mittel ausreichen, werden die Menschen daher Autos kaufen und sie auch benutzen.[109] Das gilt auch, selbst wenn sich gerade am Autoverkehr zeigt, dass Raum letztlich begrenzt ist: Je mehr Menschen den Traum von der individuellen Mobilität träumen, desto eher stehen die Träumer im Stau und desto weniger Erholungsräume können sie mit ihren Gefährten ansteuern.

Diese Feststellung gilt freilich für den gesamten Verkehrssektor, also auch für die Schifffahrt und den Flugverkehr. Der Großteil des Langstreckentransports von Gütern in Globo wird ja unverändert von Schiffen bewerkstelligt und das Konsumniveau hängt daher stark an diesem Transportmittel, wobei die umschlagstärksten Hafenplätze im Osten des Weilers Asien liegen.

---

[108] Vgl. Meyer, Ina/Leimbach, Marian: „Global Car Demand and Climate Change: A Regionalized Analysis into Growth Patterns of Vehicle Fleets, CO_2 Emissions, and Abatement Strategies", online unter: http://ina.meyer.wifo.ac.at/fileadmin/files_meyer/publications/Meyer_Leimbach_CCandCars_NZconference07.pdf, S. 6-7.

[109] Vgl. Meyer, Ina/Leimbach, Marian: „Global Car Demand and Climate Change: A Regionalized Analysis into Growth Patterns of Vehicle Fleets, CO_2 Emissions, and Abatement Strategies", online unter: http://ina.meyer.wifo.ac.at/fileadmin/files_meyer/publications/Meyer_Leimbach_CCandCars_NZconference07.pdf, S. 5, für eine grafische Darstellung des nahezu linearen Zusammenhangs zwischen BIP und Autonachfrage.

HANDELSWEGE

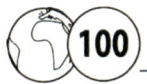

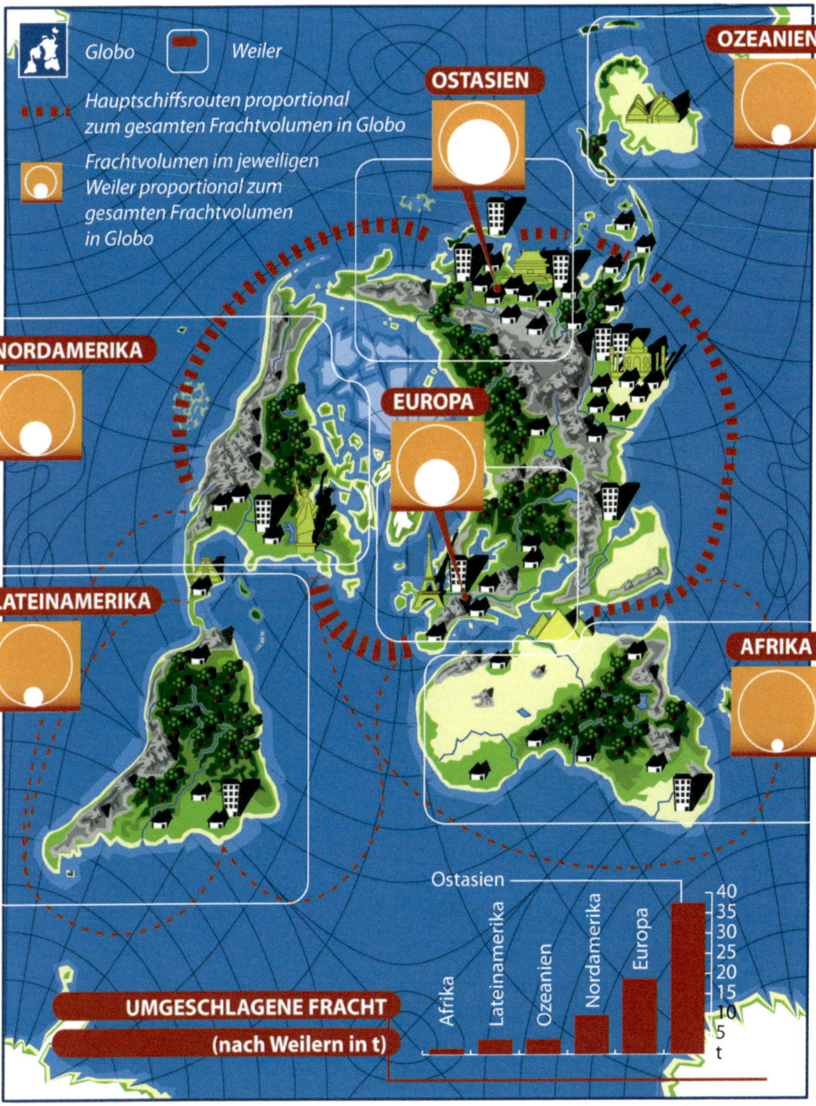

Globo
Weiler
Hauptschiffsrouten proportional zum gesamten Frachtvolumen in Globo
Frachtvolumen im jeweiligen Weiler proportional zum gesamten Frachtvolumen in Globo
OZEANIEN
OSTASIEN
NORDAMERIKA
EUROPA
LATEINAMERIKA
AFRIKA
Ostasien
Afrika
Lateinamerika
Ozeanien
Nordamerika
Europa
40
35
30
25
20
15
10
5
t
UMGESCHLAGENE FRACHT
(nach Weilern in t)

 **100** ENERGIE UND MOBILITÄT

ÖLBARRELVERBRAUCH EINZELNER VERKEHRSTYPEN (SCHEMATISCH)

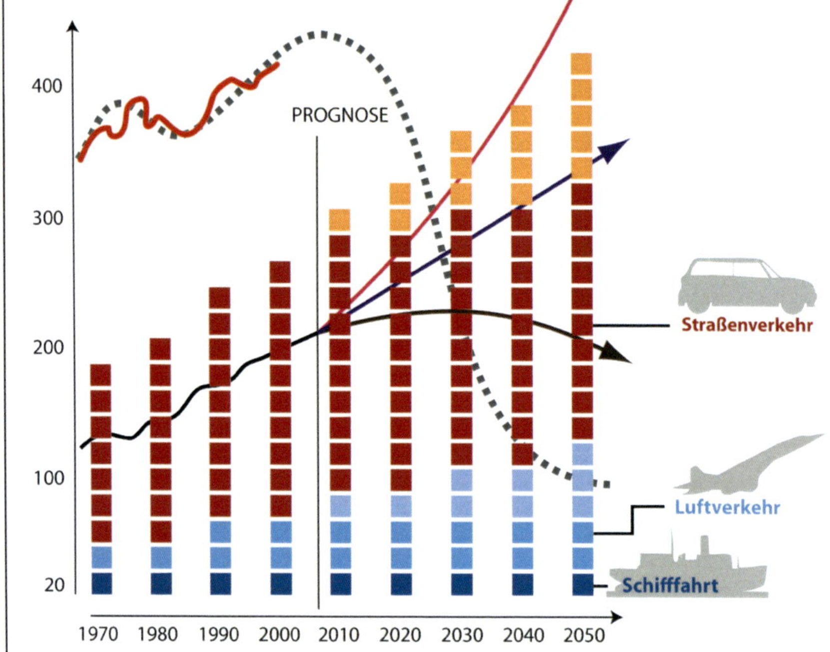

PROGNOSE

400

300

200

100

20

1970 1980 1990 2000 2010 2020 2030 2040 2050

Straßenverkehr

Luftverkehr

Schifffahrt

- - - *theoretische Ölförderung in Barrel pro Jahr (nach dem „Peak-Oil"-Szenario)*
— *tatsächliche Ölförderung in Barrel pro Jahr*

Ölverbrauch im Verkehr insgesamt in Barrel pro Jahr:
— *tatsächlicher Ölverbrauch (bis 2000)*
→ *hohe Schätzung (weiteres Verkehrswachstum, gleichbleibende Nutzungseffizienz)*
→ *mittlere Schätzung*
→ *niedrige Schätzung (kein Verkehrswachstum, verbesserte Nutzungseffizienz)*

Prognose Verbrauchswachstum Straßenverker in Barrel pro Jahr
Verbrauch Straßenverkehr in Barrel pro Jahr
Prognose Verbrauchswachstum Flugverkehr in Barrel pro Jahr
Verbrauch Flugverkehr in Barrel pro Jahr
Verbrauch Schifffahrt in Barrel pro Jahr

Das Flugzeug, erst seit ca. 45 Jahren in Globo überhaupt statistisch existent, zeigt schließlich den grassierenden „Tempovirus" besonders deutlich. Dabei aber ist das Fliegen – noch mehr als das Autofahren – ein Privileg der Reichen. Zwar werden insgesamt pro Jahr von 30 „Passagieren" (darunter Mehrfachfliegende) bereits fast 80 Flugreisen (einschließlich Anschlussflügen) unternommen, man schätzt aber auch, dass erst höchstens 10 bis 15 Menschen in Globo überhaupt schon einmal geflogen sind.[110] Die Auswirkungen, die eine „Globalisierung" dieses Lebensstils hätte, sind daher wahrscheinlich noch weniger vorstellbar als im Falle des Autofahrens. Beides steht aber als Gefahr im Raum, denn noch zeigt der Kostentrend für alle genannten Fortbewegungsmittel unverändert nach unten, obwohl die Verknappung der Treibstoffe bereits absehbar ist.

Abflug und Ankunft

Zuletzt ist hier noch ein interessantes, relativ neues Phänomen in Globo zu erwähnen, das mit Mobilität sehr eng zusammenhängt und das eine weitere Ikone der jüngsten Jahrzehnte des Anthropozän ist: der Tourismus. „Urlaub" ist, was gerne vergessen wird, ein typisches Phänomen einer postagrarischen Gesellschaft mit Überschüssen in Form von Geld. Solange das Dorf großteils von der Landwirtschaft

---

[110] Vgl. für Passagierzahlen aus dem Jahr 2007 die Presseinformation des *World Airport Council*, die zweifellos eine Obergrenze angibt, online unter: http://www.airports.org/cda/aci_common/display/main/aci_content07_c.jsp?zn=aci&cp=1-5-54_666_2, sowie Worldwatch Institute: *Vital Signs: The Trends that are Shaping our Future*. New York 2006, S. 69. Zur Zahl der Menschen, die je geflogen sind (eine reine Schätzung), gibt Wolfgang Pekny von der „Plattform Footprint" z.B. regelmäßig an, dass Fliegen „ein Privileg für 7 % der Weltbevölkerung" sei, „aber ein Problem für 100 %" (online z.B. unter: http://permakultur.net/?mdoc_id=1000789). Vgl. für eine hochinteressante grafische Simulation des aktuellen täglichen Flugverkehrs weltweit auch http://radar.zhaw.ch/.

TRANSPORT UND REISEN

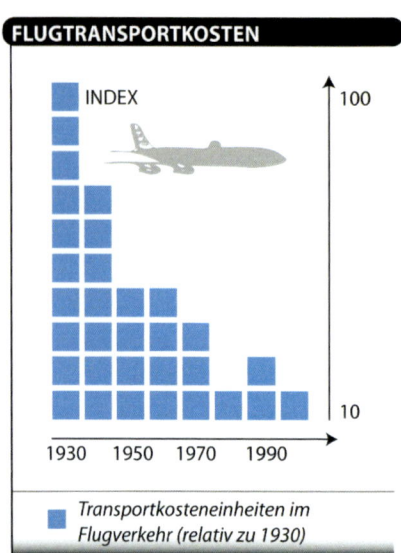

FLUGTRANSPORTKOSTEN

INDEX
100
10
1930 1950 1970 1990

■ *Transportkosteneinheiten im Flugverkehr (relativ zu 1930)*

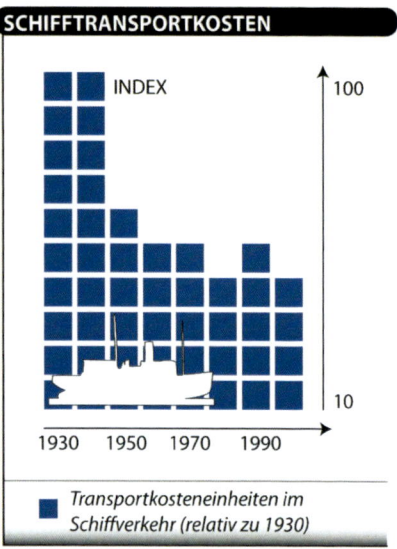

SCHIFFTRANSPORTKOSTEN

INDEX
100
10
1930 1950 1970 1990

■ *Transportkosteneinheiten im Schiffverkehr (relativ zu 1930)*

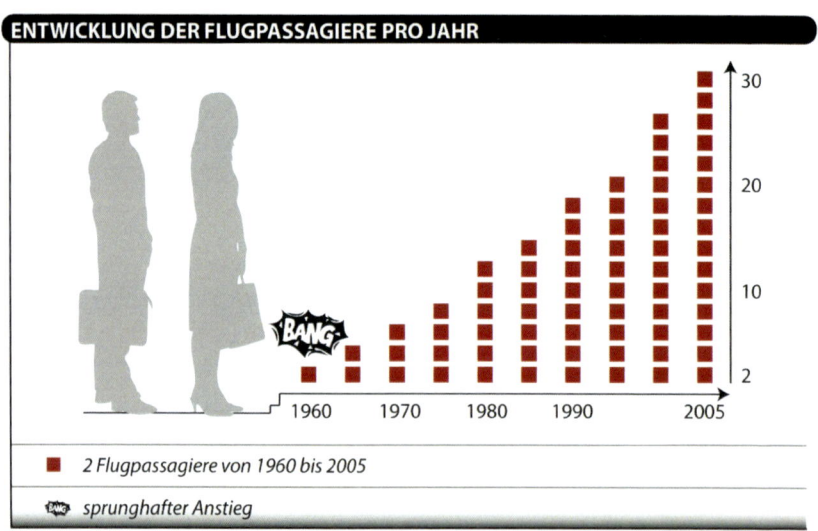

ENTWICKLUNG DER FLUGPASSAGIERE PRO JAHR

30
20
10
2
1960 1970 1980 1990 2005

■ *2 Flugpassagiere von 1960 bis 2005*

sprunghafter Anstieg

110

 **100**

TOURISTISCHE ZIELE

Globo | *Weiler*

TouristInnen-Ankünfte
im Jahr 1990

TouristInnen-Ankünfte
im Jahr 2006

ASIEN
1 TouristIn
3 TouristInnen

NORDAMERIKA
1 TouristIn
1 TouristIn

EUROPA
4 TouristInnen
8 TouristInnen

LATEINAMERIKA
1 TouristIn
1 TouristIn

AFRIKA
0
1 TouristIn

TOURISTiNNEN-ANKÜNFTE
(von 1950-2005)
sprunghafter Anstieg BANG

BANG BANG

15
12
9
6
3
Bew.

1950   1975   2000

UNSER KLEINES DORF, EINE WELT MIT 100 MENSCHEN | 5.06

geprägt war, gab es wegen Zeit- und Geldmangels keinen eigentlichen Urlaub und schon gar keine Urlaubsreisen, sondern höchstens saisonale Ruhezeiten und lokale Feste.[111] Daher trifft man auf das Phänomen Urlaub auch heute nur in jenem Teil des Dorfes, der sich zumindest industrialisiert hat. Aber auch in diesen Regionen können sich nur wohlhabendere Menschen eine Urlaubsreise leisten, was 2006 zu insgesamt 14 Touristenankünften in Globo geführt hat, immerhin schon mehr als doppelt so viele wie noch 1990.[112]

Damit steht der Tourismus, insbesondere mit Billigflugangeboten in weit entfernte Destinationen, symbolisch für das ganze Dilemma des Verkehrswesens in Globo: Kapazitätsgrenzen scheinen bei gegebener Technologie bereits annähernd erreicht zu sein, wenn sie nicht schon überschritten sind. Damit stellt sich nicht nur die Frage nach neuen, nachhaltigeren Technologien, sondern zunehmend auch die Frage der Gerechtigkeit zwischen jenen, die im Dienst ihres Wohlstands die vielfältigen Probleme verursacht haben, jenen, die zunehmend den ihnen zustehenden Anteil am Wohlstand einfordern, und schließlich jenen, die unter den Ansprüchen der beiden anderen Gruppen leiden. Eine durchaus ähnliche Dreiteilung der Menschen in Globo wird beim folgenden Thema „Arbeit" erneut sichtbar werden.

---

[111] In einer agrarischen Gesellschaft gibt es zwar in der Regel die für Feste nötigen Ressourcen (Nahrungsmittelüberschüsse), nicht aber für Urlaub, weil es dazu die Vermarktung der Überschüsse bräuchte, die sich nicht immer lohnt, und weil man die Äcker und Weiden, vor allem aber die Tiere kaum je für länger verlassen kann.

[112] Der „statistisch" erste Tourist taucht in Globo in den späten 1950er-Jahren auf und der Großteil der Ankünfte entfällt heute wie früher auf den Weiler Europa. Angaben laut WTO (gemeint ist die *World Tourism Organisation*), zu finden etwa online unter: http://unwto.org/facts/eng/pdf/historical/ITA_1950_2005.pdf.

Kapitel 6: Arbeit

Das magische Dreieck

Beim Tourismus wurde ein Unterschied, den die Beschäftigung von Menschen in verschiedenen „Wirtschaftssektoren"[111] bedeuten kann, bereits angesprochen. Im historischen Rückblick auf die „Arbeit" fällt aber vor allem die völlige Dominanz der Landwirtschaft auf, denn erst in den 1990er-Jahren übernahm der Dienstleistungssektor im Hinblick auf die Beschäftigtenzahl in Globo die Führung. Noch um 1900 lebten hingegen drei Viertel der Bevölkerung, also 19 Menschen, von Erträgen aus dem ersten Sektor. Deren Anzahl stieg während des 20. Jahrhunderts zudem nahezu ständig an und hatte sich bis 1980 verdoppelt (bei freilich sinkendem Beschäftigungsanteil dieses Sektors). Die Industrie hingegen versorgt zurzeit nur ca. ein Fünftel der Menschen in Globo, wobei das Maximum in diesem Sektor überschritten sein dürfte. Sie war und ist daher im gesamten Dorf nie auch nur annähernd so dominant, wie das heute der Dienstleistungssektor ist oder früher der Agrarsektor war. Im Gegenteil: Auch wenn die Industrie zentral für die wirtschaftliche Entwicklung von Globo war, war sie im Hinblick auf die Beschäftigung der Menschen immer ein Minderheitenprogramm. Hingegen wird bald mehr als die Hälfte der Bevölkerung des Dorfes vom Dienstleistungssektor leben.

---

[111] Die drei klassischen Wirtschaftssektoren sind Landwirtschaft, Forstwirtschaft und Fischerei (Sektor 1), Industrie, Gewerbe, Handwerk, Bauwesen und Bergbau (Sektor 2) und Dienstleistungen, Handel und Verwaltung (Sektor 3). Manchmal wird der Bergbau als „extraktive Tätigkeit" auch dem ersten Sektor zugerechnet.

SEKTORALE VERTEILUNG

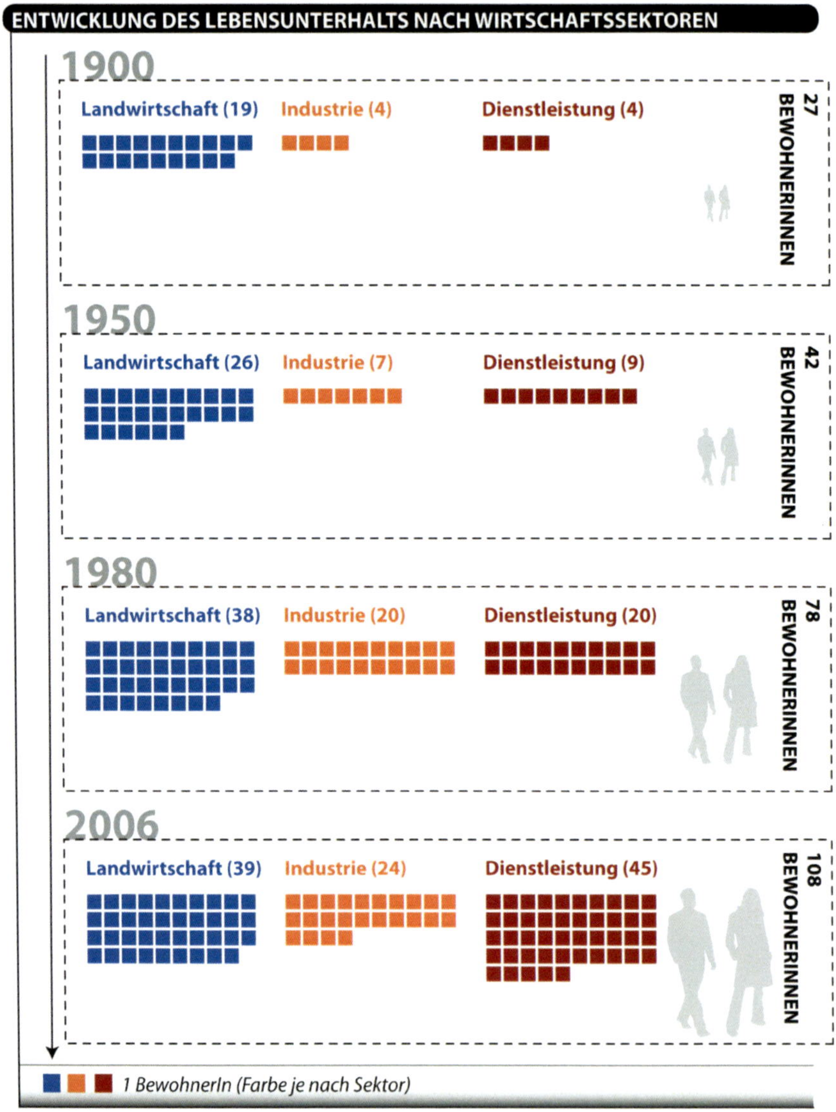

ENTWICKLUNG DES LEBENSUNTERHALTS NACH WIRTSCHAFTSSEKTOREN

1900

Landwirtschaft (19) **Industrie (4)** **Dienstleistung (4)**

27 BEWOHNERINNEN

1950

Landwirtschaft (26) **Industrie (7)** **Dienstleistung (9)**

42 BEWOHNERINNEN

1980

Landwirtschaft (38) **Industrie (20)** **Dienstleistung (20)**

78 BEWOHNERINNEN

2006

Landwirtschaft (39) **Industrie (24)** **Dienstleistung (45)**

108 BEWOHNERINNEN

■ ■ ■ *1 BewohnerIn (Farbe je nach Sektor)*

Das gilt allerdings nicht, wenn man die Entlohnung betrachtet. Auch wenn hier zuverlässige Daten größtenteils fehlen, sind doch die Löhne in der Industrie in ganz Globo in der Regel die relativ höchsten, während vor allem die Verdienstmöglichkeiten in der Landwirtschaft stark eingeschränkt sind.[112] Mehr noch: Weit stärker als in den anderen Sektoren arbeiten viele Menschen im ersten Sektor ganz ohne Lohn oder Profit nur für die (kärgliche) Selbstversorgung, die so genannte „Subsistenz".

Das schwarze Loch

Die Arbeitswelt im Dorf Globo ist zu facettenreich und feingliedrig, um alle interessanten Details hier angemessen würdigen zu können. Dabei sind nicht zuletzt wegen des Zusammenhangs zwischen Arbeit und Besteuerung, der zahlreiche gut dokumentierte Verwaltungsakte zur Folge gehabt hat, Details relativ klar. Über die Gesamtsituation im Dorf ist hingegen wenig bekannt. Zu diesem Wenigen zählt z.B., dass nur 52 Menschen überhaupt einer „formellen" Arbeit nachgehen,[113] womit kaum ein Beruf die Schwelle der statistischen Wahrnehmbarkeit überschreitet. Der Rest der Bevölkerung sind Kinder, Seniorinnen und Senioren und andere Familienangehörige.

---

[112] Die heute so oft kolportierten Unsummen für Führungskräfte in der Finanzdienstleistungsbranche sind von der Beschäftigtenzahl her zu unerheblich, um in Globo statistisch zu existieren. Schließlich wurden z.B. 2008 im Dorf insgesamt nur rund 945.000 US$ an nominellem Bruttonationaleinkommen erarbeitet (2009 sogar weniger) und Millionengagen sind schon rein rechnerisch völlig unsinnig.

[113] Die „Partizipationsrate" (Anteil der Arbeitskräfte an allen Menschen von 15 bis 64 Jahren) betrug im Jahr 2008 65 Prozent (78 bei Männern, 53 bei Frauen), d.h., dass in diesem Jahr in Globo bei einer Gesamtbevölkerung von 110 Menschen 31 Männer und 21 Frauen „formell" arbeiteten (also so, dass es darüber Verwaltungsakte gibt); Daten nach LABORSTA, der Online-Datenbank der *International Labour Organisation* (ILO), online unter: http://laborsta.ilo.org/.

100

EXTREME ARMUT

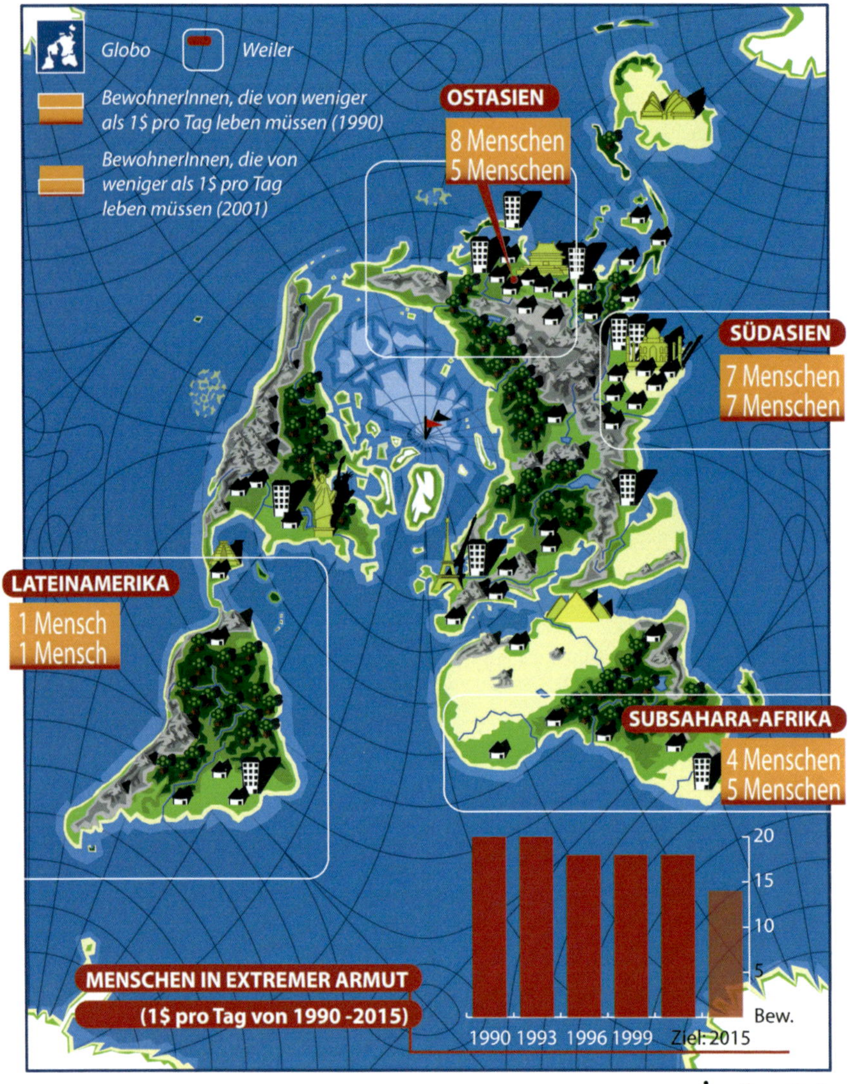

Globo   Weiler

BewohnerInnen, die von weniger
als 1$ pro Tag leben müssen (1990)

BewohnerInnen, die von
weniger als 1$ pro Tag
leben müssen (2001)

OSTASIEN

8 Menschen
5 Menschen

SÜDASIEN

7 Menschen
7 Menschen

LATEINAMERIKA

1 Mensch
1 Mensch

SUBSAHARA-AFRIKA

4 Menschen
5 Menschen

MENSCHEN IN EXTREMER ARMUT

(1$ pro Tag von 1990 -2015)

1990 1993 1996 1999 Ziel: 2015

20
15
10
5
Bew.

UNSER KLEINES DORF, EINE WELT MIT 100 MENSCHEN | 6.02

 **100**

ABSOLUTE ARMUT

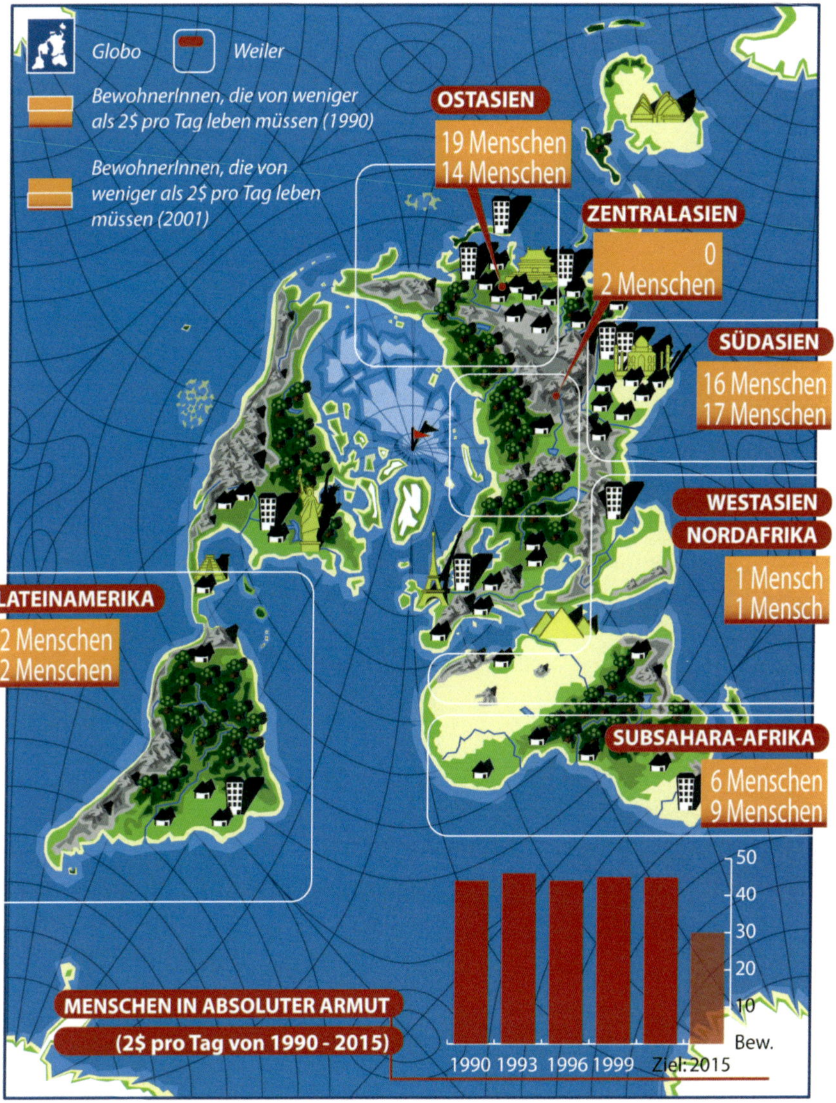

Globo ▬ *Weiler*

▬ *BewohnerInnen, die von weniger als 2$ pro Tag leben müssen (1990)*

▬ *BewohnerInnen, die von weniger als 2$ pro Tag leben müssen (2001)*

OSTASIEN
19 Menschen
14 Menschen

ZENTRALASIEN
0
2 Menschen

SÜDASIEN
16 Menschen
17 Menschen

WESTASIEN
NORDAFRIKA
1 Mensch
1 Mensch

LATEINAMERIKA
2 Menschen
2 Menschen

SUBSAHARA-AFRIKA
6 Menschen
9 Menschen

MENSCHEN IN ABSOLUTER ARMUT
(2$ pro Tag von 1990 - 2015)

50
40
30
20
10
Bew.
1990 1993 1996 1999 Ziel: 2015

Zudem gelten 3 dieser Menschen als „arbeitslos". Diese Zahl ist aber angesichts unterschiedlicher Zählungen in verschiedenen Regionen und einer völlig unbekannten Dunkelziffer eine Art statistische Zufälligkeit, die bestenfalls eine Untergrenze angibt. Neben diesen sozusagen „offiziellen" Arbeitslosen gibt es eine unbestimmte Zahl von Menschen (wahrscheinlich etwa 15 bis 20), die „unterbeschäftigt" sind, deren Arbeitsangebot also nicht ausreichend auf Arbeitsnachfrage trifft. Dazu kommt – teils überlappend – die Gruppe der sogenannten *„working poor"*, also Menschen, die von ihrem Einkommen trotz Vollzeitbeschäftigung eigentlich nicht leben können. Zu diesem Phänomen gibt es etwas genauere Zahlen, die sich allerdings auf die gesamte Bevölkerung beziehen (also auch auf jene, die vom Einkommen Angehöriger erhalten werden). Diesen Zahlen zufolge lebt insgesamt etwa die Hälfte der Menschen in Globo von weniger als dem Kaufkraftgegenwert von 2 $ pro Tag (in „absoluter" Armut) und etwa ein Sechstel von weniger als 1 $ (in „extremer" Armut).[114] Diese Zahlen veränderten sich seit 1990 kaum: während letztere Gruppe dabei immerhin von 20 auf 18 Menschen schrumpfte, nahm erstere hingegen sogar von 44 auf 45 Menschen zu.

Arbeiten, um zu leben?

Arbeitskraft gibt es in Globo also offenbar im Überfluss. Arbeit eigentlich auch, aber viel davon wird ganz selbstverständlich unbezahlt erledigt. Dazu zählen Tätigkeiten, die man als Subsistenz- oder Reproduktionsarbeit bezeichnet. Damit ist z.B. Kindererziehung und

---

[114] Die hier angegebenen Daten folgen Angaben der Weltbank. Zum Vergleich: die „Armutsgrenze" in den reichen Teilen von Globo (in der Regel als 60 Prozent des Medianeinkommens angesetzt und auf Haushaltsbasis berechnet) entspricht derzeit umgerechnet ca. 20 bis 25 $ pro Tag, wobei der direkte Vergleich zulässig ist.

Hausarbeit gemeint, aber auch Pflegeleistungen oder die Erzeugung von Nahrung zur Selbstversorgung bzw. von Gütern zum Eigenbedarf. Das sind Arbeiten, die in Globo nicht zufällig den Charakter von „Frauenarbeit" haben, auch wenn jeder Mensch zumindest einen Teil seiner Zeit damit verbringt und sie überall im Dorf anfallen.

Neben dieser völlig unbezahlten Arbeit und den schlecht bezahlten, unorganisierten Arbeitskräften gibt es in Globo nur wenige Beschäftigte, die gewerkschaftlich organisiert sind. Von dieser Situation profitieren die Eigentümer von Kapital, Boden und Rohstoffen unmittelbar, dies freilich umso mehr, je größer ihr Vermögen und damit ihr Handlungsspielraum ist. Über die infolge geringer Arbeitskosten billigen Produkte profitieren aber letztlich auch die Konsumentinnen und Konsumenten in den reicheren Regionen von Globo. Das ist ein Umstand von sozialer und ökonomischer Brisanz, und er betrifft vor allem junge Menschen. Schließlich ist die Hälfte der Bevölkerung in Globo jünger als 27 Jahre und ein erheblicher Teil dieser Menschen (der Großteil lebt in den armen Regionen) sieht angesichts der Fortschritte in der Medizin einem relativ langen Leben mit einer sehr ungewissen, wenn nicht sogar perspektivelosen Zukunft entgegen. Damit aber verschleudert das Dorf ein großes Potential, denn auch die Ausbildung dieser Menschen hat sich in den letzten Jahrzehnten insgesamt sehr verbessert.

Da die eigene Arbeitskraft für die meisten Menschen in Globo aber nicht nur die einzige Einkommensquelle ist, sondern ein Arbeitsplatz bzw. selbst verdientes Einkommen eine ganz wichtige Funktion als Sinnstiftung hat (auch bei unterschiedlichen Qualifikationsniveaus), kommt zu einer rein materiellen schließlich auch eine ausgeprägte soziale Kluft. Was aber geschieht, wenn auch nur einige wenige dieser „Perspektivlosen" sich dem politischen Extremismus oder gar dem Terrorismus als Lösung verschreiben? Die unerfreuliche Antwort auf diese Frage liegt auf der Hand.

Diese Verknappung von angemessen bezahlter Arbeit hat eine paradoxe Kehrseite: Trotz der relativ hohen und oft versteckten Arbeitslosigkeit im Dorf müssen zugleich 10 Menschen regelmäßig überlang arbeiten (d.h. mehr als 48 Stunden),[115] und damit ist noch gar nicht die alltägliche „Doppelbelastung" vieler Frauen mit Lohn- und Feldarbeit sowie der schon erwähnten Reproduktionsarbeit gemeint. Abgesehen von dieser offensichtlichen und historisch hartnäckigen Benachteiligung des weiblichen Teils der Bevölkerung von Globo ist der Regelfall der Überbeschäftigung also nicht der hoch bezahlte *Workaholic*, sondern der zu mehreren Jobs bzw. überlanger, teils unbezahlter Arbeitszeit gezwungene unqualifizierte Arbeiter und mehr noch die Arbeiterin. Der Regelfall ist auch nicht der maschinenunterstützte Arbeitsplatz (auch wenn in Globo z.B. zwei Kräne und möglicherweise bereits mehr als 20 PCs genutzt werden), sondern vielmehr körperlich anstrengende manuelle Arbeit. Die langen Arbeitszeiten sind dabei vielfach durch niedrige Löhne mitbedingt.

Einen nicht sehr repräsentativen, aber gut nachvollziehbaren Eindruck von den Lohnunterschieden in Globo kann eine Anwendung des Big-Mac-Index geben.[116] Demnach muss man in Teilen des Weilers Afrika zwanzigmal so lange für denselben Lohn arbeiten wie in Teilen des Weilers Nordamerika und immerhin neunmal so lange wie im Durchschnitt im Osten des Weilers Asien. Dazu ist noch eine wichtige Ergänzung nötig: Die Menschen in Afrika kommen sehr

---

[115] Angaben laut ILO, vgl. die Zusammenfassung des Berichts *Working Time Around the World* (2007), online unter: http://www.ilo.org/wcmsp5/groups/public/---dgreports/---dcomm/documents/publication/wcms_082838.pdf.

[116] Der Big-Mac-Index gibt an, wie viel ein „Big Mac" (von McDonalds) in einer gemeinsamen Währung kosten würde (durch Umrechnung mittels Wechselkursen). Bezieht man zusätzlich Lohninformationen ein, kann dieser Betrag in Arbeitszeit umgerechnet werden, was noch bessere Informationen über Kaufkraftunterschiede gibt. Vgl. dazu z.B. die Kaufkraftstudien der UBS, online unter: http://www.ubs.com/1/g/wealthmanagement/wealth_management_research/prices_earnings.html.

 **100**

BIGMAC - INDEX

Globo **Weiler**

Anzahl der Minuten , die ein Mensch arbeiten muss, um sich im Jahr 2005 einen Big Mac leisten zu können

OSTASIEN
20 min

SÜDOSTASIEN
62 min

NORDAMERIKA
11 min

SÜDASIEN
45 min

EUROPA
28 min

WESTASIEN
NORDAFRIKA
61 min

LATEINAMERIKA
57 min

SUBSAHARA-AFRIKA
106 min

Subsahara-Afrika

BIGMAC-INDEX
(in Minuten nach Weilern)

Nordamerika · Ostasien · Europa · Südasien · Latein-amerika · Westasien · Südostasien

120
100
80
60
40
20
min

UNSER KLEINES DORF. EINE WELT MIT 100 MENSCHEN | 6.04

viel seltener in den „Genuss" einer regulären Beschäftigung als Menschen in Nordamerika oder Europa. Insofern trifft der Vergleich also nur für eine kleine Minderheit zu. Dass trotz dieser Unterschiede, die bei vielen Gütern bestehen, und teils weiter Strecken, die Menschen auf Arbeitssuche zurücklegen, höchstens 5 Menschen in Globo leben, die man „Gastarbeiter" nennen könnte, ist umso erstaunlicher.

Leben, um zu arbeiten?

Historisch ist zur durchschnittlichen Arbeitszeit in Globo zu bemerken, dass sie mit der Industriellen Revolution eher gestiegen als gesunken ist. Mit ein Grund für relativ geringe Arbeitszeiten in früheren Jahrhunderten – zumindest im Weiler Europa – waren viele religiöse Feiertage, die weitgehende Beschränkung auf Tageslichtarbeit und die Saisonalität der Beschäftigung. Mit der Fabrikarbeit fielen alle drei Beschränkungen weg, die Arbeitszeit konnte sich damit vervielfachen.[117] Dazu hat insbesondere auch die Einführung künstlicher Beleuchtung beigetragen, wie etwa von Gaslichtern bereits Anfang des 19. Jahrhunderts. So kann man sagen, dass viele Bewohnerinnen und Bewohner von Globo in dieser Zeit des „Aufbruchs" nicht arbeiteten, um zu leben, sondern eher lebten, um zu arbeiten. Mit zunehmendem Wohlstand kehrte sich diese Entwicklung allerdings um und in vielen Teilen von Globo ist die Arbeitszeit wieder gesunken.[118] Dabei arbeiten im Durchschnitt wieder die Frauen – vor allem in den

---

[117] Schätzungen gehen dahin, dass die Jahresarbeitszeit im europäischen Mittelalter im Schnitt nur ungefähr 1.000 Stunden pro Person betragen hat, während sie im 19. Jahrhundert zeitweise auf über 3.000 gestiegen ist.

[118] Wenn auch nicht mehr auf das frühere Niveau. Im Weiler Europa beträgt sie heute rund 1.500 Stunden, die wohlhabenderen Menschen im Weiler Asien arbeiten etwa 2.000 Stunden im Jahr. Vgl. dazu Maddison, Angus: *The World Economy. A Millennial Perspective.* Paris 2001, S. 347.

 **100** KINDER UND FRAUEN ZUERST

Globo | Weiler

arbeitende Kinder
zwischen 5 und 14 Jahren

ASIEN

3 Kinder

AFRIKA

1 Kind

27 kgkm | 220 kgkm

250
200
150
100
50
kg

TÄGLICHE TRAGLAST DURCH

FELDARBEIT (in kgkm)

Männer | Frauen

ärmeren Regionen des Dorfes – deutlich mehr und länger als die Männer. In den Weilern Asien und Afrika geht es dabei um durchschnittlich bis zu 13 Stunden Mehrarbeit pro Woche und auch deutlich mehr Gewicht, das zu schleppen ist, denn das „Organisieren" von Brennholz, Wasser und Nahrung gilt in aller Regel als Aufgabe der Frauen (bzw. Mädchen).[119] Dass für sie dazu meist noch das Tragen von Kleinkindern kommt, sei hier nur noch ergänzt.

Zwischen Wirklichkeit und Anspruch

Ein trauriges Kapitel der Arbeitswelt von Globo stellt schließlich die Kinderarbeit dar. Insgesamt 4 Kinder (im Alter zwischen 5 und 14 Jahren) sind gezwungen, für ihren Lebensunterhalt oder den ihrer Familien zu arbeiten, das ist ein Fünftel der gesamten Altersgruppe. Sie arbeiten zwar in verschiedenen Sektoren, ihnen allen gemeinsam ist aber der Umstand, dass ihnen durch diesen Zwang ein wesentliches „Menschenrecht" zumindest teilweise vorenthalten wird: das Recht auf Ausbildung. Wer in Globo jedoch keine Ausbildung hat, ist auch in seinem späteren Leben zu absoluter Armut verurteilt, auch ohne dass die Kinderarbeit die Gesundheit nachhaltig beeinträchtigt hätte (was freilich oft der Fall ist). Dass sie zudem die Löhne weiter drückt und damit das Ungleichgewicht zwischen Arbeitsangebot und Arbeitsnachfrage weiter vertieft, kommt dazu.

Nahe am Problem der Kinderarbeit liegt jenes der Sklaverei und sonstiger Zwangsarbeit, die ein weiterer, nicht nur historischer Skandal in Globo ist. Auch heute gibt es dort unverändert zumindest sklavereiähnliche Zustände. Dazu muss der Begriff nicht einmal weit aus-

---

[119] Angaben der Deutschen Welthungerhilfe mit Berufung auf Berechnungen der FAO. Die entsprechende Grafik „Frauenarbeit ernährt die Welt" (ehemals http://www.cebeef.com/2004/kolumne/f6214.html) ist nicht mehr online verfügbar.

gelegt werden, um ihn z.b. auch auf arbeitende Kinder oder *working poor* anzuwenden, deren Arbeitsbedingungen meist schlecht sind. Begünstigt werden solche Zustände insbesondere durch das schon erwähnte Ungleichgewicht zwischen schlecht organisierten Arbeitssuchenden und gut organisierten Arbeitgebern, was insgesamt einen Zustand des Arbeitskräfteüberschusses erzeugt.[120] An dieser Diskrepanz zwischen den angeblich zu vielen Arbeitsuchenden und den angeblich zu wenigen Arbeitsplätzen dürfte sich in Globo angesichts der derzeitigen Bevölkerungsdynamik kaum etwas ändern. Nur um das jetzige Beschäftigungsniveau zu halten, müsste in nächster Zeit praktisch jedes Jahr ein neuer Arbeitsplatz geschaffen werden und das noch dazu in jenen Regionen, in denen es schon heute kaum einträgliche Lohnarbeit gibt.[121] Aber selbst dieser Erfolg würde nur den aktuellen, ungleichgewichtigen Zustand erhalten, was weit davon entfernt wäre, die offene oder versteckte Arbeitslosigkeit in Globo auch nur zu mildern.

Eine Entspannung der Lage scheint also außer Sicht, vielmehr ist mit einer Verschärfung zu rechnen. Dass das ethische Fragen von großer Tragweite aufwirft, daran sei mit Ausführungen zur Lohnarbeit von Viviane Forrester erinnert: *„Ist es normal oder gar logisch, dass Menschen zu etwas gezwungen werden, was kaum noch vorhanden ist? Ist es auch legal, etwas als notwendige Bedingung zum Überleben zu fordern, was gar nicht existiert?"*[122] Erneut ist zu erkennen,

---

[120] Es fällt kaum noch auf, dass sich die Art und Weise, wie Arbeit in Globo abläuft, insgesamt kaum an den Bedürfnissen der breiten Masse der Arbeitenden ausrichtet, sondern an den Bedürfnissen der wenigen, die über Kaufkraft verfügen. Ob diese eindeutige Orientierung wirklich so selbstverständlich ist, wie diese Beobachtung nahe legt, ist zumindest bedenkenswert.

[121] Bei zwei Geburten pro Jahr und einem Todesfall sowie einer Partizipationsrate von rund zwei Dritteln ist das schon rein mathematisch eine Notwendigkeit.

[122] Forrester, Vivian: *Der Terror der Ökonomie.* Wien 1997, S. 16.

dass das, was den Menschen in den reichen Teilen von Globo normal vorkommt, nämlich einen (einigermaßen) sicheren Lebensunterhalt durch einen (relativ) regulären Arbeitsplatz zu verdienen, im gesamten Dorf sowohl räumlich wie auch zeitlich die absolute Ausnahme darstellt. Von Urlaubsansprüchen, sozialer Sicherung oder der Aussicht auf eine Rente können die meisten Menschen nur träumen. Insbesondere der sichere Lohnjob auf Lebenszeit mit Pensionsanspruch ist eine Sonderform, die es nur in wenigen Regionen von Globo, nur für wenige Jahrzehnte und praktisch fast nur für Männer überhaupt gegeben hat, alles in allem also für vielleicht 12 Menschen. Daher kann es auch kaum verwundern, dass der Massenkonsum, dem das nächste Kapitel gewidmet ist, ebenfalls ein lokal und zeitlich beschränktes Minderheitenprogramm darstellt.

Kapitel 7: Konsum

Das „Stadium" des Massenkonsums?

Das Konsumzeitalter in Globo ist kein Jahrhundert alt, selbst wenn man die ältesten Spuren im Weiler Nordamerika berücksichtigt, und nur ein halbes, wenn man den Weiler Europa betrachtet. Ein interessanter Zusammenhang dürfte darin bestehen, dass der Ökonom John Maynard Keynes in den 1930er-Jahren die Bedeutung des Konsums für die Wirtschaft und die Wirtschaftswissenschaft neu bewertete.[123] Stand man ihm früher skeptisch gegenüber, weil Konsumausgaben Mittel von Investitionen abzogen und so „unproduktiv" machten, wurde mit Keynes die Bedeutung des Konsums für die Produktion und damit für die gesamtwirtschaftliche Wohlfahrt erkannt. Das war ein echter Richtungswechsel der ökonomischen Theorie und manche sahen nun im Konsum sogar ein Allheilmittel der Krisenbewältigung. Daher interpretierte ihn Walt W. Rostow in seinem Buch *Stadien wirtschaftlichen Wachstums* 1960 sogar als „Alternative zur marxistischen Entwicklungstheorie".[124] Rostows Idee bestand darin, das kom-

---

[123] Keynes' Hauptwerk ist die 1936 erschienene *General Theory of Employment, Interest and Money*, die unverzüglich als *Allgemeine Theorie der Beschäftigung, des Zinses und des Geldes* auch ins Deutsche übersetzt wurde.

[124] Vgl. Rostow, Walter W.: *Stadien wirtschaftlichen Wachstums: Eine Alternative zur marxistischen Entwicklungstheorie*. Göttingen 1960. Noch provokativer war Rostow, übrigens Sicherheitsberater für die Präsidenten Kennedy und Johnson, im englischen Original, das den Untertitel *A Non-communist Manifesto* trägt.

munistische „Stufenschema" auf die kapitalistische Welt zu übertragen, wobei Gesellschaften eine idealtypische Entwicklung durchmachen: traditionelle Gesellschaft, Übergang, Aufstieg („*Take-off*"), Reife und Massenkonsum, mit dem die Entspannung der gesellschaftlichen Gegensätze einhergeht. Neben dem Konsum, der die tragende Säule der letzten Phase ist, spielen in diesem Konzept auch Investitionen eine wichtige Rolle, die während Aufstieg und Reife treibende Kräfte darstellen.

Rostows Konzept ist zweifellos ein Kind des Kalten Krieges. Aber selbst wenn man diese Stufenlehre auch als allgemeines Erklärungsmuster annehmen will, ist das „Zeitalter des Massenkonsums" bislang nur in Teilen von Globo ausgebrochen. So entfallen auf nur 12 Menschen aus den Weilern Nordamerika und Europa 61 Prozent des gesamten Konsums, während andererseits die meisten Menschen als „gute" (nämlich zahlungskräftige) Konsumentinnen und Konsumenten von Gütern ausfallen, die eine gewinnträchtige Überschussnachfrage über die reinen Grundbedürfnisse hinaus decken. Oder wie das Michel Chossudovsky einmal pointiert ausgedrückt hat: „*Jene, die produzieren, sind nicht diejenigen, die konsumieren. Das ist ein wesentliches Merkmal der Billiglohnwirtschaft.*"[125]

Es stellt sich dabei nochmals die Frage, ob eine Anhebung des allgemeinen Lebensstils auf das derzeitige Niveau der reicheren Regionen von Globo überhaupt wünschenswert oder wenigstens vorstellbar ist, zumindest langfristig. Diese Möglichkeit wird vor allem aus ökologischen Gründen bezweifelt, und eine Angleichung erscheint höchstens auf mittlerem Niveau möglich. Das aber ginge auf Kosten jener, die heute überproportional viel konsumieren. Bedenkt man nun die Trägheit des einmal erworbenen Konsumniveaus, so sind Zweifel

---

[125] Chossudovsky, Michel: *Global brutal: Der entfesselte Welthandel, die Armut, der Krieg.* Frankfurt/M. 2002, S. 96.

100

KONSUMAUSGABEN

Globo **◆** *Weiler*

□ konsumierte Warenkörbe
von insgesamt 100
nach Weilern

OZEANIEN
2 Körbe

OSTASIEN
21 Körbe

SÜDOSTASIEN
2 Körbe

NORDAMERIKA
32 Körbe

ZENTRALASIEN
OSTEUROPA
3 Körbe

SÜDASIEN
2 Körbe

WESTEUROPA
29 Körbe

WESTASIEN
NORDAFRIKA
1 Korb

LATEINAMERIKA
7 Körbe

SUBSAHARA-AFRIKA
1 Korb

Ostasien, Lateinamerika,
Zentralasien, Osteuropa,
Südasien, Ozeanien,
Westasien/Nordafrika,
Subsahara-Afrika
39 Körbe für
88 Personen

Nordamerika, Westeuropa
61 Körbe für

50
40
30
20
10
Körbe

12 Personen

VERTEILUNG DER WARENKÖRBE
(nach Weilern)

angebracht, ob es dazu kommen kann. Wahrscheinlicher scheinen da Verteilungskämpfe zu sein, was angesichts der Rüstungsausgaben in Globo[126] durchaus wörtlich genommen werden kann.

Die eigenen vier Wände?

Zum Konsum gehören Nahrung und Kleidung, aber auch Wohnung, Gesundheit und Bildung, die hier etwas ausführlicher diskutiert werden sollen, wobei die Versorgung im Dorf Globo in allen Bereichen nicht zufriedenstellend ist. 15 Menschen wohnen z.B. in slumartigen städtischen Verhältnissen, wobei kaum Besserung in Sicht ist. Vielmehr soll sich schon bis 2020 die Anzahl der Menschen in Slums im Dorf auf 21 Personen erhöht haben.[127] Das rasche Wachstum der Städte wird das Problem jedenfalls weiter verschärfen und es könnte auch wieder in die reicheren Teile von Globo zurückkehren.

In dieses Gesamtbild passt auch ein weiterer Notstand, der kaum im Bewusstsein der Menschen in den reicheren Gegenden des Dorfes verankert ist. In Globo besitzen nämlich 45 Menschen keinen Zugang zu sanitären Einrichtungen, mit entsprechenden Folgen für Gesundheit und Umwelt. Dieser Zustand ist lebensbedrohlich, was noch mehr gilt, wenn es um den Zugang zu Trinkwasser geht. Schon heute haben 20 Menschen im Dorf nicht einmal sauberes Wasser, wobei die

---

[126] Sie betrugen im Jahr 2005 – mit steigender Tendenz, vor allem im Weiler Asien – insgesamt 16.400 US$. Vgl. dazu Abb. 8.10 auf S. 170.

[127] Wohnungen in einem „Slum" sind entweder nicht dauerhaft, zu klein, ohne Wasseranschluss, ohne Sanitäreinrichtungen oder illegal – oder mehreres davon. Wichtig dabei: Slums sind städtische Siedlungen. Solch schlechte Wohnverhältnisse treffen aber auf viele Menschen am Land ebenfalls zu, eigentlich sogar auf die meisten von ihnen. Vgl. dazu die BBC-Meldung „Report Reveals Global Slum Crisis" mit Bezug auf einen Bericht der UN-Sonderorganisation *Habitat*, online unter: http://news.bbc.co.uk/2/hi/in_depth/5078654.stm.

SLUMS

Globo · Weiler · BewohnerInnen, die in einem Slum leben

OSTASIEN
3 Menschen

SÜDOSTASIEN
1 Mensch

SÜDASIEN
4 Menschen

EUROPA
1 Mensch

WESTASIEN
NORDAFRIKA
1 Mensch

LATEINAMERIKA
2 Menschen

SUBSAHARA-AFRIKA
3 Menschen

Südasien

Nordamerika · Europa · Westasien Nordafrika · Südostasien · Lateinamerika · Subsahara-Afrika · Ostasien

4
3
2
1
Bew.

SLUMBEWOHNERiNNEN
(nach Weilern)

100

SANITÄRE VERSORGUNG

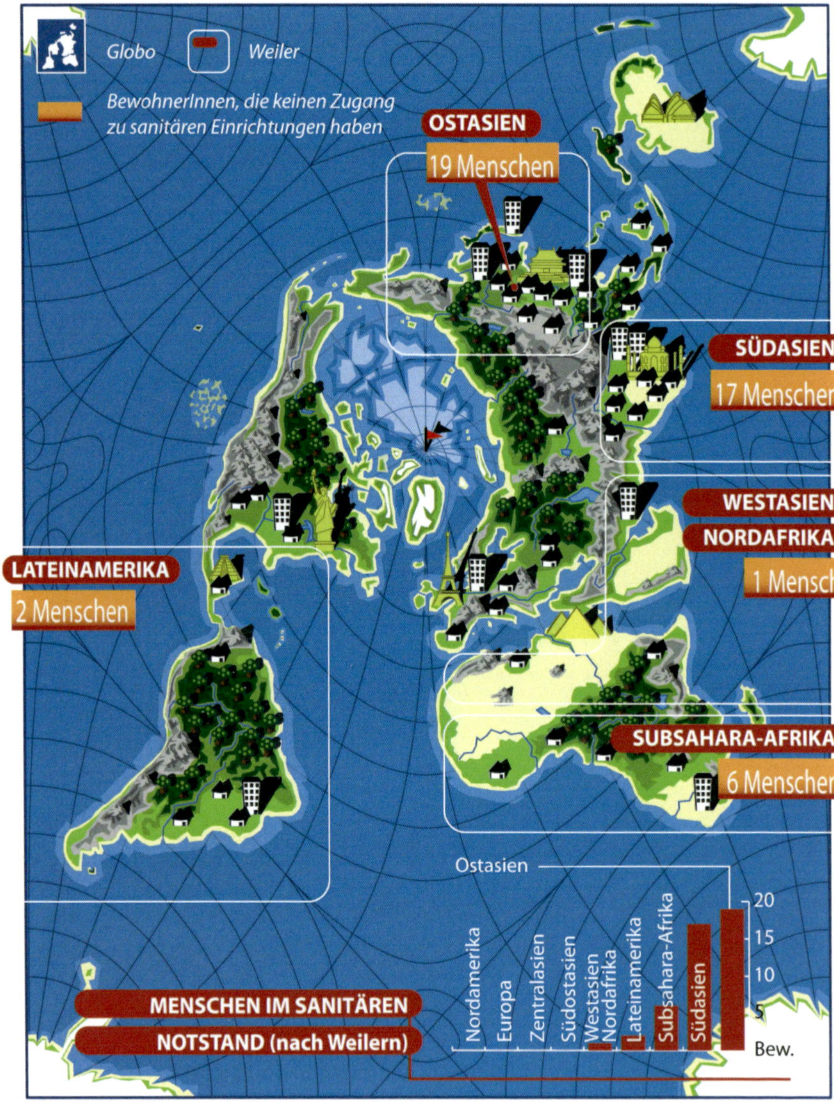

Globo   *Weiler*

*BewohnerInnen, die keinen Zugang
zu sanitären Einrichtungen haben*

OSTASIEN
19 Menschen

SÜDASIEN
17 Menschen

WESTASIEN
NORDAFRIKA
1 Mensch

LATEINAMERIKA
2 Menschen

SUBSAHARA-AFRIKA
6 Menschen

Ostasien

Nordamerika
Europa
Zentralasien
Südostasien
Westasien
Nordafrika
Lateinamerika
Subsahara-Afrika
Südasien

20
15
10
5
Bew.

MENSCHEN IM SANITÄREN
NOTSTAND (nach Weilern)

100 EIN GLAS WASSER BITTE!

Globo   *Weiler*

BewohnerInnen, die im Jahr 2000 keinen Zugang zu sauberem Trinkwasser haben

OSTASIEN
8 Menschen

SÜDASIEN
4 Menschen

EUROPA
1 Mensch

WESTASIEN
NORDAFRIKA
1 Mensch

LATEINAMERIKA
1 Mensch

SUBSAHARA-AFRIKA
5 Menschen

Nordafrika und Westasien

Lateinamerika · Subsahara-Afrika · Südostasien Ozeanien · Europa · Nordamerika · Ostasien · Südasien

60 50 40 30 20 10 %

WASSERENTNAHME (in % des gesamten erneuerbaren Wassers 2005)

Zukunft auch hier nichts Gutes erahnen lässt: So dürfte bis zum Jahr 2025 die Zahl der Menschen, die unter „Wasserstress" oder „Wasserknappheit" leiden, in Globo von derzeit 13 auf 49 steigen.[128] Es ist klar, dass dieser Zustand massive Folgen für das gesundheitliche Wohlbefinden haben muss.

Das Wohlbefinden?

Angesichts des bisher Gesagten wird es nicht überraschen, dass auch im Bereich Gesundheit große Unterschiede in Globo bestehen: Während im Weiler Europa eine nahezu flächendeckende medizinische Versorgung besteht und im Weiler Nordamerika sogar Spitzenmedizin für alle angeboten wird, die es sich leisten können, fehlt in vielen Regionen des Dorfes nahezu jeder Zugang zu solchen Leistungen. Das spiegelt sich z.b. in den Gesundheitsausgaben. Den Menschen, die im Schoße relativ gesicherter, öffentlich finanzierter Gesundheitssysteme leben dürfen, ist dabei kaum bewusst, dass diese Ausgaben in Globo zu einem beträchtlichen Teil „privat" finanziert werden und die Versorgung insgesamt wenig „Systematisches" an sich hat. Das gilt gerade in jenen Regionen, wo die Einkommen ohnehin niedrig sind. Dort fällt zudem auf, dass auch noch der Anteil der Gesundheitsausgaben an der Wirtschaftsleistung besonders klein ist.

---

[128] Vgl. die Angaben von *Population Action International* auf der Basis von FAO-Daten, online unter: http://216.146.209.72/Publications/Reports/People_in_the_Balance/Interactive/peopleinthebalance/pages/?s=2&t=graphs (auch in Abb. 3.06 auf S. 65). Deutlich höhere Zahlen (47 heute und 64 Menschen im Jahr 2030) liefert aber z.B. die OECD, vgl. OECD: *OECD Environmental Outlook to 2030*. Paris 2008, S. 223. Zentrale Gründe dafür sind eine unterschiedliche Genauigkeit lokaler Daten, aber auch unterschiedliche Berechnungsmethoden: „Wasserstress" wird einerseits definiert als eine verfügbare Menge von weniger als 1.000 Kubikmetern pro Kopf („Wasserknappheit" als weniger als 1.700 Kubikmeter), andererseits als eine Entnahme von mehr als 40 % der verfügbaren Menge.

 **100**

GESUNDHEITSAUSGABEN

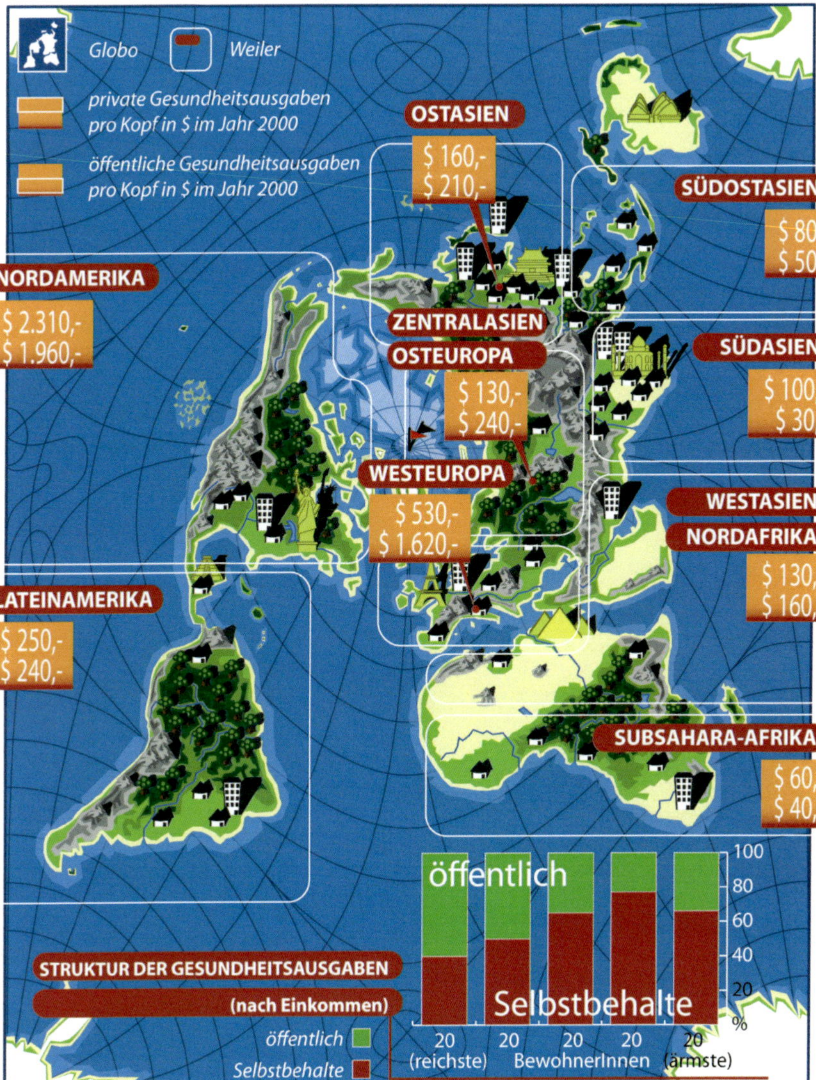

Globo ▪ Weiler

private Gesundheitsausgaben
pro Kopf in $ im Jahr 2000

öffentliche Gesundheitsausgaben
pro Kopf in $ im Jahr 2000

OSTASIEN
$ 160,-
$ 210,-

SÜDOSTASIEN
$ 80,-
$ 50,-

NORDAMERIKA
$ 2.310,-
$ 1.960,-

ZENTRALASIEN
OSTEUROPA
$ 130,-
$ 240,-

SÜDASIEN
$ 100,-
$ 30,-

WESTEUROPA
$ 530,-
$ 1.620,-

WESTASIEN
NORDAFRIKA
$ 130,-
$ 160,-

LATEINAMERIKA
$ 250,-
$ 240,-

SUBSAHARA-AFRIKA
$ 60,-
$ 40,-

öffentlich

Selbstbehalte

100
80
60
40
20
%

STRUKTUR DER GESUNDHEITSAUSGABEN
(nach Einkommen)
öffentlich ▪
Selbstbehalte ▪

20 (reichste) | 20 | 20 | 20 | 20 (ärmste)
BewohnerInnen

UNSER KLEINES DORF. EINE WELT MIT 100 MENSCHEN | 7.05

135

Die nackten Zahlen führen zum Befund, dass etwa 40 Menschen in Globo von Gesundheitsdienstleistungen praktisch ausgeschlossen sind – sei es, weil sie zu arm sind, um die Kosten tragen zu können, sei es, weil es für sie schlicht keine medizinische Versorgung gibt.[129] Die meisten dieser Menschen leben in den Weilern Asien und Afrika, aber auch eine Person (von fünf) im Weiler Nordamerika kann sich – zumindest vor der aktuellen Reform – keine Gesundheitsversorgung leisten. Der mangelhafte Zugang zeigt sich auch im Pharmawesen: Wenigstens 30 Menschen in Globo können selbst im Krankheitsfall nicht damit rechnen, Medikamente zu erhalten, während 92 Prozent der gesamten Pharma-Ausgaben auf die 25 reichsten Menschen im Dorf entfallen.[130] Dazu kommt noch, dass jedes zehnte Medikament, das im Dorf verabreicht wird (vor allem in seinen ärmeren Teilen), gefälscht ist[131] und nur 15 Kinder (also knapp die Hälfte) gegen ansteckende Kinderkrankheiten geimpft sind.[132] Die Pharma-Forschung konzentriert sich hingegen auf *„me-too drugs"*, d.h. Medikamente, die eine andere Firma bereits auf den Markt gebracht hat.[133]

---

[129] So meldete z.B. die *Neue Zürcher Zeitung* am 27. Juni 2000.

[130] Vgl. „Eine Frage des Allgemeinwohls", in: *medico Rundschreiben* 3/2006, online unter: http://www.medico-international.de/rundschreiben/0306/0306gesundheit.asp. Zudem entfällt nur 1 Prozent der Patentierungen von Arzneimitteln weltweit auf solche, die gegen armutsbedingte Krankheiten wirken.

[131] Gemeint sind nicht „Generika", sondern illegale Imitate und gefährliche Substanzen, die z.B. Sägemehl statt Wirkstoffe enthalten oder giftig sind. Vgl. Kröger, Michael: „Den Wettlauf können wir kaum noch gewinnen", in: *Spiegel*, 6. Juni 2007, online unter: http://www.spiegel.de/wirtschaft/0,1518,486792,00.html.

[132] Eine weltweite „Basisimpfung" (gegen Tuberkulose, Kinderlähmung, Diphtherie, Tetanus, Keuchhusten und Masern) würde übrigens rund 1 US$ pro Kind kosten. Vgl. http://www.who.int/mediacentre/factsheets/fs288/en/index.html.

[133] Vgl. Gebauer, Thomas: „Gesundheit: Globale Apartheid", in: *medico Rundschreiben* 4/2006, online unter: http://www.medico-international.de/rundschreiben/0406/0406gesundheit.asp. Oft handelt es sich um Mittel gegen „Luxusprobleme" wie z.B. Haarausfall, Übergewicht oder Erektionsstörungen.

Am Ende der Beschreibung der Gesundheitssituation in Globo stehen noch einige „symptomatische" Zahlenangaben:

- Insgesamt finden pro Jahr vier Operationen statt. Nur alle ca. acht Jahre wird eine davon an einer Person aus dem ärmsten Drittel der Dorfbevölkerung durchgeführt. Das teilt die Menschen in solche, die ihre Lebensrettung de facto erwarten können, und andere, die nicht einmal darauf hoffen dürfen.[134]

- Derzeit haben nur 18 Menschen Zugang zu sicheren Blutkonserven. Für die anderen – wenn sie überhaupt Zugang haben – birgt jede Transfusion ein Infektionsrisiko.[135]

- 10 Menschen in Globo sind „behindert", davon leben 8 im armen Teil des Dorfes. Alle drei Jahre wird ein Kind nur wegen Jodmangels der Mutter mit Behinderung geboren.[136]

- 16 Menschen haben Bluthochdruck, 3 leben mit Diabetes, beides eher in den reicheren Teilen des Dorfes.[137]

- 8 Menschen in Globo (nicht nur im reichen Teil) leiden unter diagnostizierten psychischen Erkrankungen, davon 3 unter Depressionen und 2 unter Alkoholabhängigkeit.[138]

---

[134] Zahlen nach Weiser, Thomas G., et al.: „An Estimation of the Global Volume of Surgery: A Modelling Strategy Based on Available Data", in: *The Lancet* 372 (9633), 2008, S. 139-144. Zudem ist das Operationsrisiko für die Armen höher.

[135] So meldete der *Stern* am 13. Juni 2004 mit Berufung auf die WHO, online unter: http://www.stern.de/wissenschaft/mensch/:Weltblutspendetag-Rettende-Transfusion/525226.html.

[136] Vgl. dazu Informationen der UN-Organisation für Behinderte, *Enable*, online unter: http://www.un.org/disabilities/default.asp?id=18.

[137] Angaben nach Kearney, Patricia M., et al.: „Global Burden of Hypertension: Analysis of Worldwide Data", in: *The Lancet* 365 (9455), 2005, S. 217-223 (Bluthochdruck) und Wild, Sarah H., et al.: „Global Prevalence of Diabetes: Estimates for the Year 2000 and Projections for 2030", in: *Diabetes Care* 27 (5), 2004, S. 1047-1053 (Diabetes). Beide Zahlen weisen steigende Tendenz auf.

[138] Angaben der WHO, online unter: http://www.who.int/mental_health/en/.

(100) KRANKHEITEN UND MEDIKAMENTE

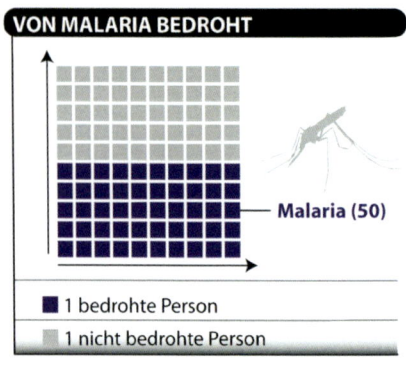

VON MALARIA BEDROHT

Malaria (50)

■ 1 bedrohte Person
■ 1 nicht bedrohte Person

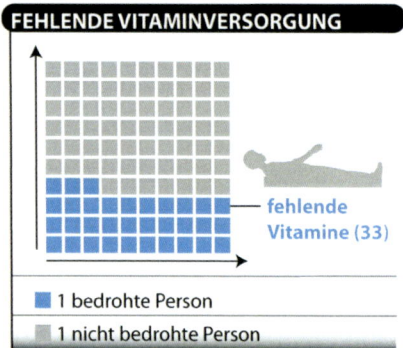

FEHLENDE VITAMINVERSORGUNG

fehlende Vitamine (33)

■ 1 bedrohte Person
■ 1 nicht bedrohte Person

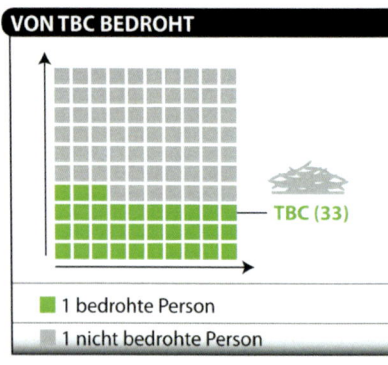

VON TBC BEDROHT

TBC (33)

■ 1 bedrohte Person
■ 1 nicht bedrohte Person

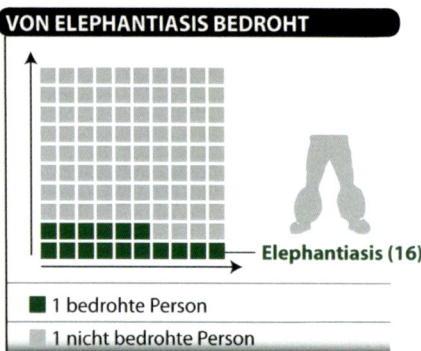

VON ELEPHANTIASIS BEDROHT

Elephantiasis (16)

■ 1 bedrohte Person
■ 1 nicht bedrohte Person

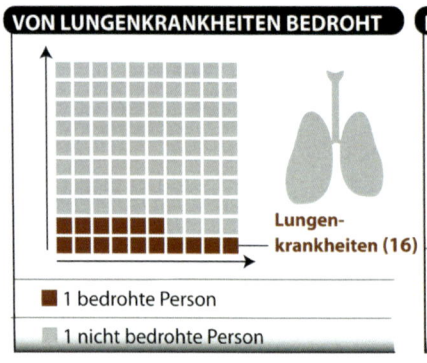

VON LUNGENKRANKHEITEN BEDROHT

Lungen-krankheiten (16)

■ 1 bedrohte Person
■ 1 nicht bedrohte Person

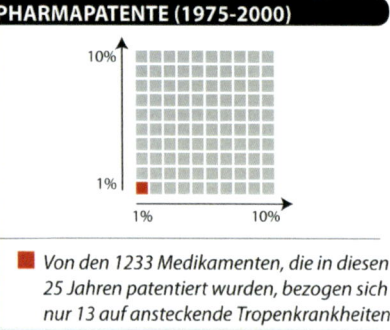

PHARMAPATENTE (1975-2000)

10%

1%

1%   10%

■ *Von den 1233 Medikamenten, die in diesen 25 Jahren patentiert wurden, bezogen sich nur 13 auf ansteckende Tropenkrankheiten.*

- 5 Menschen leiden an Asthma und 3 an chronisch obstruktiver Lungenerkrankung (COPD),[139] insgesamt sind vermutlich 16 Menschen chronisch an den Atmungsorganen erkrankt.

- Etwa 33 Menschen sind unzureichend mit Vitaminen und Mineralstoffen versorgt, mit weitreichenden Folgen.[140]

- Etwa 50 Menschen leben unter der Bedrohung von Malaria (4 pro Jahr erkranken). Rund 33 Menschen sind mit dem Tuberkulose-Erreger infiziert (2 bis 3 erkranken) und vermutlich 16 Menschen sind von Elephantiasis bedroht, die den Körper entstellt (2 sind bereits erkrankt).[141]

- „Nur" zwei Personen sind schließlich von nichtsdestoweniger wichtigen Problemen betroffen: eine (im Weiler Afrika) ist HIV-positiv, eine (im Weiler Europa) leidet an Demenz.[142]

Das Wissen?

Auch im Bildungsbereich bestehen schließlich große Unterschiede. Schon im Vorschulalter können 3 bis 4 Kleinkinder wegen Armut (und damit verbundenem Hunger und Krankheiten) ihr geistiges Potential nicht ausschöpfen, was eine Spirale der Benachteiligung aus-

---

[139] Angaben der WHO, online unter: http://www.who.int/respiratory/en/.

[140] Vgl. Rötzer, Florian: „Vitamin- und Mineralstoffmangel senkt den nationalen IQ von vielen Ländern", 25. März 2004, online unter: http://www.heise.de/tp/r4/artikel/17/17050/1.html.

[141] WHO-Angaben, online unter: http://www.who.int/mediacentre/factsheets/fs094 (Malaria), http://www.who.int/mediacentre/factsheets/fs104 (Tuberkulose) und http://www.who.int/mediacentre/factsheets/fs102 (Elephantiasis).

[142] WHO-Angaben, online unter: http://www.who.int/features/qa/71/en/index.html (HIV) bzw. *World Alzheimer Report 2009*, S. 2, online unter: http://www.alz.co.uk/research/files/World%20Alzheimer%20Report%20Executive%20Summary.pdf (Demenz).

TELEKOMMUNIKATION

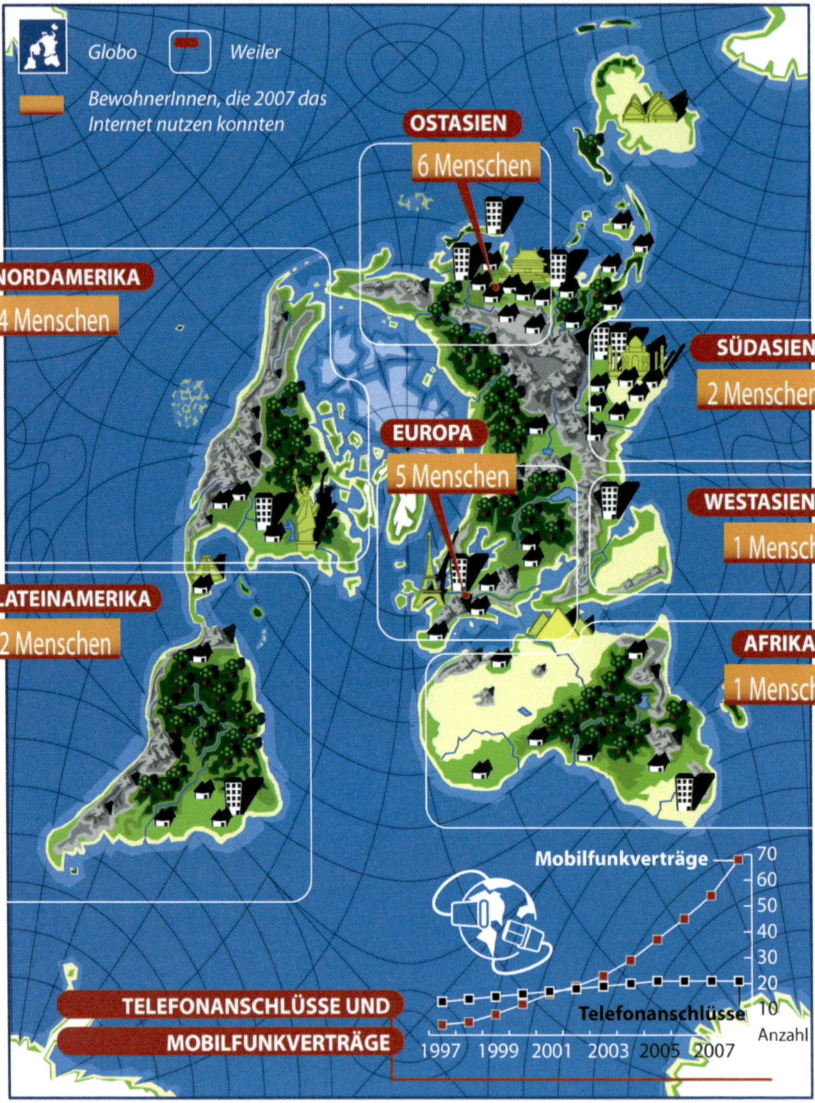

Globo   *Weiler*

BewohnerInnen, die 2007 das
Internet nutzen konnten

OSTASIEN
6 Menschen

NORDAMERIKA
4 Menschen

SÜDASIEN
2 Menschen

EUROPA
5 Menschen

WESTASIEN
1 Mensch

LATEINAMERIKA
2 Menschen

AFRIKA
1 Mensch

Mobilfunkverträge

70
60
50
40
30
20
10
Anzahl

Telefonanschlüsse

1997 1999 2001 2003 2005 2007

TELEFONANSCHLÜSSE UND
MOBILFUNKVERTRÄGE

100 LESE- UND SCHREIBFÄHIGKEIT

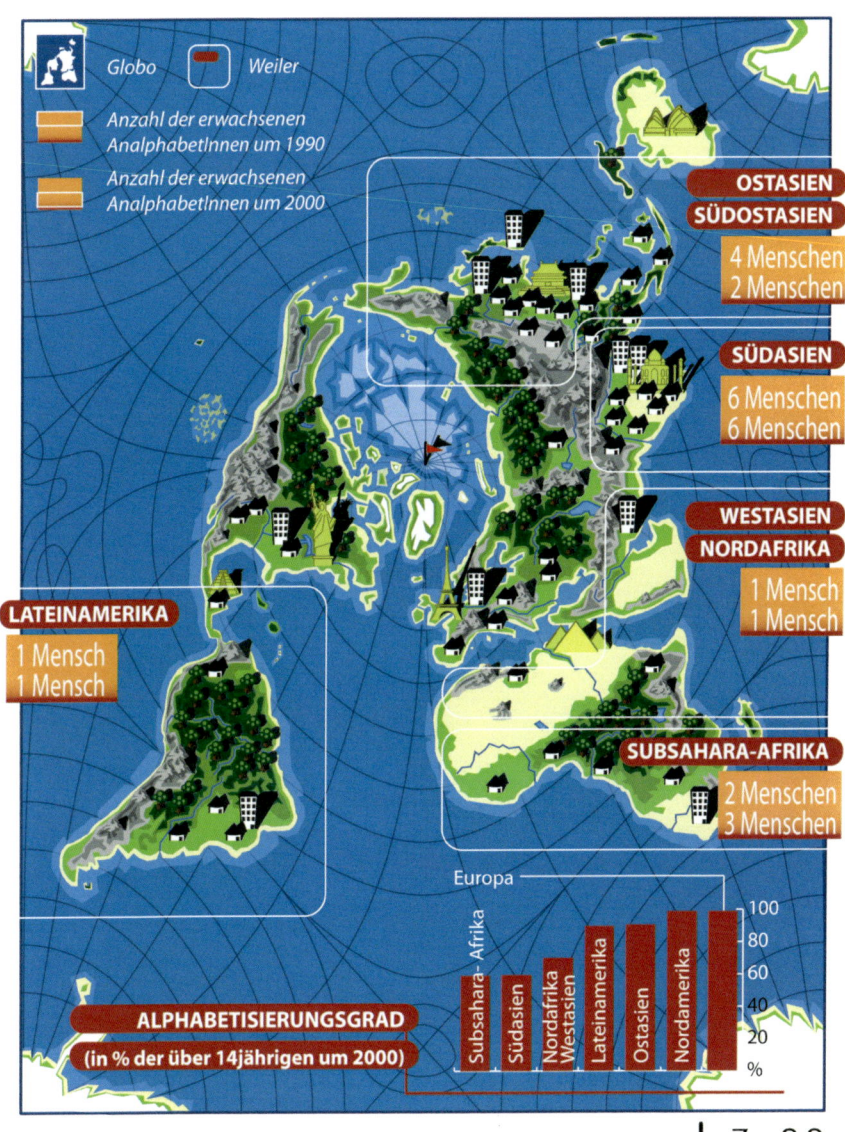

Globo   Weiler

Anzahl der erwachsenen AnalphabetInnen um 1990

Anzahl der erwachsenen AnalphabetInnen um 2000

OSTASIEN
SÜDOSTASIEN
4 Menschen
2 Menschen

SÜDASIEN
6 Menschen
6 Menschen

WESTASIEN
NORDAFRIKA
1 Mensch
1 Mensch

LATEINAMERIKA
1 Mensch
1 Mensch

SUBSAHARA-AFRIKA
2 Menschen
3 Menschen

Europa

Subsahara-Afrika
Südasien
Nordafrika
Westasien
Lateinamerika
Ostasien
Nordamerika

100
80
60
40
20
%

ALPHABETISIERUNGSGRAD
(in % der über 14jährigen um 2000)

UNSER KLEINES DORF, EINE WELT MIT 100 MENSCHEN | 7.08

löst und zur „Vererbung" von Armut führt.[143] Von den 16 Kindern im schulpflichtigen Alter geht 1 Kind gar nicht zur Schule, 4 weitere in Folge von Arbeit, Armut oder Obdachlosigkeit nur zeitweise, und während in den reicheren Teilen des Dorfes 12 Ausbildungsjahre bereits die Regel sind, werden viele Schulkinder in den ärmeren Teilen des Dorfes nur wenige Jahre und auf niedrigem Niveau ausgebildet.[144] Als Konsequenz daraus geht der Analphabetismus in Globo zwar permanent zurück,[145] angesichts dieser Zustände ist aber Skepsis angebracht, dass das Problem bald behoben sein wird.

Die Ungleichgewichte in Globo spiegeln sich aber nicht nur im Zugang zur Bildung, sondern schon im Zugang zu Informationen. So gibt es in Globo rund 23 Fernsehgeräte, 56 Mobiltelefone (und 21 „normale"), 21 Internet-User (bei 9 Hosts) und 13 Computer (sowie eine unbekannte Zahl Laptops).[146] Andererseits haben vermutlich 50 Menschen noch nie in ihrem Leben telefoniert[147] und eine zumindest ähnliche Zahl noch nie einen Computer gesehen. Das bedeutet für sie erhebliche Nachteile, die sich die meisten Menschen in den reichen Teilen von Globo nicht einmal mehr vorstellen können.

---

[143] Vgl. Grantham-McGregor, Sally, et al.: „Developmental Potential in the First 5 Years for Children in Developing Countries", in: *The Lancet* 369 (9555), 2007, S. 60-70.

[144] Vgl. UNESCO: *Education for All by 2015: Will We Make It?* Oxford 2007. Eine Kurzfassung in Deutsch findet sich online unter: http://www.unesco.de/fileadmin/medien/Dokumente/Bildung/efareport2009dt.pdf.

[145] Allerdings nur wenig: um 1990 konnten 14 Menschen nicht lesen und schreiben, um 2000 waren es immer noch 13, und um 2015 sollen es 12 sein. Vgl. UNESCO: *EFA Global Monitoring Report 2008: Education for All by 2015 – Will We Make it?* Oxford 2008, S. 258.

[146] Angaben nach http://www.nationmaster.com aus Jahren zwischen 1997 und 2007. Bei Computern z.B. geht die Branche selbst inzwischen von mehr als 20 aus.

[147] So berichtete die *Neue Zürcher Zeitung* am 4. April 2000.

Kapitel 8: Die größten Probleme

Aus den bisherigen Ausführungen ist deutlich geworden, dass Globo ein von zahlreichen Problemen geprägter Ort ist. Aus ihrer Fülle sollen in diesem letzten Kapitel die drei wahrscheinlich größten aufgegriffen werden, um sie nochmals zu verdeutlichen: fehlende Nachhaltigkeit (das Umweltproblem), fehlende Gerechtigkeit (das Verteilungsproblem) und fehlender Frieden (das Gewaltproblem).

Es gibt nur eine Umwelt

Es würde eines eigenen dicken Bandes bedürfen, um die Umweltprobleme im Dorf Globo auch nur aufzuzählen, gar nicht zu reden davon, sie angemessen zu erörtern. Also kann das Folgende in jeder Hinsicht nur ein Ausschnitt sein, der allerdings jedenfalls repräsentativ für das Ganze ist. Da es allerdings kaum möglich ist, die Bedeutung dieser Probleme in dieser Kürze sinnvoll gegeneinander abzuwägen, werden sie einfach in alphabetischer Reihenfolge aufgezählt und sollen insgesamt zeigen, wo und in welcher Dimension die Umwelt im Dorf besonders gefährdet ist.[148]

---

[148] Vgl. den Bericht „The World's Worst Pollution Problems 2008", herausgegeben vom *Blacksmith Institute* (New York) und *Green Cross Switzerland* (Zürich), für einen Überblick über Verschmutzung, online unter: http://www.worstpolluted.org/reports/file/World%27s%20Worst%20Pollution%20Problems%202008.pdf. Dabei werden die Giftigkeit des Stoffes, die Art der Zufuhr und die Zahl der Betroffenen herangezogen, um die zehn größten Probleme zu identifizieren. Auch in diesem Bericht wird innerhalb dieser Probleme bewusst nicht mehr gereiht.

Atommüll: Seit etwa einem halben Jahrhundert wird in manchen Kraftwerken in Globo „strahlender" Abfall erzeugt, d.h. radioaktiver und damit gesundheitsschädlicher Atommüll, der die Menschen noch lange beschäftigen wird. Zwar werden einige atomare Abfallprodukte bereits innerhalb weniger Jahre ungefährlich, bei Stoffen mit langer Halbwertszeit[149] (z.b. Uran) wird es aber weit länger dauern, als es in Globo überhaupt schon Menschen gibt.

Bergbau: Ein weiteres sehr großes Umweltproblem im Dorf stellt der Bergbau dar. Zum Problem wird er durch die teils hochgiftigen Abfälle, die bei Abbau und Verarbeitung der Bodenschätze anfallen. Die einzelnen Rohstoffe sind dabei sehr unterschiedlich im Hinblick auf die mit ihrer Gewinnung verbundenen Schäden durch Abraum oder Giftstoffe, die bei der Weiterverarbeitung gebraucht werden. An der Spitze steht u.a. das Gold.[150]

Erderwärmung: Die Durchschnittstemperatur in Globo wird Prognosen zufolge bis zum Jahr 2100 um 1,1 bis 6,4 Grad Celsius ansteigen.[151] Dabei werden lokale Auswirkungen über (und unter) dem Durchschnitt liegen. Am direktesten spürbar wäre dies bei Wasser: Schon bei einem Temperaturanstieg von nur einem Grad würden nur deswegen 7 bis 28 Bewohnerinnen und Bewohner (je nach regionaler Verteilung des Anstiegs) zusätzlich unter Wassermangel leiden.[152]

---

[149] Das ist die Zeit, in der die Hälfte des Stoffs in nichtstrahlende Teile zerfallen ist.

[150] Vgl. Schmidt-Bleek, Friedrich: *Nutzen wir die Erde richtig? Die Leistungen der Natur und die Arbeit des Menschen.* Frankfurt/M. 2008 (4. Aufl.), S. 236-239.

[151] Wahrscheinlich ist ein Anstieg um rund 4 Grad. Die Schwankungsbreite erklärt sich aus unterschiedlichen Annahmen über Bevölkerungs-, Wirtschafts- und Technologie-Entwicklung. Vgl. zusammenfassend IPCC: *Climate Change 2007: The Physical Science Basis.* Genf 2007, S. 66-80, vor allem S. 71-72.

[152] So die Presseaussendung zur Veröffentlichung des zweiten Teils des IPCC-Reports 2007. Vgl. z.B. die Meldung „Erde auf ‚Autobahn zur Auslöschung'" im *Standard* vom 4. April 2007, online unter: http://derstandard.at/2832018.

BERGBAU-FOLGEN

ÖKOLOGISCHE RÜCKSTÄNDE BEI DER PRODUKTION VON...

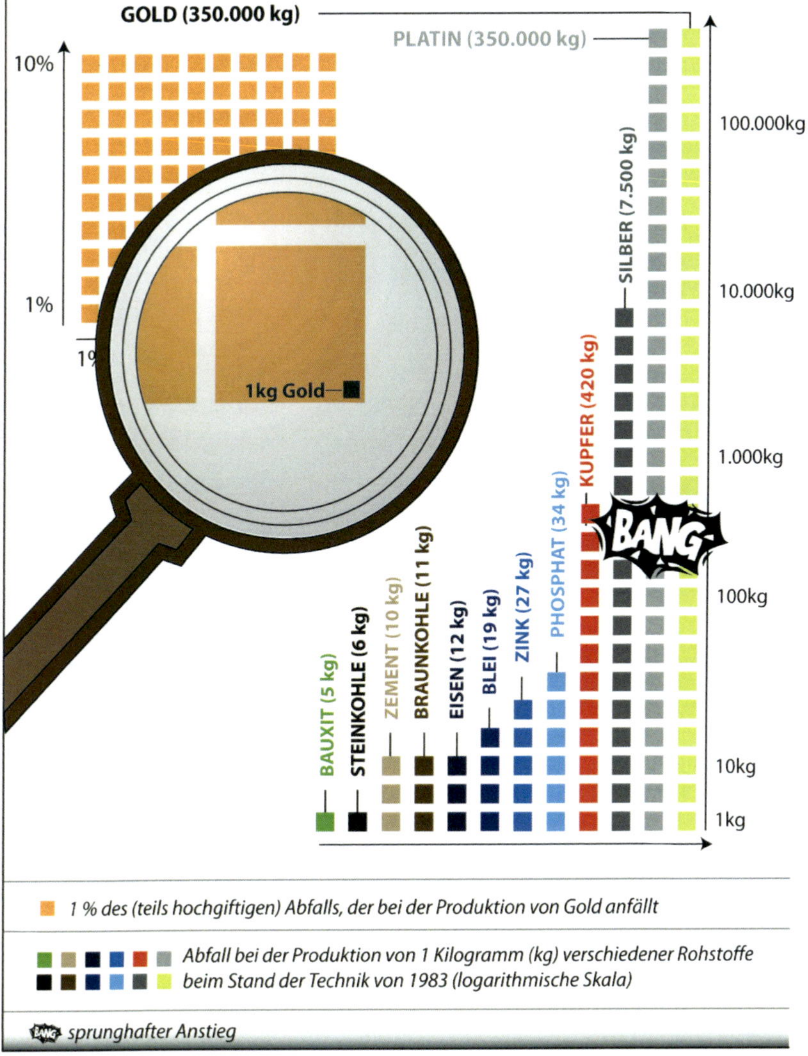

GOLD (350.000 kg)

PLATIN (350.000 kg)

SILBER (7.500 kg)

KUPFER (420 kg)

PHOSPHAT (34 kg)

ZINK (27 kg)

BLEI (19 kg)

EISEN (12 kg)

BRAUNKOHLE (11 kg)

ZEMENT (10 kg)

STEINKOHLE (6 kg)

BAUXIT (5 kg)

10%

1%

1%

1kg Gold

BANG

100.000kg

10.000kg

1.000kg

100kg

10kg

1kg

◼ 1 % des (teils hochgiftigen) Abfalls, der bei der Produktion von Gold anfällt

◼◼◼◼◼ Abfall bei der Produktion von 1 Kilogramm (kg) verschiedener Rohstoffe
◼◼◼◼◼ beim Stand der Technik von 1983 (logarithmische Skala)

BANG sprunghafter Anstieg

Erosion: Derzeit verliert das Dorf Globo jedes Jahr etwa 1 Prozent seiner fruchtbaren Erde durch Erosion, hauptsächlich durch Wind und Wasser, allerdings stark begünstigt durch menschliche Eingriffe wie Übernutzung, Bodenversiegelung oder Flussregulierung.

Katastrophen: Allein 10 Menschen leben in Globo in einer „bedrohten" Küstenregion, vor allem im Weiler Asien. Gerade dort sind aber noch weitaus mehr Menschen auch von anderen Katastrophen gefährdet, teils von mehreren gleichzeitig: in erster Linie von Hunger und Überflutungen, aber auch z.b. von Schädlingen oder Dürre.

Luftverschmutzung: In den Ballungsgebieten von Globo leiden die Menschen unter zahlreichen mit Luftverschmutzung verbundenen Erkrankungen. Ein noch stärker unterschätztes Problem ist dabei die Luftqualität in Innenräumen: Insbesondere in den ärmeren Regionen des Dorfes ist Kochen, Heizen und Beleuchten sehr oft nur durch Verbrennung möglich (z.B. von Holz, Kohle oder Dung). Wenn dazu noch die Belüftung unzureichend ist, dann ist das besonders problematisch, insbesondere für Neugeborene und kleine Kinder in den Weilern Asien und Afrika.

Meeresfischerei: Drei Viertel der Fläche von Globo bestehen aus zum Teil sehr tiefem Wasser. Man kann sich daher kaum vorstellen, dass es den nur 100 Menschen gelingen könnte, diese Tiefen zu leeren und das nicht nur lokal und im Bezug auf einzelne Fischarten, sondern in ganz Globo. Und doch sind sie auf schlechtestem Wege dahin: Bei Fortsetzung aktueller Trends würden bereits 2048 alle Meeresfisch- und Meerestierarten „kollabiert" sein.[153]

---

[153] Vgl. Worm, Boris, et al.: „Impacts of Biodiversity Loss on Ocean Ecosystem Services", in: *Science* 314 (5800), 2006, S. 787-790. Mit „kollabiert" ist gemeint, dass der Bestand um mehr als 90 % geschrumpft sein wird. Eine neuere Publikation ist allerdings bereits optimistischer. Vgl. Worm, Boris, et al.: „Rebuilding Global Fisheries", in: *Science* 325 (5947), 2009, S. 578-585.

 **100** KATASTROPHEN

VON HUNGER BEDROHT

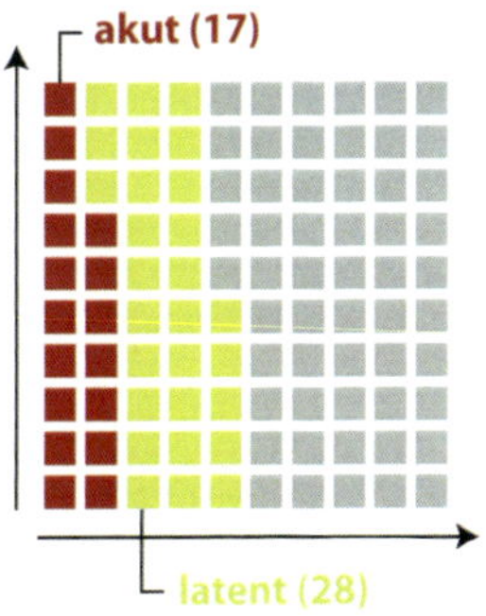

akut (17)

latent (28)

vor allem in :
Südostasien, Südasien, Afrika

- 1 akut bedrohte Person
- 1 latent bedrohte Person
- 1 nicht betroffene Person

VON HOCHWASSER BEDROHT

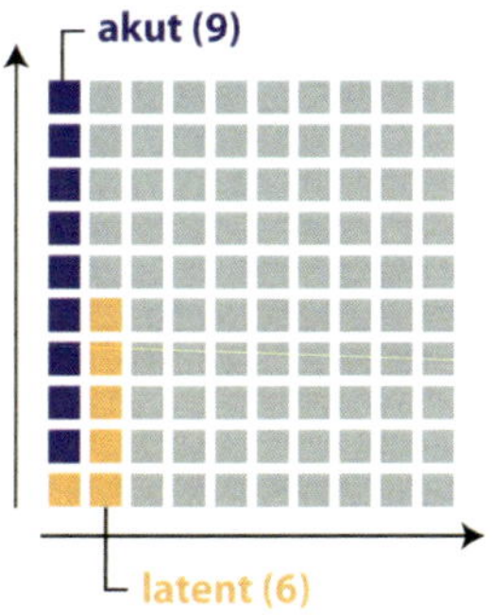

akut (9)

latent (6)

vor allem in :
Küstenregionen

- 1 akut bedrohte Person
- 1 latent bedrohte Person
- 1 nicht betroffene Person

VON WÜSTENBILDUNG BEDROHT

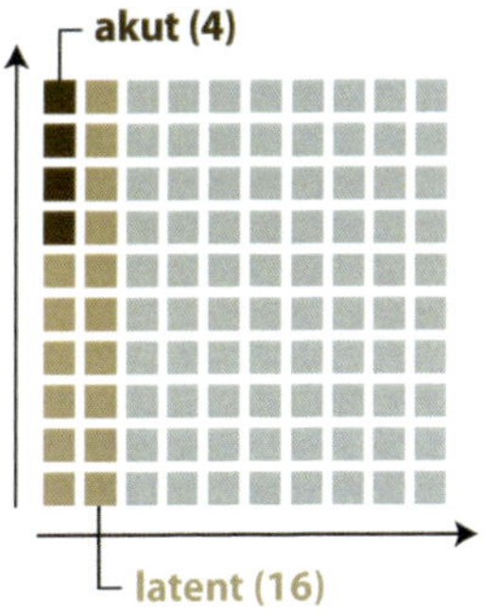

akut (4)

latent (16)

vor allem in :
Südostasien, Südasien, Ostasien, Afrika

- 1 akut bedrohte Person
- 1 latent bedrohte Person
- 1 nicht betroffene Person

VOM KLIMAWANDEL BEDROHT

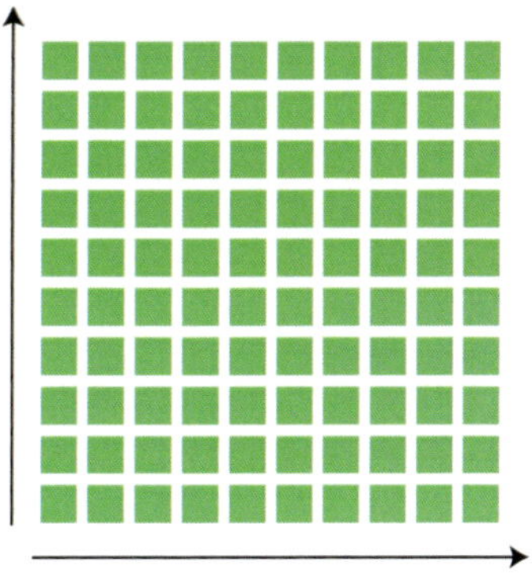

vor allem in :
Globo

- 1 latent, möglicherweise bereits akut
  bedrohte Person

147

Meeresspiegel: Ein Katastrophenszenario, das die Debatte um den Klimawandel stets begleitet, ist die absehbare Erhöhung des Meeresspiegels. Dabei geht es weniger um das Abschmelzen von Grönland (was zumindest Jahrhunderte dauert) oder gar der Antarktis (was Jahrtausende dauern würde),[154] sondern vor allem um die natürliche Ausdehnung von erwärmtem Wasser. Allein dadurch wird das Meer bis zum Jahr 2100 wahrscheinlich um 60 Zentimeter ansteigen. Das klingt nach wenig, bedeutet aber den Verlust von Ackerflächen durch Überflutung, Erosion oder Versalzung speziell in den Flussdeltas der Welt und bedroht viele bewohnte Inseln in ihrer Existenz.

Müllstrudel: Müll verschwindet nicht einfach, wenn man ihn wegwirft, besonders dann nicht, wenn er in einen Fluss oder ins Meer gelangt. Im Gegenteil, neben der sonstigen Verschmutzung der Meere haben sich im Pazifik zwei „Strudel" aus verkeilten Plastikteilen und Schwebstoffen gebildet, die in Globo bereits mehr als einen Hektar groß sind. Sie vergiften Meerestiere und -pflanzen durch Schadstoffe und nehmen ihnen so buchstäblich das Lebenslicht.[155]

Tropischer Regenwald: Auch der Flächenverlust an Wald ist während des Anthropozän bemerkenswert und insbesondere bedenklich, was den tropischen Regenwald angeht, der derzeit noch 11 von insgesamt 65 Hektar Wald in Globo ausmacht. Jedes Jahr verliert das Dorf z.B. mehrere teils jahrhundertealte Urwaldriesen. Dass dies auch den Verlust von Regenerationsflächen („grüne Lunge") und von Biodiversität („stille Genreserve", Rohstoffbasis für Medikamente) be-

---

[154] Nichtsdestoweniger sind auch diese Szenarien realistisch, ja die aktuellen Abschmelzvorgänge übersteigen sogar die kühnsten Prognosen.

[155] So meldete z.B. der *Standard* am 21. November 2006, online unter: http://derstandard.at/2657789/, basierend auf der Expedition des Greenpeace-Forschungsschiffes „Esperanza". Vgl. dazu http://www.greenpeace.de/themen/meere/kampagnen/sos_weltmeer/ (siehe auch http://www.greatgarbagepatch.org/). Die tatsächliche Größe der Fläche entspricht ungefähr der der Nordsee.

GARBAGE PATCH

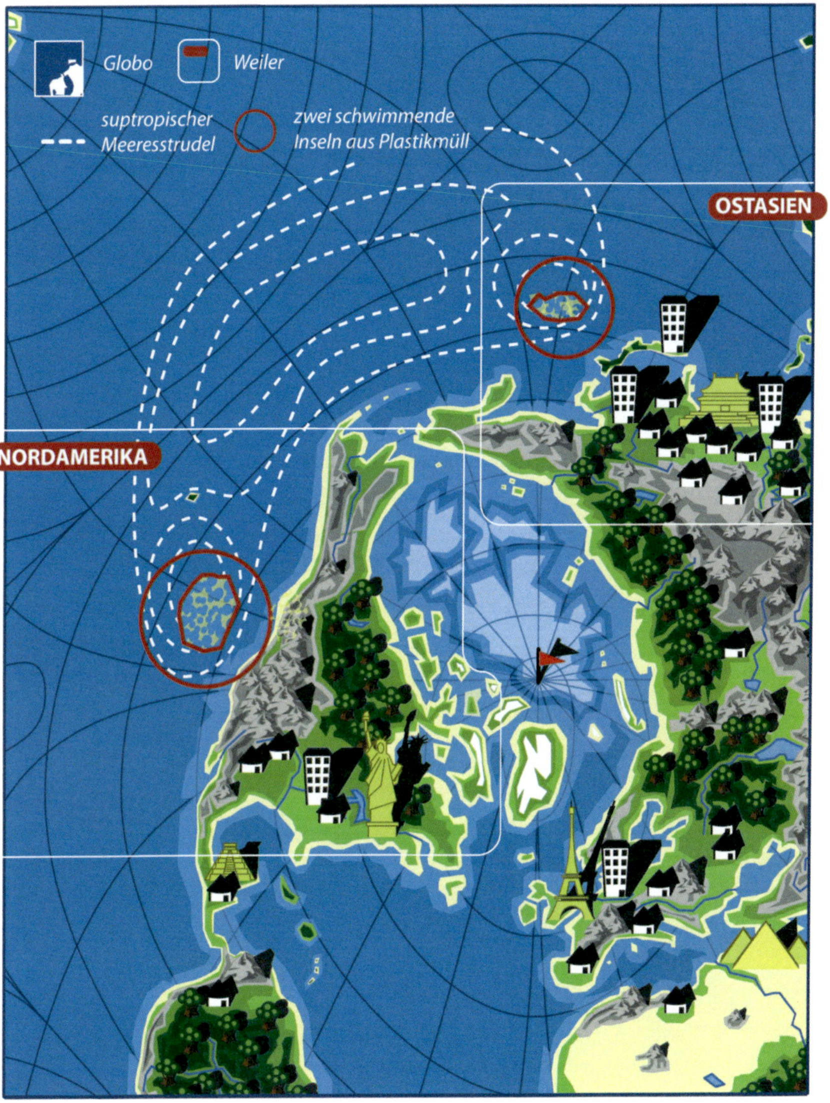

Globo   Weiler

suptropischer   zwei schwimmende
Meeresstrudel   Inseln aus Plastikmüll

OSTASIEN

NORDAMERIKA

UNSER KLEINES DORF. EINE WELT MIT 100 MENSCHEN | 8.03

deutet, sei nur am Rande erwähnt. Im Jahr 2030 soll jedenfalls wenigstens ein weiteres Hektar Regenwald allein im Weiler Lateinamerika verschwunden sein.[156] Dabei kommt noch hinzu, dass ohnehin nur noch Reste des gesamten Waldes „Primärwald" sind.[157]

Ungeklärte Abwässer: Die Menschen in Globo verschmutzen auch ihre unmittelbare Umwelt, indem z.b. nur ein Zehntel des Abwassers geklärt wird (Letzteres vor allem im reicheren Teil von Globo).[158] Bei diesem Problem handelt es sich um eine der ganz großen und auch ganz stillen Katastrophen im Dorf, denn das ungeklärte Abwasser bleibt ja nicht „ungenutzt": Mit diesem Dreck, der auch viele Giftstoffe enthält, werden Felder bewässert, es wird gewaschen und teilweise wird er sogar getrunken, weil kein anderes Wasser verfügbar ist. So werden Böden nachhaltig geschädigt und Gifte gelangen in die Nahrungskette und teils direkt in den menschlichen Körper.

Wüstenbildung: 4 Menschen sind schon heute von „Desertifikation" betroffen, also der Ausbreitung von Wüsten, und insgesamt 20 sind davon bedroht.[159] Dabei ist angesichts der Erderwärmung jedenfalls davon auszugehen, dass beide Zahlen in Zukunft steigen werden.

---

[156] Vgl. den Artikel „Bis 2030 schrumpft Regenwald um fast 20 Prozent" im *Standard* vom 4. Februar 2008 (online unter: http://derstandard.at/3210181/), mit Berufung auf eine brasilianische Studie. Vgl. auch FAO: *Global Forest Resources Assessment 2005: Progress Towards Sustainable Forest Management*. Rom 2005.

[157] Damit ist gemeint, dass der Wald bereits durch menschliche Beiträge verändert wurde und dadurch zu „Sekundärwald" geworden ist (z.B. nach vorübergehender Nutzung wieder zugewachsen), was für etwa zwei Drittel aller Wälder zutrifft.

[158] Vgl. UN Water: *Tackling a Global Crisis: International Year of Sanitation 2008* (online unter: http://esa.un.org/iys/docs/IYS_flagship_web_small.pdf), S. 25.

[159] So meldet etwa die UNCCD, die UN-Konvention zur Bekämpfung der Wüstenbildung, in einer Presseaussendung, online unter: http://www.unccd.int/publicinfo/mediabrief/mediabrief-eng.pdf.

Tragen die Menschen also einen „Rucksack"?

All das klingt nach einer schweren Bürde, die die Menschen in Globo zu tragen haben. Diese Bürde wurde auch schon mit dem Begriff des „ökologischen Rucksacks"[160] beschrieben, wobei an dieser Stelle nicht verschwiegen werden sollte, dass große Teile von Globo bisher kaum Gelegenheit hatten, am mit diesem Rucksack verbundenen Konsum teilzuhaben. So hinterlassen zwar auch die Armen einen „ökologischen Fußabdruck",[161] aber einen erheblich kleineren als die Reichen. Letztere Idee basiert darauf, einerseits die vorhandenen Ressourcen („Biokapazität") zu bewerten und in „Global-Hektar" (gha)[162] umzurechnen, die den Menschen jährlich zum Verbrauch zur Verfügung stehen. Andererseits wird berechnet, wie viel durch den Konsum von Gütern, Energie oder auch Nahrungsmitteln verbraucht wird („Fußabdruck").

Die Berechnung solcher Maßzahlen ist dabei zwar alles andere als unproblematisch, der Gesamtbefund (es wird mehr verbraucht als zur Verfügung steht) kann aber durch die durchaus berechtigte Kritik nicht angegriffen werden. Zudem kommen deutliche Unterschiede nach Weilern zum Vorschein, und zwar in doppelter Hinsicht: sowohl was den Verbrauch angeht, als auch was das damit verbundene Defizit angeht. Als Ganzes lebt Globo bereits auf „Kredit", d.h. es profitiert davon, dass bis vor etwa 30 Jahren regelmäßig weniger als die gesamte jährlich neu geschaffene Biokapazität verbraucht wurde.

---

[160] Vgl. etwa Schmidt-Bleek, Friedrich (Hg.): *Der ökologische Rucksack: Wirtschaft für eine Zukunft mit Zukunft.* Stuttgart 2004.

[161] Vgl. Wackernagel, Mathis/Rees, William: *Unser ökologischer Fußabdruck: Wie der Mensch Einfluß auf die Umwelt nimmt.* Basel 1997.

[162] Deren Gesamtsumme entspricht der unvergletscherten Landfläche von Globo (also rund 220 Hektar), wobei jeder reale Hektar Fläche aber – je nach vorhandener Biokapazität – mehr oder weniger als einem Global-Hektar entspricht.

 **100**

KONSUMGESELLSCHAFT

ALLGEMEIN

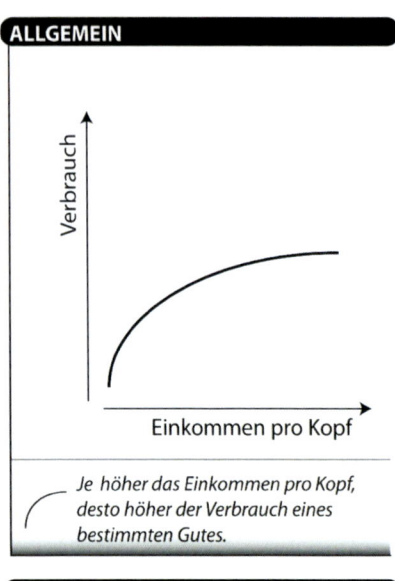

Je höher das Einkommen pro Kopf, desto höher der Verbrauch eines bestimmten Gutes.

z.B. TEXTILFASERN

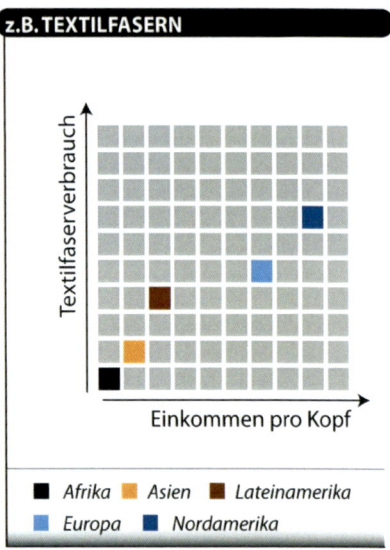

■ Afrika ■ Asien ■ Lateinamerika
■ Europa ■ Nordamerika

z.B. FLEISCH

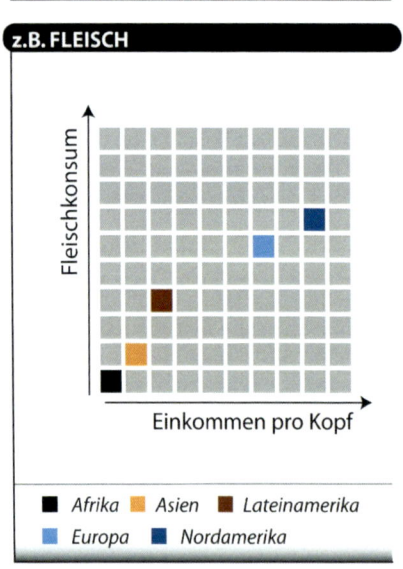

■ Afrika ■ Asien ■ Lateinamerika
■ Europa ■ Nordamerika

z.B. PRIMÄRENERGIE

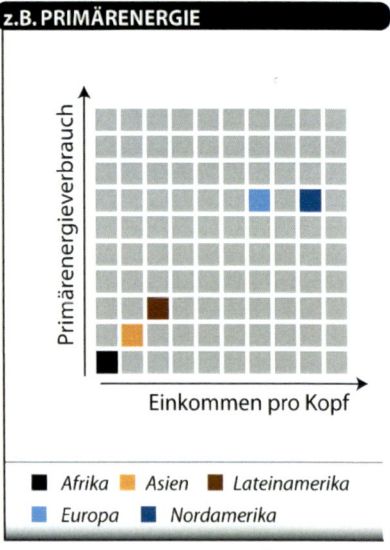

■ Afrika ■ Asien ■ Lateinamerika
■ Europa ■ Nordamerika

100 ÖKOLOGISCHER FUSSABDRUCK

Globo **Weiler**

Ökologischer Fußabdruck
im Jahr 2005 in Global-Hektar (gha)

Biokapazität im Jahr 2005
in Global-Hektar (gha)

OZEANIEN
- 3 gha
+ 6 gha

OSTASIEN
- 60 gha
+ 21 gha

SÜDOSTASIEN
- 11 gha
+ 11 gha

NORDAMERIKA
- 50 gha
+ 35 gha

SÜDASIEN
- 20 gha
+ 9 gha

EUROPA
- 52 gha
+ 42 gha

WESTASIEN
NORDAFRIKA
- 18 gha
+ 9 gha

LATEINAMERIKA
- 22 gha
+ 44 gha

SUBSAHARA-AFRIKA
- 16 gha
+ 25 gha

Fußabdruck

Biokapazität

280
260
240
220
200
180
160
140
120
100

HISTORISCHE ENTWICKLUNG
(Biokapazität vs. Fußabdruck in gha)

1961   1970   1980   1990   2000

UNSER KLEINES DORF, EINE WELT MIT 100 MENSCHEN | 8.05

In den reichen Teilen von Globo ist in der Regel zwar auch die Kapazität relativ groß, der Verbrauch aber jedenfalls größer, wobei dieser (etwa durch Kaffeetrinken) auch Teile der Biokapazität z.b. des Weilers Afrika enthält. Man sollte aber genauso nicht unterschätzen, dass auch die armen Menschen in Globo kaum im „Einklang" mit der Natur leben (wenn auch zweifellos nicht freiwillig), sondern in seinen armen Teilen bei viel niedrigeren Pro-Kopf-Quoten ebenfalls teils Ressourcendefizite bestehen.

Fasst man diese Bilanzen zusammen, dann könnten schon heute nur noch 85 Menschen in Globo leben, wenn man einen nachhaltigen Lebensstil auf derzeitigem durchschnittlichen Niveau halten wollte. Legte man den Lebensstandard der Menschen im Weiler Nordamerika an, sinkt diese Zahl allerdings auf 22 (bzw. für den Weiler Europa auf 48). Ginge man hingegen auf das Niveau der Menschen z.B. im Süden des Weilers Asien, dann wären auch 240 Menschen möglich (wenn auch nicht auf der Basis der dort ebenfalls kargen Ressourcen). Mit anderen Worten: Je nach Lebensstil und Lebensstandard könnten in Globo entweder doppelt so viele Menschen leben oder man bräuchte vier „Globos".[163]

Was Wäre Wenn (WWW) …

Diese vier Globos sind natürlich nur eine Zahlenspielerei. In der Realität gibt es sie nicht, sondern eben nur ein Globo. Allerdings regen solche Vergleiche bisweilen zum Nachdenken an. Genau aus diesem Grund soll in der Folge ein wenig damit gespielt werden, um die Grenzen des Konsums auszuloten. Das beginnt schon mit dem Ein-

---

[163] Angaben nach der Online-Datenbank des *Global Footprint Network* (http://www. footprintnetwork.org/download.php?id=509) für 2005. Solche fiktiven Rechnungen kann man natürlich anhand der dort publizierten Zahlen beliebig variieren.

kommen, das in Globo im 20. Jahrhundert insgesamt um den Faktor 16 gestiegen ist und immer noch um das Vierfache, wenn man es pro Kopf betrachtet (beides mit Blick auf die tatsächliche Kaufkraft dieses Einkommens). Das hatte ökologische Auswirkungen, wie bereits verdeutlicht. Es gibt zudem noch ein direkt mit diesem Wachstum verbundenes Problem, das alle Erfolge in diesem Bereich überschattet: das Verteilungsproblem. Denn auch die mit dem Einkommen verbundenen Unterschiede haben im selben Zeitraum deutlich zugenommen. Dazu ein Zahlenbeispiel: Hätten alle Menschen in Globo im Jahr 2000 das Durchschnittseinkommen des Weilers Nordamerika erhalten, betrüge es insgesamt nicht 600.000 $, sondern 3.100.000 $; würden hingegen alle auf dem Niveau des Weilers Afrika leben, wären es nur 160.000 $. Allein die Diskrepanz zwischen diesen beiden Extremen – obwohl bereits Durchschnittsangaben – liegt bei 20 zu 1.

Das Leben in Globo ist daher für die meisten Menschen nicht leicht. Wenn man sich nun fragt, was im Dorf geschieht, um das zu ändern, z.B. um diese eklatanten Unterschiede etwas anzugleichen, kommt man auf ein wenig erfreuliches Ergebnis: Es wird viel darüber geredet, praktisch geschieht aber relativ wenig. So geben die 20 Menschen in den reicheren Regionen jedes Jahr insgesamt nur ungefähr 1.700 US$ von ihrem Steuergeld aus, um damit „Entwicklungszusammenarbeit" zu finanzieren (das ist übrigens nur ein Drittel der 0,7 % ihres Einkommens, das sie immer wieder abzugeben versprechen). Selbst die privaten Überweisungen der „Gastarbeiter" aus diesen Ländern sind mit mehr als 4.000 US$ deutlich höher.[164]

Noch extremer ist erwartungsgemäß die Lage beim Vermögen. Die Hälfte des gesamten Vermögens in Globo liegt in den Händen von nur

---

[164] Angaben der Deutsche Stiftung Weltbevölkerung (DSW), online unter: http://www.weltbevoelkerung.de/pdf/rueckueberweisungen.pdf, mit Berufung auf das *Migration and Remittances Factbook 2008* der Weltbank.

ASYMMETRISCHE VERTEILUNG

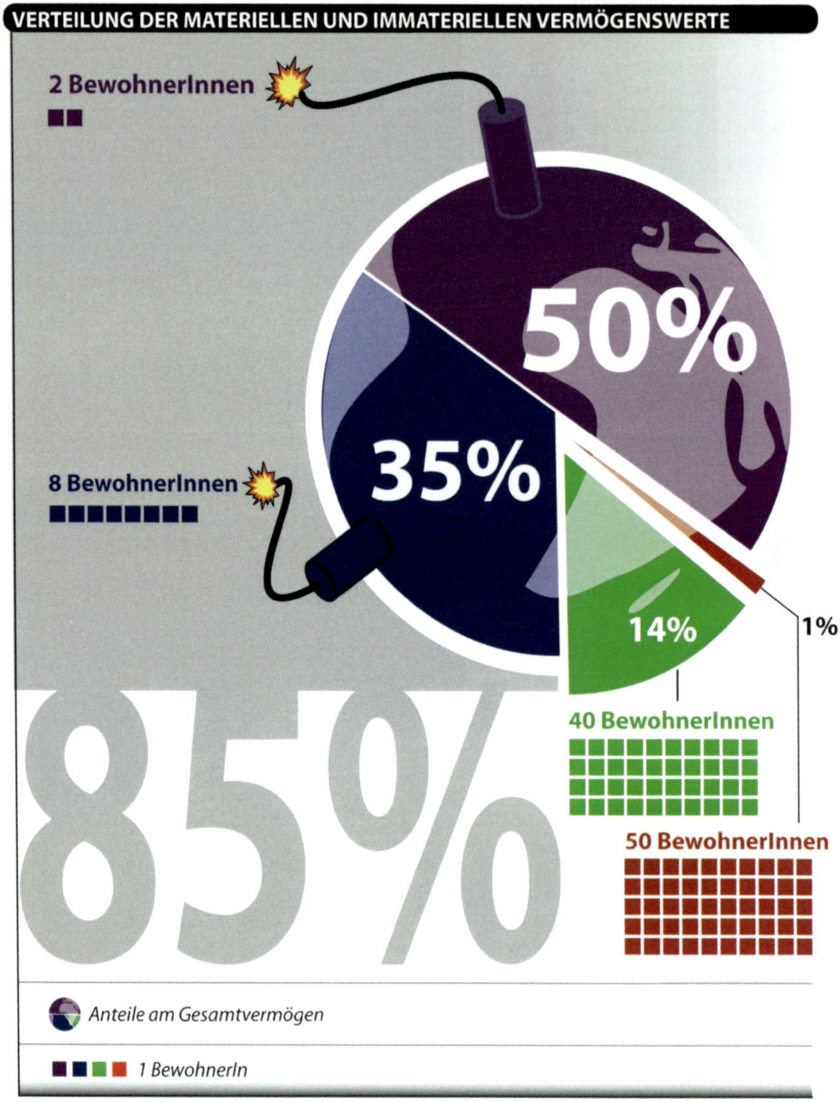

VERTEILUNG DER MATERIELLEN UND IMMATERIELLEN VERMÖGENSWERTE

2 BewohnerInnen
■■

50%

35%

8 BewohnerInnen
■■■■■■■■

14%

1%

85%

40 BewohnerInnen

50 BewohnerInnen

🌐 *Anteile am Gesamtvermögen*

■ ■ ■ ■ *1 BewohnerIn*

zwei Männern, während die ärmere Hälfte der Menschen (mehrheitlich Frauen) nur über 1 % des Vermögens verfügt. Das lässt sich
zuspitzen: So ist die EU-Subvention für eine Kuh höher als das Pro-
Kopf-Einkommen der ärmeren Hälfte der Globo-Bevölkerung – und
damit ist noch nichts über andere Ausgaben gesagt, die der Kuh zugute kommen. Angesichts solcher Verhältnisse bleibt manchmal nur
Flucht in Zynismus. Vijay Jawandia, Bauernführer aus Vidharbha,
bringt das auf den Punkt: *„Der Traum eines indischen Bauern ist es,
als europäische Kuh wiedergeboren zu werden.“*[165]

Nun ist selbst die nähere Zukunft im Dorf Globo schwer vorstellbar,
wenn man davon ausgeht, dass seine ärmeren Teile eine ähnliche
„Entwicklung“ durchmachen werden wie seine reicheren. Die Ver-
brauchs- und Konsumniveaus, die in den Weilern Europa und Nordamerika üblich sind, überstiegen das praktische Vorstellungsvermö-
gen, wenn man sie auf das gesamte Dorf übertrüge. Es sei aber trotzdem versucht, denn der Vorstellungskraft auf die Sprünge zu helfen,
ist schließlich der Sinn dieses Buches. Es folgt dabei dem Motto
„WWW", d.h. es wird überlegt, „was wäre wenn …"? – nämlich: alle
so viel hätten wie die 20 reichsten Menschen im Dorf.

Zu viele Menschen oder zu wenig Bereitschaft zum Teilen?

Die Bevölkerungsentwicklung wird wohl eines der größten Probleme
in Globo sein, einerseits, weil das Bevölkerungswachstum für die
nächste Zeit jedenfalls weitergehen wird (150, möglicherweise sogar
180 Menschen, werden in einigen Jahrzehnten in Globo wohnen),
andererseits, weil sich auch die Altersstruktur dieser Menschen ändert,

---

[165] Zitiert nach: Sainath, Palagummi: „Böse Saat in Andra Pradesh", in: *Le Monde
Diplomatique* vom 11. Jänner 2008, S. 18. Viele dieser Menschen sehen einen
Ausweg nur noch im Selbstmord oder im Verkauf ihrer Organe. Vgl. Patel, Raj:
*Stuffed and Starved: From Farm to Fork, the Hidden Battle for the World Food
System.* London 2007, S. 21-45.

noch dazu lokal unterschiedlich. Da die Bevölkerungsstruktur in den reicheren Teilen von Globo heute historisch völlig beispiellos ist, stehen die Menschen dort vor unbekannten Herausforderungen – und damit das ganze Dorf. Durch zugleich steigende Lebenserwartung und sinkende Geburtenraten nimmt die Zahl der Seniorinnen und Senioren – bis vor hundert Jahren noch die große Ausnahme – absolut und relativ zu. Vorerst trifft diese „Alterung" vor allem den reichen Teil des Dorfes, während im ärmeren Teil das Durchschnittsalter der Bevölkerung zum Teil sogar sinkt und ganz besonders viele junge Menschen dort leben. Ein Bruch geht daher durch Globo und teils sogar durch einzelne Weiler. Um ihn zu überwinden, müsste es über kurz oder lang zu einem Ausgleich im Hinblick auf die Lebenschancen zwischen jungen armen und alten reichen Menschen kommen. Ein solcher – z.B. finanzieller Natur – ist angesichts bisheriger Erfahrungen allerdings praktisch schwer vorstellbar, gar nicht zu reden von politisch umsetzbar.

Es sei hier nochmals an die in Kapitel 3 erwähnte Landproblematik erinnert: Bis zu 45 Menschen in den ärmeren Regionen von Globo könnten um 2050 akut unter Landknappheit leiden, konkret: Um zu überleben, müssen sie vom Rest des Dorfes ernährt werden. Das erfordert vor allem den Willen, es zu tun, und zudem erhebliche Anstrengungen. Unmöglich wäre es aber schon mit heutigen Technologien nicht. Im Grunde geht es um ein wohl nur „politisch" zu lösendes Verteilungsproblem. Da heute in den reicheren Teilen von Globo z.B. ein Fünftel (und mehr) der Nahrungsmittel weggeworfen wird und das oft originalverpackt,[166] geht es dabei oft eigentlich um die Frage, ob manche Menschen bereit sind, auf solchen „Luxus" zu verzichten. Historische Erfahrungen lehren dazu eher Skepsis.

---

[166] Vgl. für exemplarische Daten z.B. Ventour, Lorrayne: *The Food We Waste*. Banbury/UK 2008, online unter: http://www.wrap.org.uk/document.rm?id=5635.

(100) REICHE ALTE VS. ARME JUNGE

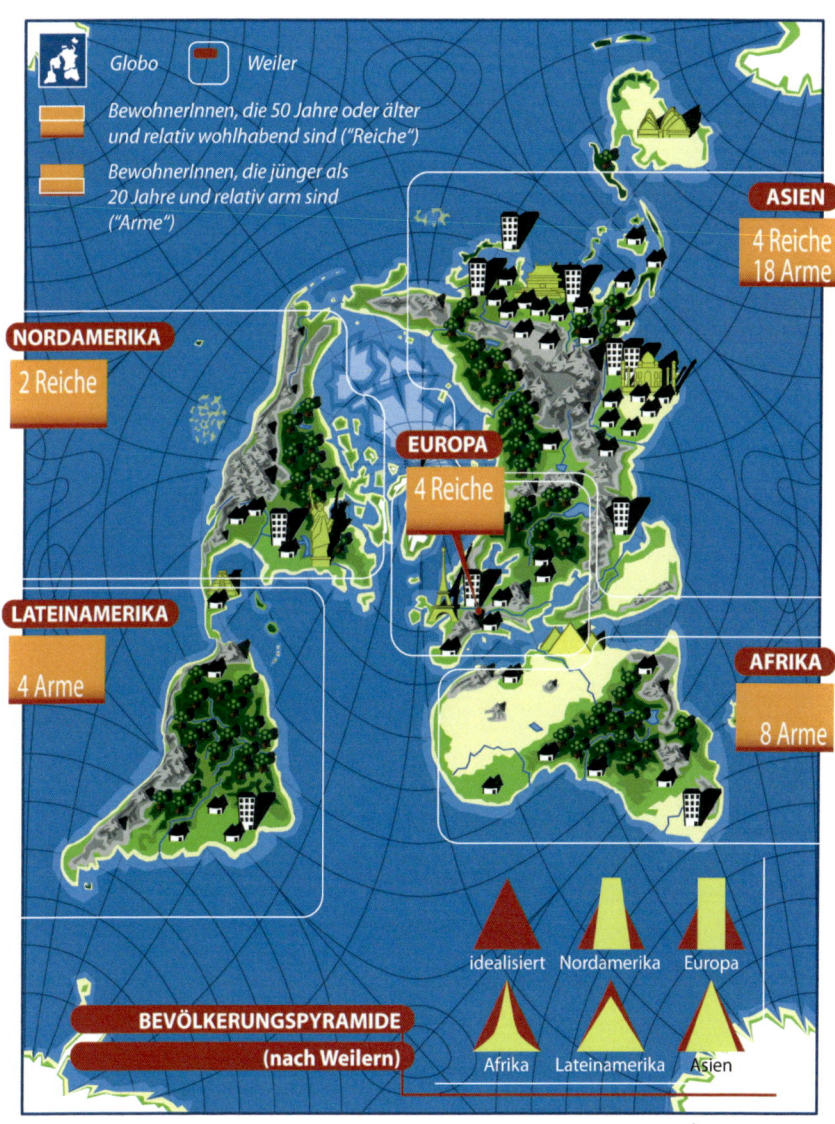

Globo   Weiler

BewohnerInnen, die 50 Jahre oder älter und relativ wohlhabend sind ("Reiche")

BewohnerInnen, die jünger als 20 Jahre und relativ arm sind ("Arme")

ASIEN
4 Reiche
18 Arme

NORDAMERIKA
2 Reiche

EUROPA
4 Reiche

LATEINAMERIKA
4 Arme

AFRIKA
8 Arme

idealisiert   Nordamerika   Europa

BEVÖLKERUNGSPYRAMIDE
(nach Weilern)

Afrika   Lateinamerika   Asien

Was aber wäre z.B., wenn alle in Globo so viel Getreide verbrauchen würden, wie das im Weiler Nordamerika der Fall ist? Dann könnten schon heute nur 38 Menschen ausreichend ernährt werden. Wäre dagegen der Getreideverbrauch im Süden des Weilers Asien die Norm, dann könnten es 154 Menschen sein – das würde immerhin reichen, die absehbare Bevölkerungsentwicklung abzufangen. Auch wenn z.B. alle Menschen in Globo so viel Fleisch essen würden wie die reichsten 25 heute (und das ist gar nicht so viel), bräuchte das Dorf eine Verdreifachung der Agrarproduktion, nicht zuletzt wegen des hohen damit verbundenen Bedarfs an Futtermitteln.[167]

Historisch ist dabei noch ein wichtiger Hinweis anzubringen. Vor allem die „reichen" Menschen in Globo haben immer schon relativ viel Fleisch verzehrt, sobald die ökonomischen Umstände es erlaubten. So kommt es auch, dass der Fleischverzehr zu manchen Zeiten und in manchen Regionen von Globo auch früher schon ein Niveau erreicht hat, wie es heute in den Weilern Nordamerika und Europa beobachtbar ist. Auf der anderen Seite sind aber auch kulturelle und klimatische Faktoren wichtig, die den Status des Fleischessens und das Niveau des Fleischkonsums mitbestimmen.[168] Heute stellt sich dabei aber bereits ganz praktisch die Frage, ob den Armen oder dem Vieh zu essen gegeben wird. Es ist klar, dass sich dabei diejenigen mit mehr Kaufkraft durchsetzen würden, wenn man diese Entschei-

---

[167] Für die Ernährung eines Menschen auf vegetarischer Basis braucht es einige hundert Quadratmeter Ackerland, fleischbasiert hingegen einige tausend. Vgl. die Pressemeldung von Wolfgang Weitlahner (vom 11. Februar 2008), online unter: http://pressetext.at/news/080211029/kanadische-forscher-erheben-landwirtschaftsflaechen-der-welt/ mit Berufung auf den Wiener Ökologen Gerhard Glatzel.

[168] In manchen Regionen ist es klimatisch kaum möglich, Ackerbau zu betreiben, und es wird daher relativ viel Fleisch (oder Fisch) gegessen. Anderswo sprechen kulturelle oder religiöse Normen (Tabus) gegen oder soziale Normen (Status) für den Fleischkonsum. Aus solchen Gründen ist der Fleischkonsum z.B. eher hoch im Weiler Lateinamerika, aber eher niedrig im Süden des Weilers Asien.

dung allein dem Markt überließe – und das sind die Menschen, die Vieh halten und Fleisch essen, und nicht jene, die hungern.

Diese „Knappheiten" seien nur noch an einem anderen Lebensmittel verdeutlicht: Zurzeit gibt es im Dorf Globo etwa 80 Legehennen, die jeweils an die 300 Eier pro Jahr und Huhn legen.[169] Insgesamt scheint das eine ganze Menge zu sein, doch der Schein trügt: Würde jeder Mensch in Globo auch nur ein Frühstücksei täglich essen, dann wäre die gesamte Produktion bereits im August aufgebraucht, ohne dass man ein einziges Ei für Teig- oder Backwaren verwendet hätte, gar nicht zu reden von Süßspeisen.

Knappe Rohstoffe?

Im Anthropozän hat sich aber auch der gesamte gesellschaftliche „Stoffwechsel" in Globo dramatisch verändert. Für nomadische Gesellschaften kann von einem Verbrauch von etwa einer Tonne natürlicher Rohstoffe pro Kopf und Jahr ausgegangen werden (in manchen Teilen von Globo liegt er auch heute kaum darüber), während im Zuge der Industrialisierung dieser Wert für die reichsten Menschen auf 40 bis 80 Tonnen gestiegen ist. Insgesamt soll der Ressourcenverbrauch bis zum Jahr 2020 von derzeit noch rund 870 auf 1.320 Tonnen zunehmen, nicht zuletzt infolge des Bevölkerungswachstums.[170] Das hat seinen Grund auch in der immensen Ineffizienz der Ressourcennutzung: Wie eine Studie ergeben hat, fanden sich in den 1990er-Jahren im Weiler Nordamerika nur etwa 7 Prozent der ver-

---

[169] Angaben nach Worldwatch Institute: *Vital Signs: The Trends that are Shaping our Future*. New York 2007, S. 88. Diese 80 Legehennen sind übrigens nur etwas weniger als ein Drittel aller in Globo lebenden Hühner.

[170] Vgl. dazu „Europas globale Verantwortung", herausgegeben von Stefan Giljum (SERI) und Martin Rocholl (*Friends of the Earth*), online unter: www.foeeurope.org/publications/2006/SERI_FoEE_DE.pdf oder auch „Ökosystem Erde" von Jürgen Paeger, online unter: http://www.oekosystem-erde.de/html/rohstoffe.html.

brauchten Rohstoffe in den Produkten wieder, 93 Prozent wurden schon vorher zu Abfall. Von den Produkten selbst wurden dann rund vier Fünftel nur einmal benutzt.[171] Das kann unglaubliche Dimensionen annehmen: Die Produktion eines Goldrings erzeugt z.B. allein 20 Tonnen (ja, Tonnen) an giftigem Abfall.[172] Angesichts dieses Ausmaßes an Verschwendung wird klar, dass die Lösung des Problems nicht in einer einfachen Steigerung des Rohstoffverbrauchs liegen kann. Im Gegenteil: Aufgrund der zunehmenden Verknappung vieler Ressourcen steht er schlicht nicht zur Diskussion.

Bei nicht erneuerbaren Rohstoffen ist zudem ihr „Lebenszyklus"[173] zu beachten, der idealisiert der Form einer Glocke entspricht: Anfangs kommt es zu einer Beschleunigung des Abbaus, was vor allem eine Kostensenkung mit sich bringt, während am ehesten lokal begrenzte ökologische Probleme auftreten. In weiterer Folge wird die Produktionsspitze erreicht, woraufhin der Abbau abnimmt, Kosten und Probleme aber zunehmen. Schließlich erschöpft sich die Quelle und die Ressource steht nicht mehr zur Verfügung. Während sich schon im Laufe des Zyklus die Rohstoffpreise dem Angebot anpassen werden, muss an seinem Ende entweder der Übergang in ein neues Verwertungssystem erfolgt sein oder ein anderer Rohstoff den verbrauchten ersetzen – oder es kommt zur Katastrophe.

---

[171] Diese Angaben gehen auf Allenby, Braden R./Richards, Deanna J. (Hg.): *The Greeninig of Industrial Ecosystems*. Washington/DC 1994, zurück.

[172] Der Preis für Gold ist hoch, auch im immateriellen Sinn: Menschen verlieren ihr Land, das Grundwasser wird verseucht, giftiger Abfall ins Meer gekippt. Vgl. „Ein Ehering produziert 20 Tonnen Giftmüll", ein Interview mit dem Minenexperten Keith Slack im Spiegel vom 20. März 2008, online unter: http://www.spiegel.de/wirtschaft/0,1518,542725,00.html.

[173] Die Analogie (vgl. etwa Colin J. Campbell, online unter: http://www.peakoil.net/uhdsg/) kommt ursprünglich aus der Analyse *einzelner* Öl-Lagerstätten, wo ein solcher Zyklus klar nachweisbar ist, ihre einfache Übertragung auf die *gesamte* Produktion *jedes* Rohstoffs ist allerdings nicht unproblematisch.

Viele Welten?

Die Fortschreibung der aktuellen Verbrauchsmuster vieler Ressourcen würde die Menschen in Globo daher in eine Zukunft führen, in der es „viele Welten" bräuchte, um die Nachfrage zu decken, oder wo sich Rohstoffe tatsächlich erschöpfen. Würde man das durchschnittliche Verbrauchsniveau in Globo auf das Niveau der jeweiligen Spitzenverbraucher anheben, so würde das im Fall von z.B. Zink eine Steigerung um das Vierfache oder im Fall von Blei um das Siebenfache bedeuten. Dazu kommt noch, dass die Reserven schon beim jetzigen Verbrauchsniveau nicht mehr lange reichen: bei Zink etwa noch 23 Jahre, bei Blei 21 und bei Kupfer 32.[174] Auch im Fall von Stahl bräuchte es eine Vervierfachung der Produktion, um das gesamte Dorf auf das Niveau der Spitzenverbraucher zu bringen, und Ähnliches gilt für Kupfer.[175]

Es gilt aber auch z.B. für Papier, das für die Menschen im reichen Teil des Dorfes eine derart selbstverständliche Ressource ist, dass man sie oft nahezu gedankenlos einsetzt. Sie ist aber zugleich sehr wichtig: Trotz fortschreitender Computerisierung und Internet ist letztlich Papier für Unternehmensaufzeichnungen ebenso unverzichtbar wie für das Verbreiten von Ideen. Damit ist seine Verfügbarkeit Voraussetzung für intellektuelle und wirtschaftliche Blüte und sagt daher auch etwas über den materiellen Lebensstandard aus: In Globo sieht

---

[174] Vgl. Frondel, Manuel, et al.: *Trends der Angebots- und Nachfragesituation bei mineralischen Rohstoffen*, online unter: http://www.isi.fraunhofer.de/isi-de/n/projekte/rohstoffe.php, S. 17 im „Abschlussbericht". Die Bemerkungen beziehen sich auf *Reserven*, die insgesamt vorhandenen *Ressourcen* würden freilich deutlich länger reichen, oft Jahrhunderte, im Fall von Zinn aber z.B. auch nur ca. 42 Jahre.

[175] Vgl. Gordon, Robert B., et al.: „Metal Stocks and Sustainability", in: *Proceedings of the National Academy of Science* 103 (5), 2006, S. 1209-1214. Vgl. Dazu auch: Exner, Andreas, et al.: *Die Grenzen des Kapitalismus. Wie wir am Wachstum scheitern*. Wien 2008, S. 41.

100 RESSOURCENVERGLEICHE

AUSGEWÄHLTE RESSOURCENVERGLEICHE

natürliche Rohstoffe (7)

Papierverbrauch (5)

Ölverbrauch (5)

Autobestand (4)

CO$_2$ Ausstoß (3)

Textilfaserverbrauch (2)

Getreideverbrauch (2)

7 Globo

6 Globo

5 Globo

4 Globo

3 Globo

2 Globo

1 Globo

BANG BANG BANG BANG BANG BANG BANG

Ressourcen

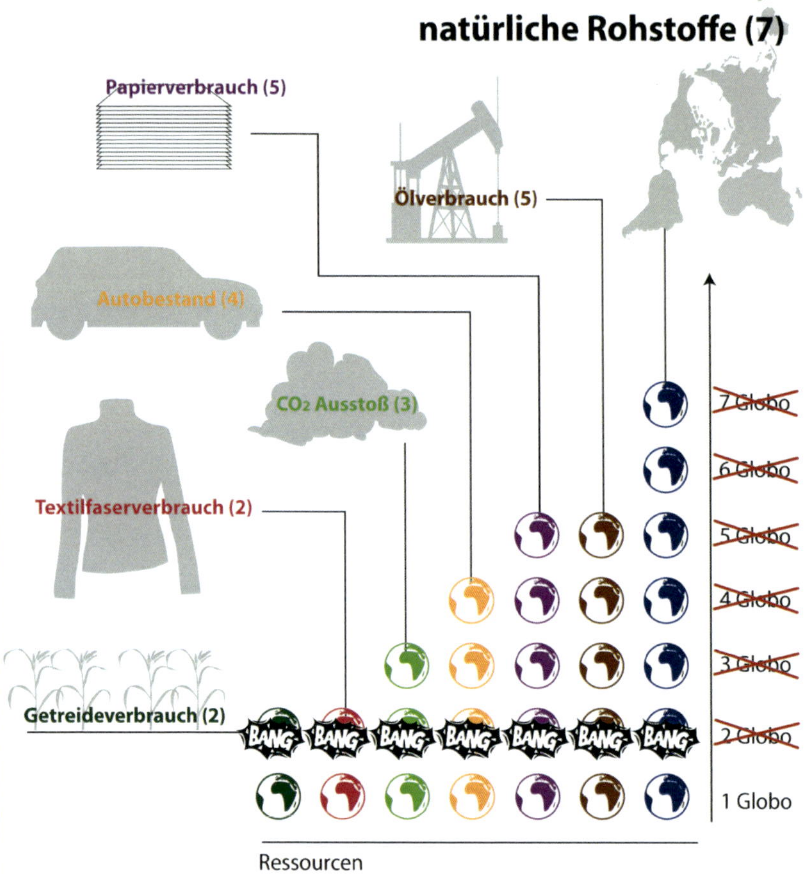

Wenn alle BewohnerInnen so viel verbrauchen würden, wie die reichsten 25, dann wären zur Deckung des Gesamtbedarfs x-mal so viele Globos erforderlich.

BANG *mindestens ein Globo zu viel*

164

es dabei so aus, dass 15 Menschen 3,5 der insgesamt 5 Tonnen Papier verbrauchen und damit pro Kopf das Zwölffache der übrigen 85.[176] Sehr Ähnliches gilt auch für Textilfasern, ohne die die Menschen in Globo kaum etwas anzuziehen hätten.

Schon beim ökologischen Fußabdruck wurde angedeutet, dass es mehrere „Globos" bräuchte, um das hohe Konsumniveau für alle zu sichern, das sich die Menschen in den reichen Teilen von Globo (also z.B. alle Menschen in den Weilern Nordamerika und Europa) wie selbstverständlich gönnen. Für den gesamten Ressourcenverbrauch gilt derzeit grob die Faustregel „20-80": d.h. 20 Menschen verbrauchen rund 80 Prozent der Ressourcen und daher umgekehrt 80 Menschen nur 20 Prozent.[177] Denkt man angesichts dieser Verhältnisse die absehbare Bevölkerungsdynamik und das menschliche Grundbedürfnis nach einer Verbesserung des Lebensstandards mit, so ergeben sich extreme Projektionen. Der Ressourcenverbrauch in Globo müsste sich bis 2050 vervielfachen, möglicherweise sogar um den Faktor 10.[178] Die Präzision dieser Schätzung ist dabei nicht einmal besonders wichtig, weil ja schon eine Verdoppelung nicht möglich wäre. Vielmehr stellt diese Entwicklung vor die unausweichliche Wahl zwischen dramatischen Nutzungskonflikten, einer sich noch verschärfenden Verelendung vieler Menschen, immensen Kosten für technologische Anpassung oder einer Kombination aus diesen drei alles andere als verlockenden Optionen.

---

[176] Vgl. dazu etwa „Nachhaltigkeit fängt mit der Nutzung von Recyclingpapier an", online unter: http://www.verbraucherbildung.de/projekt01/d/www.verbraucherbildung.de/im_brennpunkt/papier_und_nachhaltigkeit_einleitung_1.html.

[177] Vgl. Bergius, Susanne: „Ressourcenknappheit sorgt Wissenschaftler weltweit", in: *Handelsblatt* vom 19. September 2007, online unter: http://www.handelsblatt.com/technologie/nachhaltig_wirtschaften/ressourcenknappheit-sorgt-wissenschaftler-weltweit;1322597.

[178] Vgl. Schmidt-Bleek, Friedrich: *Nutzen wir die Erde richtig? Die Leistungen der Natur und die Arbeit des Menschen.* Frankfurt/M. 2008 (4. Aufl.), S. 34.

Es wird dabei nicht helfen, die Illusion aufrecht zu erhalten, dass auch nur im Weiler Europa alles so weiter gehen könnte wie bisher. Vielmehr hat es den Anschein, dass manche Kapazitätsgrenze bereits erreicht ist und daher jede Steigerung sie sprengen würde. Globo steht damit vor der schwierigen Aufgabe, viele Wirtschaftsprozesse zumindest teilweise „dematerialisieren" zu müssen, vor allem diejenigen, die stark auf die Nutzung natürlicher Ressourcen aufbauen.[179]

Verdrängung oder Einsicht?

Es sollte inzwischen klar geworden sein, dass auch Verantwortung in Globo ungleich verteilt ist. Insbesondere die eigentlich relativ wenigen Menschen im reichen Teil des Dorfes trugen und tragen mit ihrer Produktions- und Konsumweise weit überdurchschnittlich zur Verknappung von Ressourcen bei. Das gilt auch für die Erderwärmung, die sich wahrscheinlich in nächster Zeit eher beschleunigen als verlangsamen wird. So ist gerade der überdimensionale CO_2-Ausstoß historisch wie auch aktuell vor allem vom reichen Dorfteil verursacht worden und seine Nachahmung hätte unvorstellbare, jedenfalls aber katastrophische Konsequenzen.

Wie eine einigermaßen gerechte Ressourcenverteilung möglich wäre, die diese Folgen vermeidet, steht hingegen in den Sternen. Bisherige Strategien waren dabei mäßig erfolgreich. Als Hoffnung bleibt, dass es solche Vorhersagen in der Geschichte des Dorfes Globo schon oft gegeben hat und sie bisher nie in aller Brisanz eingetreten sind. Dieser *Glaube* – nämlich u.a. daran, dass sich Geschichte immer wiederholt – macht noch zusätzlich träge, was das damit verbundene Vertrauen in technische Innovationen nahezu absurd erscheinen lässt. Er ist außerdem schwach begründet, denn lokal begrenzt haben Menschen

---

[179] Vgl. dazu Schmidt-Bleek, Friedrich: *Nutzen wir die Erde richtig? Die Leistungen der Natur und die Arbeit des Menschen.* Frankfurt/M. 2008 (4. Aufl.).

solche Katastrophen schon erlebt.[180] Die Pazifikinsel Rapa Nui (Osterinsel) ist dafür ein Beispiel, das dank des gleichnamigen Films von
Kevin Costner auch allgemein etwas besser bekannt ist: Lange bevor
europäische Schiffe Krankheiten einschleppten und damit die Bevölkerung nahezu ausrotteten, hat die Insel durch totale Abholzung der
Wälder einen ökologischen Kollaps erlebt, der einen sozialen und
demographischen Zusammenbruch zur Folge hatte. Inzwischen ist
Globo in einem Umfang „vernetzt" und „globalisiert", dass es – anders als je zuvor in der Geschichte, aber vergleichbar mit Rapa Nui –
keinen einfachen Ausweg mehr gibt, denn die Menschen im Dorf
können nicht einfach „weiterziehen".[181]

Technikoptimisten werden hier schließlich vielleicht einwenden, dass
gerade Fortschritte im Bereich „Erschließung", „Nutzungseffizienz"
und „neue" Technologien viele der oben skizzierten Probleme lösen
können und werden.[182] Das ist durchaus möglich, es muss aber kri-
tisch eingewandt werden, dass trotz aller bereits erreichten Innovationen auch heute noch viel zu viele Menschen in Armut, Krankheit und
Hunger leben. Zudem ist anzumerken, dass neue Technik zwar einer-

---

[180] Vermutlich sogar öfter, als bekannt ist, weil von untergegangenen Zivilisationen
nicht unbedingt Spuren bleiben (am ehesten in Mythen). Geschichtsschreibung ist
daher notwendig in einer Weise verzerrt, die das Erfolgreiche begünstigt, und das
noch dazu in einem Ausmaß, das unvermeidlich unbekannt bleibt.

[181] Die Analogie einer kleinen Insel mit dem gesamten Erdball kann nie ganz zu-
treffend sein und ist daher auch gefährlich. Es ist allerdings schwer zu bestreiten,
dass die Erde im Weltall sogar noch isolierter ist als Rapa Nui im Pazifik. Für mehr
solcher Beispiele sei nochmals verwiesen auf: Diamond, Jared: *Kollaps: Warum
Gesellschaften überleben oder untergehen.* Frankfurt/M. 2005.

[182] Es wäre auch nötig: Schließlich könnten heute einzelne Ressourcen tatsächlich
völlig verbraucht werden, wobei die Grenze wohl eher durch die Wirtschaftlichkeit
der Ausbeutung vorgegeben wird als durch die physische Verfügbarkeit. Der Abbau der letzten Reste wäre so teuer, dass selbst immens hohe Preise die Kosten
nicht mehr decken.

seits neue Möglichkeiten bietet, andererseits zugleich aber immer auch neue Zwänge bedeutet. Wer z.b. heute keinen Zugang zum Internet hat (also rund 80 Menschen in Globo, sei es aus finanziellen oder aus technischen Gründen), dem oder der entgehen nicht nur viele Chancen, sondern er oder sie ist auch von Prozessen ausgeschlossen, die sich auf das Internet als Medium verlagert haben. Dadurch entstehen Nachteile, die erst *durch* die Innovation überhaupt möglich geworden sind. Und diejenigen, die historisch nicht „dabei" waren, als Kohle und Öl die Produktionsprozesse und damit den Konsum ankurbelten, die wurden ökonomisch überholt. Auch wenn sich nichts zu ändern scheint, so ändert sich doch die Welt. Allzu viel naiver Optimismus erscheint also unangebracht.

Bleibt somit nur die Abschottung der Reichen von den Armen?

Es wird wohl auch in Zukunft gelten: Knappe Ressourcen (im weiteren Sinn des Wortes) und (scheinbar oder tatsächlich) erworbene Eigentumsrechte gilt es zu verteidigen. Nur: Mit welchen Mitteln soll das geschehen? Die lange Gewaltgeschichte des Dorfes Globo zeigt, dass im Laufe der Jahrhunderte immer wieder versucht wurde, durch Waffenbesitz oder Waffengewalt die gewünschten Ziele zu erreichen, also durch Drohung mit oder Anwendung von Waffen. Dieser Versuch scheiterte oft, teils sogar katastrophal, was aber nichts an der Tatsache ändert, dass immer und immer wieder auf dieses Mittel zurückgegriffen wird und Alternativen schon deshalb oft gar nicht oder zumindest zu selten auch nur in Erwägung gezogen werden.

Insbesondere in Nordamerika, dem reichsten Weiler des Dorfes, wird stark auf Waffengewalt gesetzt. Nirgends sonst wird auch nur annähernd so sehr auf individuellen Waffenbesitz und auf militärischen

100 PRIVATE HANDFEUERWAFFEN

Globo Weiler

Anzahl der privaten
Handfeuerwaffen 2005

ASIEN
3 Waffen

NORDAMERIKA
5 Waffen

EUROPA
2 Waffen

LATEINAMERIKA
1 Waffe

Nordamerika

Asien

Lateinamerika

Europa

100
80
60
40
20
%

**BEWOHNERiNNEN MIT SCHUSSWAFFE
IN PRIVATBESITZ (in % nach Weilern)**

UNSER KLEINES DORF. EINE WELT MIT 100 MENSCHEN | 8.09

100 ───────────── RÜSTUNGSAUSGABEN

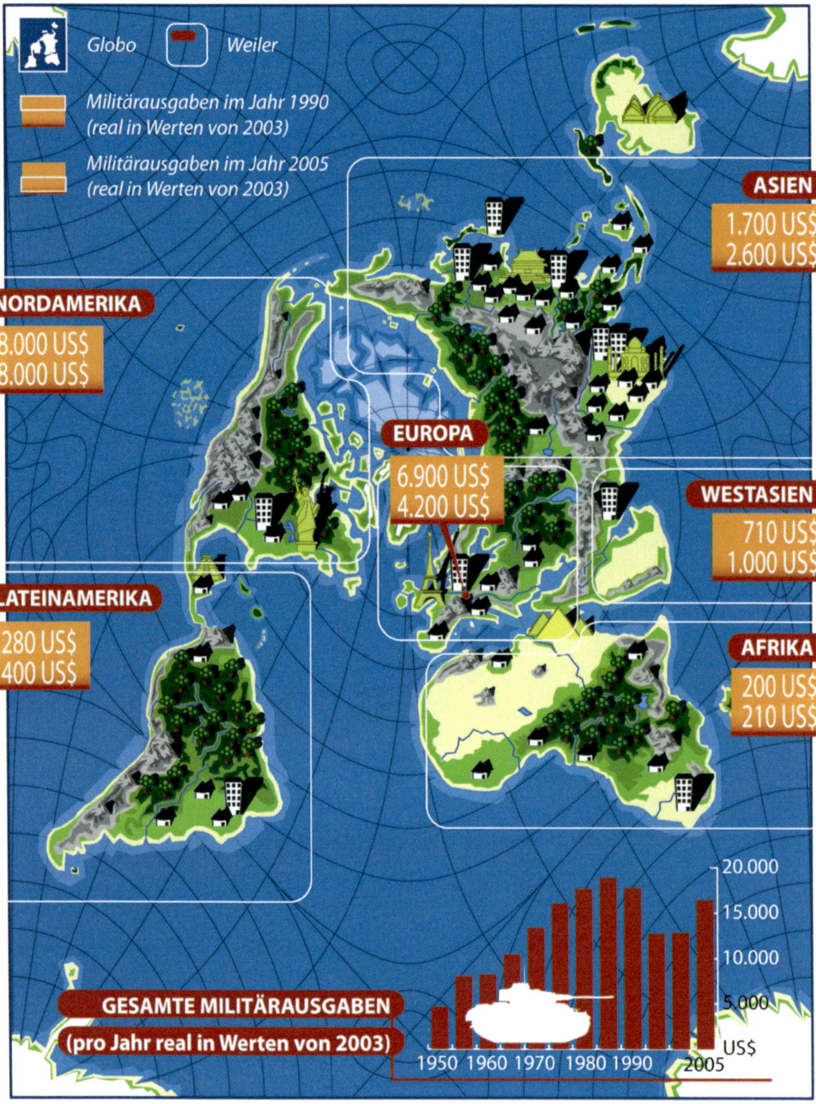

Globo   Weiler

Militärausgaben im Jahr 1990
(real in Werten von 2003)

Militärausgaben im Jahr 2005
(real in Werten von 2003)

ASIEN
1.700 US$
2.600 US$

NORDAMERIKA
8.000 US$
8.000 US$

EUROPA
6.900 US$
4.200 US$

WESTASIEN
710 US$
1.000 US$

LATEINAMERIKA
280 US$
400 US$

AFRIKA
200 US$
210 US$

20.000
15.000
10.000
5.000
US$

GESAMTE MILITÄRAUSGABEN
(pro Jahr real in Werten von 2003)
1950 1960 1970 1980 1990 2005

„Schutz" vertraut. Denn von den insgesamt 11 Handfeuerwaffen, die im Dorf Globo in privatem Besitz gehalten werden, besitzen die Menschen in Nordamerika alleine 5. Mit anderen Worten: eine pro Kopf und damit sogar mehr, als im ganzen Dorf in den Händen von Polizei und Militär sind (das sind nämlich nur 4).[183] Das gilt nicht nur auf individueller Ebene, sondern auch auf kollektiver. Im Weiler Nordamerika mit seinen nur 5 Bürgerinnen und Bürgern wird mehr für Rüstung ausgegeben als in allen anderen Weilern mit ihren 95 Personen zusammen, im gesamten Weiler Afrika betragen die Rüstungsausgaben sogar nur ein Vierzigstel – wobei freilich gerade das zeigt, dass das Ausmaß des Waffenbesitzes keine zwingenden Rückschlüsse auf die Gewalttätigkeit erlaubt.

Mit Waffen können eigene Interessen geschützt und durchgesetzt oder auch andere Regionen angegriffen und unter Druck gesetzt werden, nicht zuletzt im Rahmen der zuvor schon angedeuteten Verteilungskonflikte um Ressourcen. Am Beispiel des Erdöls erlebte und erlebt man diesen Zusammenhang im Dorf immer wieder recht anschaulich, aber auch bei vielen anderen wichtigen Ressourcen (z.B. bei Wasser) sind solche „Lösungen" denkbar. Eine Hauptursache dafür besteht wohl darin, dass die Reichen im Dorf eigentlich den für sie ja günstigen Status quo erhalten wollen, auch wenn das selten ausgesprochen wird. Dieser ist aber ganz wesentlich vom massiven Wohlstandsgefälle und von Verteilungsungerechtigkeiten bestimmt und birgt daher ein hohes Konfliktpotential. Militärische Mittel erfüllen dabei eine Doppelfunktion: Sie schützen die eigenen Grenzen vor

---

[183] So meldet z.b. die *Neue Zürcher Zeitung* in ihrem Dossier „Die rasche Urbanisierung fördert die Gewalt" vom 29. August 2007 (online unter: http://www.nzz.ch/ hintergrund/dossiers/die_rasche_urbanisierung_foerdert_die_gewalt_1.547669.html) mit Berufung auf *Small Arms Survey 2007: Guns and the City*. Cambridge/UK 2007 (online unter: http://www.smallarmssurvey.org/files/sas/publications/yearb2007.html), S. 39-71, vor allem S. 43 und 47.

100 GRENZZÄUNE

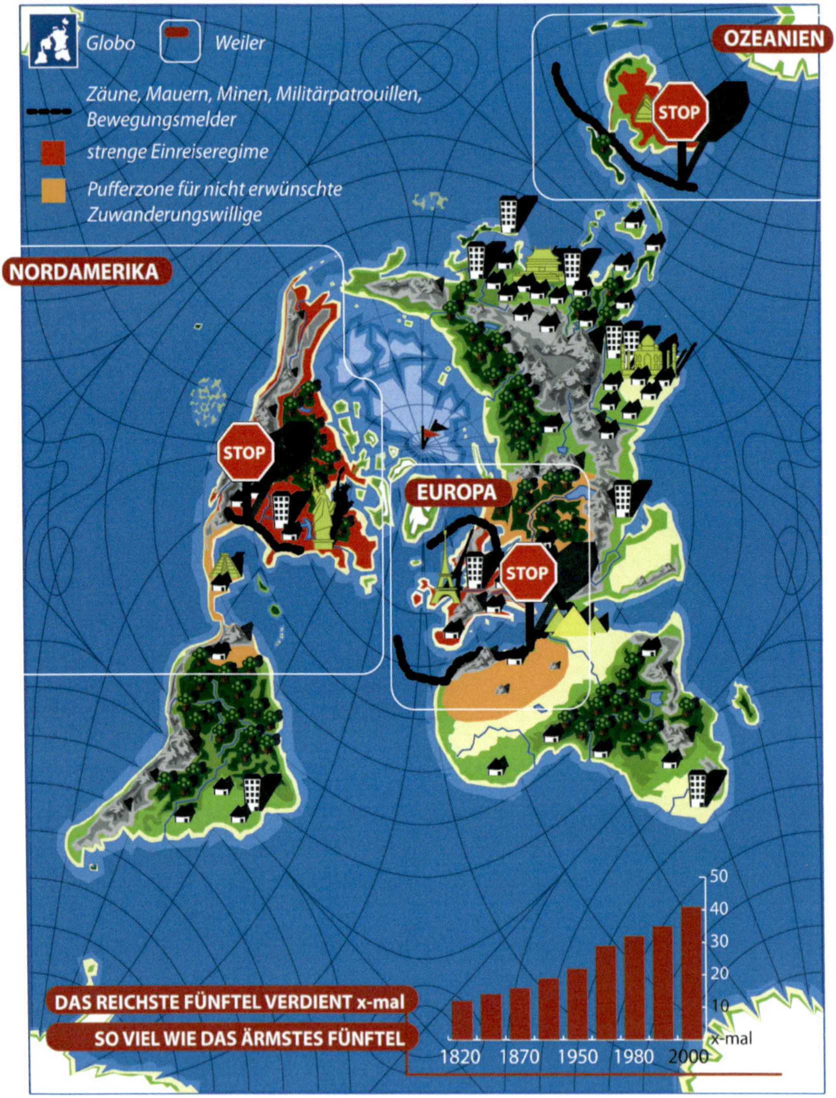

Globo *Weiler*

Zäune, Mauern, Minen, Militärpatrouillen, Bewegungsmelder

strenge Einreiseregime

Pufferzone für nicht erwünschte Zuwanderungswillige

OZEANIEN

STOP

NORDAMERIKA

STOP

EUROPA

STOP

DAS REICHSTE FÜNFTEL VERDIENT x-mal

SO VIEL WIE DAS ÄRMSTES FÜNFTEL

50
40
30
20
10
x-mal

1820 1870 1950 1980 2000

„unliebsamen" Gästen, die in die Wohlstandsregionen gelangen wollen, sie ermöglichen aber auch, mit Brachialgewalt notwendige Ressourcen zu „organisieren".

Waffen dienen also nicht nur dem Schutz. Oft würden sie auch wenig helfen, wenn man einen Blick auf die alltägliche Gewalt in Globo wirft. Zu den besonders tragischen Fakten im Dorf gehört nämlich sexuelle Gewalt, die in allen Teilen des Dorfes weit verbreitet ist, vor allem gegenüber Frauen und Kindern. So waren in Globo vermutlich rund 20 Frauen in den letzten zehn Jahren Opfer sexueller Gewalt, jedes Jahr werden etwa 4 Kinder sexuell missbraucht (viele von ihnen ständig) und mindestens 2 Mädchen bzw. Frauen sind genitalverstümmelt (also „beschnitten", wie das verharmlosend auch genannt wird). Dazu kommen noch unterschiedliche Formen der Ausgrenzung gegenüber den vermutlich rund 11 homosexuell orientierten Menschen, die in Globo auch dort leben, wo es sie angeblich nicht gibt.[184] Diese Gewalt erscheint oft als zu selbstverständlich, um überhaupt noch als solche wahrgenommen zu werden. Sie legt damit aber oft die Basis für ein Klima der Gewalt, in dem Gewaltverbrechen oder Kriege, die viel besser dokumentiert sind, gedeihen können, und ist gerade daher besonders wichtig.

Die Rüstungsausgaben stehen demgegenüber eher für „mögliche" Gewalt, dafür mit inzwischen immenser Zerstörungskraft. Daher sind noch zwei wichtige Anmerkungen anzubringen. Erstens ist darauf hinzuweisen, dass das für die Rüstung verwendete Geld in anderen Bereichen fehlt, indem man z.B. vorrechnet, dass es nur rund 2.200

---

[184] All diese Zahlen folgen Angaben internationaler Organisationen (UNEP, WHO, UNICEF, Amnesty International), unterliegen aber dem großen Problem, dass es eine unkalkulierbare Dunkelziffer gibt und es sich meist entweder um reine Schätzungen oder um Hochrechnungen auf der Basis kleiner Stichproben handelt. Trotz dieser ungenügenden Datenbasis (daher auch keine genauen Quellenangaben) ist das Thema aber zu wichtig, um nicht wenigstens erwähnt zu werden.

US$ (pro Jahr) kosten würde, um alle acht „Millenniumsentwicklungs-ziele"[185] zu erreichen und damit die schwerwiegendsten Armuts-phänomene zu beseitigen (vom Hunger über fehlende Bildung bis zu fehlender Gesundheitsversorgung). Das ist kaum ein Sechstel des Betrages, den die Weiler Nordamerika und Europa insgesamt für Rüstung ausgeben, wäre aber eine Investition, die vermutlich mehr für die tatsächliche Sicherheit in Globo leisten würde. Dazu muss man freilich auch sagen, dass die Rüstungsausgaben von manchen als Preis für den Erhalt des Wohlstands interpretiert werden und da-mit aus der Sicht dieser kleinen Gruppe von Begünstigten möglicher-weise sogar sehr gut eingesetzt sind. Schließlich erhöhen sie das Sicherheitsempfinden, wie begründet dies auch sein mag. Vor allem aber ist das Gesamteinkommen in den Weilern Europa und Nord-amerika mit ihren nur 17 Menschen tatsächlich deutlich größer als im gesamten übrigen Dorf zusammen – und das wäre es vielleicht nicht, wenn es nicht gewaltsam beschützt und ausgeweitet worden wäre.

Zweitens ist die Rüstungssituation im Dorf bei nüchterner Betrach-tung aber eigentlich absurd. Allein die in Globo trotz Abrüstung noch vorhandene nukleare Explosionsenergie beträgt rund 150 Tonnen.[186] Dazu kommt noch konventionelle Sprengkraft. Mit anderen Worten: Die totale Ausrottung der Bevölkerung in „unserem kleinen Dorf" wäre kein Problem, selbst wenn in diesem Bereich weiter massiv abgerüstet würde (aktuelle Entwicklungen zeigen aber, dass eher das Gegenteil der Fall ist). Das hat auch Rückwirkungen auf das, was als Problemlösung für möglich erachtet wird. In aller Kürze: Ein Krieg mit diesen Mitteln ist schlicht keine Option – zumindest keine, die das Überleben der Menschen in Globo beinhaltet.

---

[185] Vgl. dazu etwa http://www.un.org/millenniumgoals.

[186] Vgl. Sivard, Ruth L., et al.: *World Military and Social Expenditures 1996.* Washington/DC 1996, S. 20.

Epilog: Gegenwärtige und zukünftige Krisen

Der Jahreswechsel von 2008 auf 2009 war in Globo geprägt von einer Krise, die nicht ganz in das anfangs vorgestellte Dreigestirn aus Globalisierungskrise, Energiekrise und Klimakrise von Jeremy Rifkin passt. Am ehesten hat sie noch mit „Globalisierung" zu tun, aber sie überlagert das Thema „Klima" und hat auf die „Energie" sogar beruhigend gewirkt (wenngleich trügerisch). Die eigentliche Krise begann spätestens 2007, als ein Hauskäufer im Weiler Nordamerika seine ihm aufgedrängte Überschuldung nicht mehr bewältigen konnte, und wurde „Hypothekenkrise" getauft.[187] Da einige der etwa 10 Menschen in Globo mit genug Ersparnissen zum Investieren auch auf die Rückzahlung des nun uneinbringlichen Kredits spekuliert hatten, weitete sie sich im Herbst 2008 zu einem Problem auch für diese Gruppe aus und erhielt den neuen Namen „Finanzkrise". Bis zum Frühjahr 2009 war daraus eine allgemeine Wirtschaftskrise geworden, die alle Bewohnerinnen und Bewohner im Dorf direkt oder indirekt noch einige Zeit lang betreffen wird: durch eine allgemeine Verschlechterung der Wirtschaftslage und der öffentlichen Finanzen, geringeren Handel und geringere Flüsse von Hilfsleistungen und daher schließlich die Beeinträchtigung der Lebensgrundlagen und Einkommensmöglichkeiten aller in Globo.

---

[187] Bald kursierte auch der Begriff „Subprime"-Krise, abgeleitet vom Wort für jenes Segment des Kreditmarktes, von dem sie ausgelöst worden war. Dieses Segment heißt so, weil dort Schuldner und Schuldnerinnen nicht über die beste Bonität verfügen, eben „*sub prime*" sind. Dass Kreditausfälle gerade dort später so viele überrascht haben, erscheint rückblickend als zumindest naiv.

Das gilt auch, obwohl 44 Menschen in Globo außerhalb des Finanz-
systems leben, also ganz ohne Zugang zu Bankgeld und „Konten".[188]
Dass es so viele sind, ist kein Wunder, müssen diese Menschen doch
nahezu ihr gesamtes Geld (meist nur umgerechnet rund 2 $ pro Tag,
also rund 700 $ pro Jahr) für Lebensnotwendiges ausgeben, haben
nur wenige Möglichkeiten, ihr Einkommen zu steigern und sind damit einfach nicht interessant für Banken. Was man dabei aber doch
unterschätzt, ist das allgemeine Muster hinter diesem Umstand: Je
stärker jemand nämlich mit dem Finanzsystem verbunden ist, desto
leichter und billiger wird die Teilnahme. So haben z.B. die ca. 90
„armen" Menschen in Globo (das sind jene, die weniger als das
Durchschnittseinkommen von rund 6.000 $ pro Jahr verdienen), die
Kredit aber sicher gut brauchen könnten, entweder gar keinen Zugang dazu oder nur zu deutlich höheren Kosten als die „reichen".
Zugleich leihen sich die allerreichsten zwei oder drei Männer, die ja
eigentlich sowieso Geld und Kapital hätten, untereinander nahezu
beliebige Summen zu den besten Konditionen.[189]

Diese Paradoxie, die zugleich so typisch dafür ist, wie die Wirtschaft
in Globo funktioniert, taucht auch bei der „Bekämpfung" der aktuellen Krise wieder auf. Auch hier haben vor allem jene Finanzspritzen
erhalten, die eigentlich ohnehin relativ liquid sind und – wie Unter-
nehmensberichte bereits im Sommer 2009 wieder zeigten – sie oft
nicht einmal gebraucht hätten. *„Wir zahlen nicht für Eure Krise"*,
war daher auch das letztlich eher hilflose Motto eines Aktionstages am

---

[188] So rechnet der Historiker Niall Ferguson vor, vgl. Ferguson, Niall: *Der Aufstieg des Geldes. Die Währung der Geschichte.* Berlin 2009, S. 250.

[189] Genau deshalb ist das Instrument der „Mikrokredite" (kleinste Geldbeträge mit solidarischer Haftung) für jene Menschen (vor allem Frauen) geschaffen worden, die keinen Zugang zu Banken haben, wofür Mohammed Yunus aus Bangladesch im Jahr 2006 zwar nicht den Wirtschafts-, aber den Friedennobelpreis erhalten hat. Allerdings fällt dieses Instrument mengenmäßig in Globo nicht ins Gewicht.

28. März 2009. Denn „wir" zahlen eben doch, vor allem jene Menschen in Globo, die Steuern bezahlen müssen. Die dabei bewegten Summen sind enorm, wenn man sie z.B. mit dem Gesamteinkommen von rund 950.000 US$ (im Jahr 2008) vergleicht:

- Allein im Weiler Nordamerika wurden 11.500 US$ in die Rettung von Banken gesteckt, 12.000 US$ in die Rettung von Hypothekenfinanzierern sowie weitere 3.000 US$ allein in die Rettung des Versicherers AIG. Dazu kommen insgesamt 20.000 US$ in Form von Konjunkturpaketen.[190]

- Auch im Weiler Europa wurde viel Geld in „die Wirtschaft" gepumpt, das sich aus Garantien für Banken und andere Unternehmen (für den Notfall versprochenes Geld) und Konjunkturprogrammen (tatsächlich bezahltes Geld) zusammensetzt. Es ist erstaunlich schwierig, an konkrete Zahlen zu kommen, am häufigsten genannt werden aber rund 40.000 Euro für ersteres und insgesamt rund 7.000 Euro für zweiteres (wobei es Doppelzählungen gibt, aber steigende Sozialleistungen in ähnlichem Umfang nicht dazugezählt werden).[191]

- Im Weiler Ostasien beliefen sich die Summen für Wirtschaftsförderung auf jedenfalls mehr als 13.000 US$.[192]

---

[190] So meldet der „Bailout Tracker" von CNN, online unter: http://money.cnn.com/news/storysupplement/economy/bailouttracker/index.html.

[191] Vgl. z.B. den *Spiegel*-Artikel „Krugman nennt Europas Kampf gegen Krise enttäuschend" vom 17. März 2009, online unter: http://www.spiegel.de/wirtschaft/0,1518,613832,00.html. Das aktuelle „Griechenlandpaket" ist übrigens 2.000 (offizielle Verlautbarung) bis 5.000 Euro (schlimmste Befürchtung) schwer.

[192] Vgl. Barboza, David: „China Unveils $586 Billion Stimulus Plan", in: *International Herald Tribune*, 10. November 2008, online unter: http://www.iht.com/articles/2008/11/10/asia/10china.php; Seager, Ashley: „Japan Announces $100bn Stimulus Package to Curb Recession", in: *The Guardian*, 6. April 2009, online unter: http://www.guardian.co.uk/business/2009/apr/06/japan-financial-stimulus-curb-recession.

- Anfang April 2009 wurde verkündet, dass insgesamt 18.000 US$ für die Ankurbelung der Globo-Wirtschaft zur Verfügung gestellt werden (davon allein die Hälfte als zusätzliche Mittel für den Internationalen Währungsfonds). Dazu kommen noch weltweit 80.000 US$, die bis Ende 2010 als staatliche Konjunkturprogramme fließen sollen.[193]

- Der weltweite Abschreibungsbedarf für „giftige Papiere" (das sind jene Wertpapiere, die für ausgefallene Kredite stehen und die vor allem von Banken allzu sorglos gekauft wurden) wurde Ende April 2009 auf insgesamt 65.000 US$ nach oben korrigiert.[194] Das private Geldvermögen ist in Globo während des Jahres 2008 auch daher um 190.000 US$ (12 %) gesunken.[195]

Inzwischen mehren sich die Meldungen, dass die aktuelle Krise ja sowieso von allen erwartet worden ist. Man trifft zumindest kaum Leute aus der Ökonomie, die nicht gute Begründungen geben können. Die Wahrheit ist natürlich, dass es zwar durchaus mahnende Stimmen gegeben hat, während andere die Krise bis zuletzt geleug-

---

[193] Diese Zahl beinhaltet die zuvor bei den einzelnen Weilern bereits genannten Summen. Vgl. dazu das Abschlusskommunique des G20-Gipfels von London vom 2. April 2009, „The Global Plan for Recovery and Reform", online unter: http://www.g20.org/Documents/final-communique.pdf. Vom „zusätzlichen" Geld hat der Währungsfond für Griechenland übrigens gerade einmal 500 Euro bereitgestellt.

[194] So schätzt zumindest der Internationale Währungsfonds, wobei manche es gerne sehen würden, wenn diese Papiere trotz Wertlosigkeit von sogenannten „Bad Banks" (also Banken für „schlechte" Papiere) aufgekauft würden – auf Kosten der Allgemeinheit natürlich. Vgl. dazu etwa die Meldung der *Wirtschaftswoche* vom 21. April 2009, online unter: http://www.wiwo.de/politik/iwf-abschreibungen-von-vier-billionen-dollar-394658/.

[195] Vgl. die Fotostrecke zum *Spiegel*-Artikel „Europa überholt Nordamerika als reichste Region der Welt" von Sven Böll vom 15. September 2009, online unter: http://www.spiegel.de/fotostrecke/fotostrecke-46643-2.html mit Berufung auf Ergebnisse der *Boston Consulting Group*.

net oder gedanklich schnell durchtaucht haben.[196] Die Wahrheit ist außerdem, dass diese Krise in der Tat nicht besonders ungewöhnlich ist, sondern vielmehr „systemisch". Finanz- und Wirtschaftskrisen gehören zum Kapitalismus, und das wird von den Beteiligten letztlich auch mehr oder weniger akzeptiert. Dabei hofft man, dass neue Krisen zur Verbesserung der Präventionsmechanismen führen, allerdings – wie neue Erkenntnisse zeigen – haben sie in der Regel keinen nachhaltigen Einfluss auf das Verhalten der Akteure.[197]

Das sollte doch zu denken geben und kommt zu all den in diesem Buch zusammengetragenen Fakten noch dazu: die Menschen in Globo, also wir, sehen vieles nicht; anderes wird zwar gesehen, aber man will es nicht sehen oder zumindest nicht wahrhaben; und wieder anderes wird sogar für wahr gehalten, man ist aber nicht bereit, entsprechend zu handeln. Die Menschen in Globo, also wir, ignorieren die Lebensrealitäten ihrer Mitmenschen. Oft können wir sie auch tatsächlich gar nicht begreifen, weil sie uns zu fern oder fremd sind, während wir nicht wahrhaben wollen, dass Unerfreuliches durch Wegschauen nicht einfach verschwindet. Nicht zuletzt aufgrund dieses Musters drohen uns weitere Krisen. In manchen stecken wir bereits, andere klopfen an unsere Tür, wieder andere sehen wir in der Ferne. Das gilt aber nicht nur für Krisen, sondern auch für Lösungen.

---

[196] Auf die gegenseitigen Beschimpfungen in der Ökonomie, die oft genug bis zum wechselseitigen Infragestellen der Kompetenz reichten, soll hier ebenso wenig eingegangen werden, wie auf oft wirklichkeitsfremde und zynische Beiträge. Vielmehr sei auf ein Beispiel verwiesen, das in der Ökonomie in der Regel nicht einmal wahrgenommen, geschweige denn gewürdigt worden ist, das aber die systematischen Zusammenhänge aufzeigt: Altvater, Elmar/Mahnkopf, Birgit: *Die Grenzen der Globalisierung. Ökonomie, Ökologie und Politik in der Weltgesellschaft.* Münster 1996 (7. und damit bislang letzte aktualisierte Auflage 2007).

[197] Siehe z.B. – ideologisch völlig unverdächtig – Kaminsky, Carmen M./Rogoff, Kenneth S.: „This Time is Different: A Panoramic View of Eight Centuries of Financial Crises", *NBER Working Paper* 13882, 2008.

 **100** SCHLECHTE AUSSICHTEN

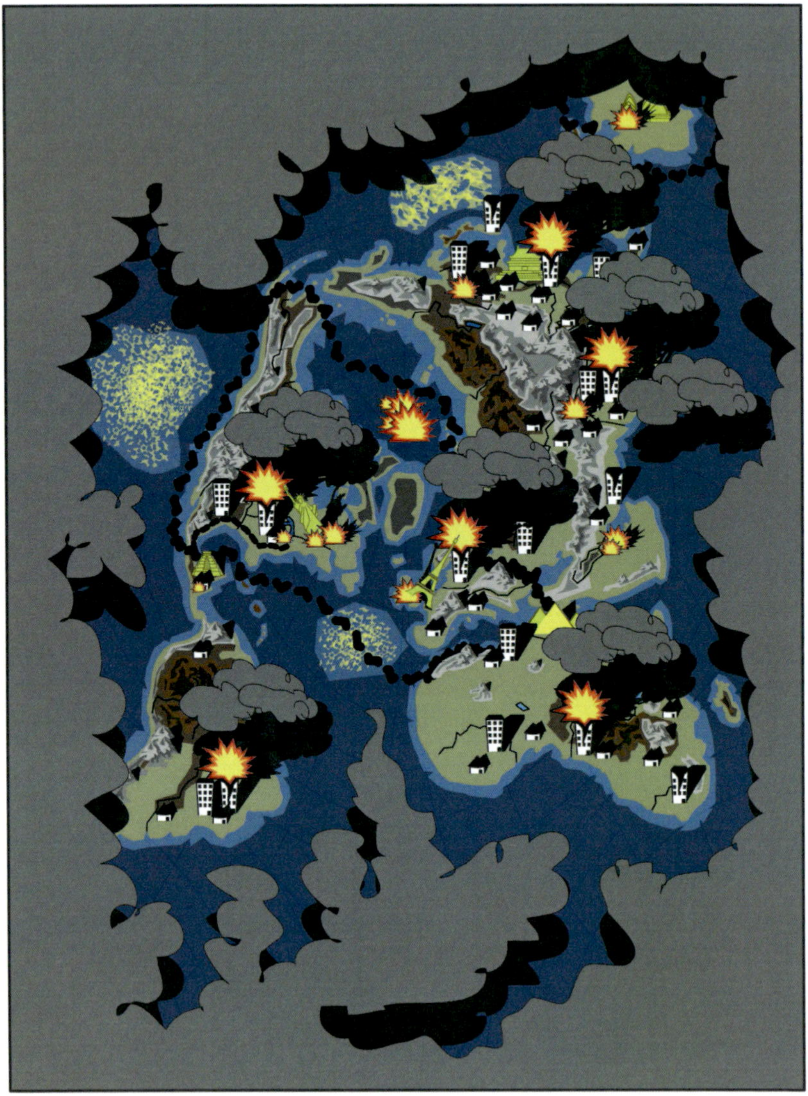

GUTE AUSSICHTEN

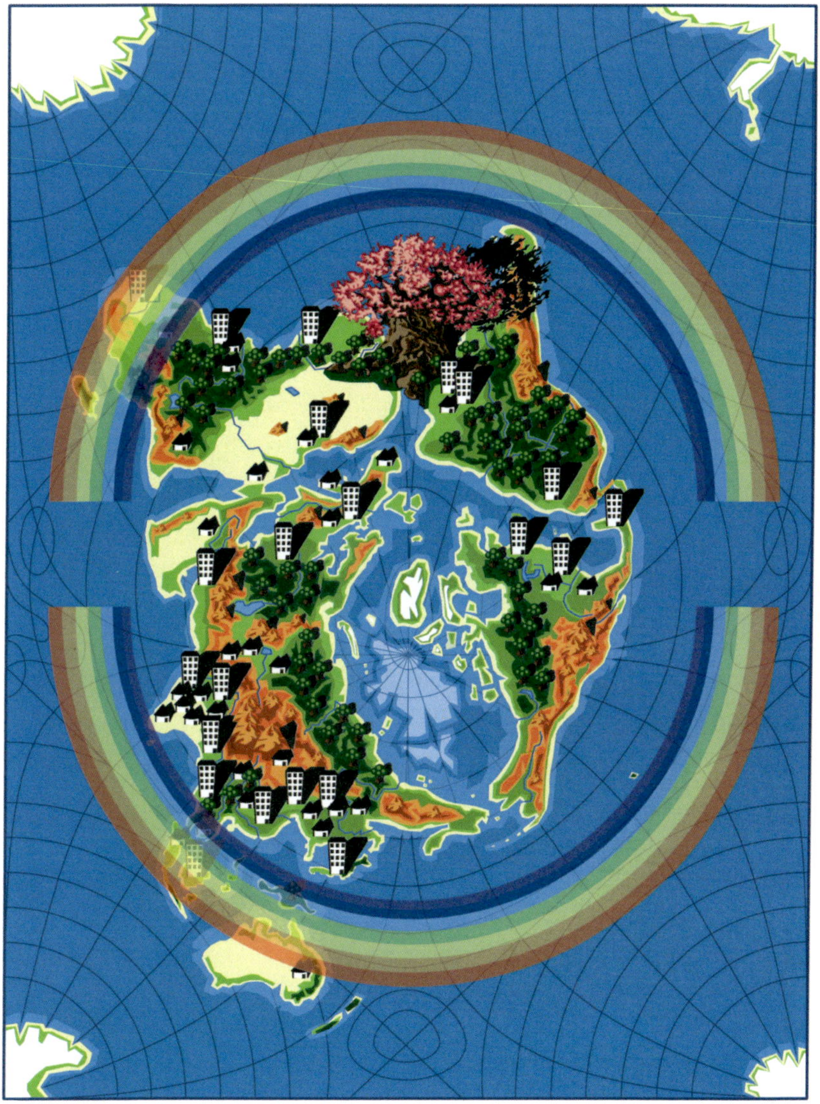

UNSER KLEINES DORF, EINE WELT MIT 100 MENSCHEN | 0.04

Dieses Buch soll helfen, die globale Realität in diesem Sinn wirklich oder zumindest besser erkennen zu können. Es soll Sachverhalte in ein anderes Licht rücken, auf dass man sie besser sieht, möglichst als das, was sie sind. Es soll damit schließlich auch Optionen aufzeigen, zwischen denen die Menschen durch ihr Verhalten wählen können, aber auch wählen müssen – Optionen, wie sie durch die beiden letzten Abbildungen in diesem Buch symbolisiert sind. Wir wissen aber letztlich nicht, was die Zukunft bringt, da sie sich jeden Tag dadurch verändert, dass Menschen überraschende Entscheidungen fällen. Wir können nur Trends erkennen, die Vergangenheit und Gegenwart zu erklären scheinen. In diesem Buch wurde versucht, die wichtigsten dieser Trends während des Anthropozän aufzuzeigen, nicht zuletzt, um damit Informationen zu liefern, welcher Art die Entscheidungen sind, vor denen die Menschen stehen. Dabei ist jeder Beitrag wichtig, egal wie unbedeutend er auch erscheinen mag. Es kommt auf jeden Einzelnen und jede Einzelne an, um die Zukunft zu bestimmen, denn im Anthropozän sind es – wie der Name schon sagt – die Menschen, die über ihr Schicksal entscheiden, im Guten wie im Schlechten. Sie – die 100 Menschen in Globo ebenso wie die bald 7 Milliarden auf der realen Erde, und damit auch wir – bestimmen, welches der beiden letzten Bilder der Zukunft näher sein wird. Freilich hat auch diese Freiheit Grenzen, allein die Endlichkeit des Planeten zeigt sie auf. Menschliches Leben kann aber ohnehin nur innerhalb solcher Grenzen bestehen. Überschreiten wir sie, könnte eines Tages folgender bekannte Witz wirklich über die Erde zu erzählen sein:

Trifft ein Planet den anderen. Sagt der eine: „Du siehst aber schlecht aus." Darauf der andere: „Ja, ich fühle mich auch nicht gut, ich habe Mensch." Sagt der eine: „Oh, das hatte ich auch. Aber es geht vorbei!"

Quellenverzeichnis der Abbildungen

Alle Abbildungen (einschließlich des Titelbildes) wurden von Stefan Neuner konzipiert, mehrfach überarbeitet und für die 3. Auflage nochmals völlig neu gestaltet. Die Grafiken **0-01**, **0-03** und **0-04** sind eigene Darstellungen, Grafik **0-02** ist eine eigene Zusammenstellung aus dem gesamten Buch.

1-01 Bevölkerungsdaten nach Maddison, Angus: *The World Economy: Historical Statistics* (CD-rom). Paris 2003.

1-02 Demographische Daten nach Population Division of the Department of Economic and Social Affairs of the United Nations Secretariat: *World Population Prospects: The 2008 Revision*, online unter: http://esa.un.org/unpp.

1-03 Daten nach *Wikipedia*, online unter: http://en.wikipedia.org/wiki/List_of_religious_populations (Religion) und http://en.wikipedia.org/wiki/List_of_languages_by_number_of_native_speakers (Sprachen, hierbei die Version nach *Encarta*); Ergänzungen nach *CIA Factbook*, online unter: https://www.cia.gov/library/publications/the-world-factbook/.

1-04 Demographische Daten nach Population Division of the Department of Economic and Social Affairs of the United Nations Secretariat: *World Population Prospects: The 2008 Revision*, online unter: http://esa.un.org/unpp.

2-01 Daten nach FAO: *Global Forest Resources Assessment 2005*. Rom 2006, S. 190-195 (Bestand 2005) und McNeill, John R.: *Blue Planet: Die Geschichte der Umwelt im 20. Jahrhundert*. Frankfurt/M. 2003, Tabelle 7.1 (Veränderung der Bodenverhältnisse 1700 bis 2000).

2-02 Daten nach ISRIC-UNEP: *Global Assessment of Human Induced Soil Degradation*, 1987-90, online unter: http://www.isric.org/UK/About+ISRIC/Projects/Track+Record/GLASOD.htm (Karte) und http://www.isric.org/isric/webdocs/Docs/ExplanNote.pdf (Zahlen).

2-03 Einkommensdaten nach Maddison, Angus: *The World Economy: Historical Statistics* (CD-rom). Paris 2003.

2-04 Berechnungen von Andreas Exenberger auf der Basis von Einkommensdaten nach Maddison, Angus: *The World Economy: Historical Statistics* (CD-rom). Paris 2003.

Quellenverzeichnis der Abbildungen

2-05 Darstellung nach Nefiodow, Leo A. *Der sechste Kondratieff: Wege zur Produktivität und Vollbeschäftigung im Zeitalter der Information*. Sankt Augustin 2006 (6. Aufl.), S. 1-22.

2-06 Daten nach Vigener, Walfried: *Die Weltproduktion wichtiger Waren. Eine Analyse der Entwicklung seit 1870*. Berlin 1970 (bis 1960) und *Fischer Weltalmanach*. Frankfurt/M. diverse Jahrgänge 2005-2008 (für 2005/06).

2-07 Darstellung nach Matthias Wallisch, Vorlesungsskript „Ressourcenmanagement", Lehrstuhl für Wirtschaftsgeographie der LMU München (nicht mehr online verfügbar, ehemals unter: http://www.geographie.uni-muenchen.de/department/admin/lehre/dateien/114/9%20Rohstoffe_Ressourcen.pdf).

2-08 Handelsdaten nach WTO: *International Trade Statistics 2008*. Genf 2008, S. 9 und WTO: *International Trade Statistics 2001*. Genf 2001, S. 40. Es handelt sich um nominelle Daten, unter Berücksichtigung der Kaufkraft wären die Steigerungsraten (und die Unterschiede zwischen Weilern) geringer.

2-09 Handelsdaten nach WTO: *International Trade Statistics 2008*. Genf, 2008, S. 10.

3-01 Angaben nach Worldwatch Institute: *Vital Signs: The Trends that are Shaping our Future*. New York 1984ff., diverse Ausgaben, Launer, Ekkehard (Red.): *Zum Beispiel Hunger*. Göttingen 1993 und Ali, Salim M.: *Die Kartoffel-Chance: Eine kleine Pflanze und ihre große Möglichkeit, weltweit den Hunger zu beenden*. Oldenburg 1999, S. 94.

3-02 Angaben nach Worldwatch Institute: *Vital Signs: The Trends that are Shaping our Future*. New York 1984ff., diverse Ausgaben.

3-03 Angaben nach Carus, Michael, et al.: *Fossile und nachwachsende Rohstoffe für Verpackungen: Marktentwicklungen und Preistrends*. Vortrag beim Deutschen Verpackungskongress, Berlin, 12. Juni 2008, online unter: http://www.nova-institut.de/pdf/08-06-12_rohstoffwende_verpackung_nova.pdf, Folien 20-21 auf der Basis von FAO- und OECD-Daten (leicht modifiziert).

3-04 Angaben nach Pleiß, Hermann: *Der Kreislauf des Wassers in der Natur*. Jena 1977 (zitiert auf: http://www.hydrogeographie.de/wasserkreislauf.htm), wenn auch widersprüchlich mit WBGU: *Jahresgutachten 1997: Welt im Wandel – Wege zu einem nachhaltigen Umgang mit Süßwasser*. Berlin 1998, S. 47.

3-05 Angaben nach McNeill, John R.: *Blue Planet: Die Geschichte der Umwelt im 20. Jahrhundert*. Frankfurt/M. 2003, S. 138.

3-06 Angaben nach *Population Action International* auf der Basis von FAO-Daten, online unter: http://216.146.209.72/Publications/Reports/People_in_the_Balance/Interactive/peopleinthebalance/pages/?s=2&t=graphs, siehe zudem: http://www.weltbevoelkerung.de/info-service/themenmagazin_wasser.shtml?navid=40.

3-07 Darstellung nach Mora, Camilo, et al.: „Management Effectiveness of the World's Marine Fisheries", in: *PLoS Biol* 7 (6), Abbildung 3G, online unter: http://www.plosbiology.org/article/info%3Adoi%2F10.1371%2Fjournal.pbio.1000131. Die Angaben messen Managementeffektivität gemäß der Einschätzung von Expertinnen und Experten als Kombination aus Wissenschaftlichkeit der Entscheidungsgrundlagen, Transparenz der Entscheidungsfindung, Fähigkeit zur Umsetzung, sowie Fischfangkapazität, Subventionsregimen und der Offenheit für fremde Flotten. Die Werte messen daher nicht tatsächliche Überfischung der Bestände, sondern vielmehr Gefährdungsfaktoren, die diese begünstigen. Vgl. auch: Gresh, Alain (Red.): *Atlas der Globalisierung: Die neuen Daten und Fakten zur Lage der Welt*. Berlin 2006, S. 16-17.

3-08 Ernährungsdaten nach der Online-Datenbank der FAO, FAOSTAT (http://faostat.fao.org), Unterpunkt „Consumption". Als absoluter Minimalkonsum für ein normales Leben ohne größere Anstrengungen gelten durchschnittlich (unterschiedlich nach Lebensalter, Geschlecht und Klima) 1.900 Kilokalorien.

3-09 Viehbestandsdaten nach der Online-Datenbank der FAO, FAOSTAT (http://faostat.fao.org), Unterpunkt „Production". Diese Zahlen beinhalten keine wildlebenden Tiere.

3-10 Daten nach Scheitza, Rüdiger: *Ernährung, Energie, Erfolg: Nachhaltige Landwirtschaft als Programm?* Econsense-Vortrag, Berlin, 8. März 2007, online unter: http://www.econsense.de/_VERANSTALTUNGEN/images/2007_2_dialog_energie_vom_feld/070308_Dr_Scheitza.pdf, Folie 6 (Getreidenutzung) und Brown, Lester R.: *Plan B 2.0: Rescuing a Planet under Stress and a Civilization in Trouble*. New York 2006, S. 243 und 253 (Versorgungspotential).

3-11 Angaben auf der Basis von Handelsdaten (Geldwerte) nach der Online-Datenbank der FAO, FAOSTAT (http://faostat.fao.org), Unterpunkt „Trade".

3-12 FAO: *More People than Ever are Victims of Hunger*. Presseaussendung der FAO vom 15. Juni 2009 (http://www.fao.org/fileadmin/user_upload/newsroom/docs/Press%20release%20june-en.pdf), S. 3.

3-13 Hochrechnungen (die dokumentierbaren Zahlen liegen darunter) von Andreas Exenberger auf der Basis von Daten aus der Online-Datenbank der WHO, WHOSIS, online unter: http://apps.who.int/whosis/data/Search.jsp?countries=[Location].Members, Unterpunkt „Risk Factors". Als „fettleibig" gelten in der Regel Personen ab einem Body-Mass-Index (Gewicht in kg dividiert durch quadrierte Körpergröße in m) von 30. Die verfügbaren Daten mussten über Ähnlichkeitsannahmen hochgerechnet werden, da für nur 91 Länder (nicht repräsentativ) methodisch zudem unterschiedliche Studien vorliegen, die oft nur Angaben über Frauen enthalten.

4-01 Eigene Darstellung, inspiriert von Scheer, Herrmann/Tetzlaff, Karl-Heinz: *Bio-Wasserstoff*. Norderstedt 2005, S. 254.

Quellenverzeichnis der Abbildungen

4-02   Daten nach Overseas Development Institute: *2006 ODI Source Book on Development-Related Trends*. London 2006, S. 18 (Datenvergleich 1950 und 1990) und Maddison, Angus: *Contours of the World Economy, 1 – 2030 AD*. Oxford 2007, S. 348 (Daten seit 1820, Zeitreihe linear extrapoliert).

4-03   Daten nach *Welt im Wandel 2004*, online-Ausgabe, Arbeitsmaterialien C100, nach Fritz Vahrenholt (Universität Hamburg und RWE), online unter: http://omnia-verlag.de/weltimwandel/php/start.php?id=1595&bc=-1-955-1159-1595.

4-04   Daten nach IEA: *World Energy Outlook 2002*. Paris 2002, S. 387-388.

4-05   Daten nach IEA: *World Energy Outlook 2002*. Paris 2002, S. 92.

4-06   Darstellung auf der Basis von Handelsdaten (Mengen) nach Maddison, Angus: *Contours of the World Economy, 1 – 2030 AD*. Oxford 2007, S. 368.

4-07   Daten nach IEA: *World Energy Outlook 2002*. Paris 2002, S. 376 und 378.

4-08   Daten nach REN21: *Renewables 2007: Global Status Report*. Paris 2007, online unter: http://www.worldwatch.org/files/pdf/renewables2007.pdf, S. 9 (Energieträger) und BMU: *Energiepolitik 20 Jahre nach Tschernobyl*. Berlin 2006, online unter: http://www.bmu.de/files/pdfs/allgemein/application/pdf/tagung_20jahre_tschernobyl.pdf, S. 192 (natürliche Energieströme). Die Angaben über die technische Nutzbarkeit entsprechen dem Stand der Technik von 2005, wobei diese technische Nutzbarkeit freilich noch nichts über die Wirtschaftlichkeit der möglichen Nutzung aussagt.

5-01   Daten nach Kaml, Ursula: *Angenommen, die Welt wäre ein Dorf von 1.000 Einwohnern, wie könnte man sie statistisch seit 1950 beschreiben?* Wirtschaftswissenschaftliche Diplomarbeit, Innsbruck, 2003, Tabelle 191.

5-02   Daten nach http://www.welt-in-zahlen.de/laendervergleich.phtml, Kriterium „Pkw" (aktueller Bestand) und Worldwatch Institut: *Zur Lage der Welt 2004: Die Welt des Konsums*. Münster 2004, S. 80 (historische Zahlen).

5-03   Darstellung nach Bauer, Barbara (Red.): *Atlas der Globalisierung: Erdöl, Menschen, Waffen, Wasser, Geld, Netze, Grundrechte*. Berlin 2003, S. 13.

5-04   Eigene Darstellung. Förderdaten nach dem „Peak-Oil"-Szenario von Colin J. Campbell, online unter: http://www.peakoil.net/uhdsg/, Verbrauchsdaten (bis 2000) nach Angaben des Verkehrsclub Österreich (VCÖ), online unter: http://www.vcoe.at/images/doku/OelundVerkehr.pdf. Eigene Schätzungen, wobei die hohe Schätzung einen Extremwert angibt, wenn der Expansionspfad der Periode 1980-2000 ohne Verbesserung der Nutzungseffizienz fortgesetzt würde, und die niedrige Schätzung einen, wenn keine weitere Expansion stattfindet, sich aber die Nutzungseffizienz verbessert. Die mittlere Schätzung ist ein wahrscheinlicher Mittelwert.

5-05 Daten nach Böhm, Wolfgang: *Globalisierung: So funktioniert die weltweite Vernetzung.* Linz 2008, S. 11 (Transportkosten) und Worldwatch Institute: *Vital Signs: The Trends that are Shaping our Future.* New York 2006, S. 69 (Flugpassagiere). Flug- und Schifftransportkosten (angegeben bezogen auf Tonnenkilometer, also den Kosten für den Transport von 1 t Gewicht über 1 km Entfernung) sind durch Indexierung nicht direkt miteinander vergleichbar.

5-06 Daten nach UNWTO: *Tourism Highlights: 2008 Edition.* Madrid 2008, S. 3 (Vergleich 1990 und 2006) und Worldwatch Institute: *Vital Signs: The Trends that are Shaping our Future.* New York 2003, S. 51, auf der Basis von Daten der UNWTO (Daten seit 1950).

6-01 Beschäftigungsdaten nach „Atlas des 20. Jahrhunderts", in: *Der Standard* vom 24. November 1999 (Angaben bis 1980) und Exner Andreas/Lauk Christian/Kulterer Konstantin: *Die Grenzen des Kapitalismus. Wie wir am Wachstum scheitern.* Wien 2008, S. 89 (Angaben für 2006).

6-02 Armutsdaten nach World Bank: *World Development Indicators 2005* (CD-rom). Washington/DC 2005.

6-03 Armutsdaten nach World Bank: *World Development Indicators 2005* (CD-rom). Washington/DC 2005.

6-04 Daten nach UBS: *Preise und Löhne: Ein Kaufkraftvergleich rund um die Welt.* Zürich 2006, S. 11; siehe auch: http://www.ubs.com/1/g/wealthmanagement/wealth_management_research/prices_earnings.html. Die Zahlenangaben sind einfache arithmetische Mittelwerte der Daten aus jenen Städten, die den jeweiligen Weilern zuzuordnen wären (mit teils erheblichen Schwankungsbreiten).

6-05 Angaben der Deutschen Welthungerhilfe, online unter: http://welthungerhilfe.de/fileadmin/media/bilder/Infografik/kinderarbeit_gross.jpg (Kinderarbeit). Die Grafik „Frauenarbeit ernährt die Welt" (ehemals http://www.cebeef.com/2004/kolumne/f6214.html) ist nicht mehr online verfügbar. Die Angaben beziehen sich auf das Tragen von Wasser, Brennmaterial und Feldfrüchten in Kilogrammkilometern, also unter Berücksichtigung von Gewicht und Entfernung (50 kgkm = z.B. 5 kg x 10 km oder 50 kg x 1 km).

7-01 Konsumdaten nach Worldwatch Institute: *Vital Signs: The Trends that are Shaping our Future.* New York 2004, S. 41. Ein fiktiver „Warenkorb" entspricht dabei wertmäßig einem Prozent des Gesamtkonsums, nicht aber einem entsprechenden Anteil am Konsum bestimmter Güter.

7-02 Slumdaten nach UNDP: *Human Development Report 2003.* Oxford 2003, S. 127. Wohnungen in einem „Slum" sind städtisch und erfüllen zumindest eine der folgenden Bedingungen: nicht dauerhaft, zu klein, ohne Wasseranschluss, ohne Sanitäreinrichtungen, illegal.

Quellenverzeichnis der Abbildungen

7-03 Versorgungsdaten nach UNDP: *Human Development Report 2004*. Oxford 2004, S. 131.

7-04 Daten nach UNDP: *Human Development Report 2004*. Oxford 2004, S. 131 (Zugang) und der „EarthTrends"-Datenbank des *World Resources Institute*, online unter: http://earthtrends.wri.org/searchable_db/ (Wasserentnahme).

7-05 Gesundheitsausgabendaten nach World Bank: *World Development Indicators 2005* (CD-rom). Washington/DC 2005. Der „Privatisierungsgrad" der Gesundheitsausgaben nach Einkommen wurde in „Vintilen" ermittelt (Berechnungen von Andreas Exenberger), d.h. für je 20 % der Bevölkerung, absteigend gereiht nach Einkommenshöhe (ganz links in der Grafik finden sich daher Angaben für die 20 reichsten, ganz rechts für die 20 ärmsten Menschen in Globo).

7-06 Eigene Zusammenstellung, Details siehe Text (S. 136 und vor allem 139).

7-07 Daten nach *Nationmaster*-Datenbank, online unter: http://www.nationmaster.com/graph/int_use-internet-users (Internet) und ITU World Telecommunication Indicators Database 2006, online unter: http://www.itu.int/ITU-D/ict/statistics/at_glance/KeyTelecom99.html (Telefonieren).

7-08 Alphabetisierungsdaten nach UNESCO: *EFA Global Monitoring Report 2008: Education for All by 2015 – Will We Make it?* Oxford 2008, S. 258. In Europa und Nordamerika werden kaum international vergleichbare Studien zur Lese- und Schreibfähigkeit durchgeführt (die wenigen ergeben meist einen Alphabetisierungsgrad um 95 %), sondern es wird in der Regel ein Wert von 99 % einfach unterstellt.

8-01 Angaben nach Schmidt-Bleek, Friedrich: *Wieviel Umwelt braucht der Mensch? MIPS – das Maß für ökologisches Wirtschaften*. Berlin 1994, S. 22. Die Zahlen beziehen sich zwar auf den Stand der Technik 1983, neuere Angaben desselben Autors zeigen aber, dass technische Fortschritte seither in der Regel nicht zu weniger Verschmutzung geführt haben. Vgl. Schmidt-Bleek, Friedrich: *Nutzen wir die Erde richtig? Die Leistungen der Natur und die Arbeit des Menschen*. Frankfurt/M. 2008 (4. Aufl.), S. 236-250.

8-02 Für „Hunger" werden Daten zur absoluten und extremen Armut nach Angaben der Weltbank herangezogen (siehe Abb. 6.02 und 6.03 hier), für „Wüstenbildung" Angaben der UNCCD, online unter: http://www.unccd.int/publicinfo/mediabrief/mediabrief-eng.pdf, für „Hochwasser" Angaben zur aktuellen und zu erwartenden Zahl der von Überflutungen (nicht aber von Stürmen) Betroffenen nach UNDP: *Human Development Report 2007*. Oxford 2007, S. 98 und 100. Vom Klimawandel sind alle in der einen oder anderen Weise bedroht.

8-03 Siehe für eine ausführliche Dokumentation http://www.greatgarbagepatch.org/.

8-04 Eigene (idealisierte) Zusammenstellung. Siehe auch Abb. 3.08 (Fleisch) und 4.02 (Primärenergie) hier, sowie z.B. Harms, Haio: „Erfahrungen der Lenzing

AG mit IPR in China", Vortrag am 15. Juni 2007 in Wien, online unter: http://www.awsg.at/portal/media/2696.pdf?PHPSESSID=117df4f42d6caecce56e771ce56badae, S. 4 (Textilfasern).

8-05 Angaben nach *Global Footprint Network* (http://www.footprintnetwork.org), Online-Datenbank unter: http://www.footprintnetwork.org/download.php?id=509.

8-06 Daten nach Bröckers, Matthias: *Cogito ergo bum und 49 weitere Beweise für die Unausweichlichkeit des Scheiterns*. Frankfurt/M. 2007, S. 97.

8-07 Eigene Zusammenstellung auf der Basis von Bevölkerungsdaten nach Population Division of the Department of Economic and Social Affairs of the United Nations Secretariat: *World Population Prospects: The 2008 Revision*, online unter: http://esa.un.org/unpp und von Verteilungsdaten nach Dikhanov, Yuri: „Trends in Global Income Distribution, 1970-2000, and Scenarios for 2015", *Human Development Report Office Occasional Paper* 2005/8, S. 11-12. Als „reich" bzw. „arm" im Sinne der Darstellung gelten dabei Personen, die über mehr bzw. weniger als das weltweite Gesamtdurchschnittseinkommen von ca. 6.000 $ verfügen (und die in die jeweils interessante Altersgruppe fallen).

8-08 Eigene Zusammenstellung (aus dem gesamten Buch), wobei der Verbrauch der „reichsten" 25 Menschen im Dorf in der Regel grob aus Angaben geschätzt wurde, die über eine kleinere Gruppe vorliegen.

8-09 Daten (mittlere Schätzung) nach *Small Arms Survey 2007: Guns and the City*. Cambridge/UK 2007, online unter: http://www.smallarmssurvey.org/files/sas/publications/yearb2007.html, S. 47.

8-10 Daten nach SIPRI: *SIPRI Yearbook 2006: Armaments, Disarmament and International Security*. Oxford 2006, S. 326-327 (aktuelle Zahlen) sowie Worldwatch Institute: *Vital Signs: The Trends that are Shaping our Future*. New York 1998, S. 115 (historische Zahlen), Ergänzungen nach World Bank: *World Development Indicators 2005* (CD-rom). Washington/DC 2005. Angaben in realen Werten (US$ von 2003) durch Umrechnung der älteren Daten mittels Vergleich in den Jahren 1990 und 1996.

8-11 Darstellung nach Gresh, Alain (Red.): *Atlas der Globalisierung: Die neuen Daten und Fakten zur Lage der Welt*. Berlin 2006, S. 50, Verteilungsdaten nach Bourguignon, Francois/Morrisson, Christian: „Inequality among World Citizens: 1820-1992", in: *American Economic Review* 92 (4), 2002, S. 727-744, hier S. 731-732 (für 1820-1992) und Dikhanov, Yuri: „Trends in Global Income Distribution, 1970-2000, and Scenarios for 2015", *Human Development Report Office Occasional Paper* 2005/8, S. 12 (für 2000).

Alle in diesem Buch zitierten Internet-Quellen wurden letztmals am 7. Juni 2010 abgerufen und damit auf Korrektheit der Daten überprüft.

Globo in der Nussschale: Highlights aus „unserem kleinen Dorf"

- Im Jahr 2000 lebten 100 Menschen in Globo. Zurzeit stirbt jedes Jahr 1 Mensch und 2, manchmal 3 werden geboren (S. 22).

- Es gibt 11 Autos (Abb. 5.02), ebenso 11 private Handfeuerwaffen (Abb. 8.09), oft in Besitz derselben Menschen.

- Es werden insgesamt jährlich 430 Barrel Öl verbraucht (Abb. 4.05), trotzdem leben 27 Menschen ganz ohne Strom (Abb. 4.07) und 39 sind zum Kochen und Heizen auf Biomasse angewiesen (Abb. 4.04).

- Mindestens 28 Menschen sind „fehlernährt": 17, weil sie hungern (Abb. 3.12), und 11, weil sie fettleibig sind (Abb. 3.13).

- 15 Menschen leben in Slums, 20 ohne Zugang zu sauberem Trinkwasser und 45 ohne ausreichende sanitäre Versorgung (Abb. 7.02, 7.03 und 7.04).

- Von den 20 Kindern im Alter zwischen 5 und 14 Jahren, die in Globo leben, müssen 4 arbeiten, um zu überleben (Abb. 6.05).

- 61 Prozent des gesamten Konsums entfällt auf nur 12 Menschen, 39 Prozent auf die restlichen 88 (Abb. 7.01).

- Die 7 Menschen in Westeuropa geben jährlich je 2.150 US$ für ihre Gesundheit aus, davon ein Viertel privat, die 22 in Südasien nur 130, davon vier Fünftel privat (Abb. 7.05).

- In Globo gibt es 10 „reiche Alte" und 30 „arme Junge" (Abb. 8.07). Generell leben 45 Menschen von weniger als 2 $ pro Tag (Abb. 6.03) und während nur 2 Personen 50 Prozent des gesamten Vermögens besitzen, besitzen 50 Menschen nur 1 Prozent (Abb. 8.06).

- Weil der Ressourcenverbrauch bereits seit geraumer Zeit beständig zunimmt, könnten gemessen an der Kapazität von Globo inzwischen eigentlich nur noch 85 Menschen nachhaltig dort wohnen. Nach nordamerikanischem Lebensstil wären es sogar nur 22, hingegen 240 nach südasiatischem Lebensstil (Abb. 8.05, S. 153-154).

Das Autorenteam

Josef Nussbaumer ist habilitierter Wirtschafts- und Sozialhistoriker am Institut für Wirtschaftstheorie, -politik und -geschichte der Universität Innsbruck und Träger des Wissenschaftspreises der Landeshauptstadt Innsbruck 1997. Seit 1992 ist er Herausgeber der Reihe „Geschichte und Ökonomie" im Studienverlag sowie Autor zahlreicher Aufsätze und Bücher, darunter *Die Gewalt der Natur* (1996), *Vergessene Zeiten in Tirol* (2000) und *Gewalt.Macht.Hunger* (2003). Seine Forschungsschwerpunkte sind Katastrophen- und Hungerforschung im globalen und lokalen Kontext. Josef Nussbaumer hat „Unser kleines Dorf" von Grund auf konzipiert, in jahrelanger Arbeit die Daten zusammengetragen und die Textgrundlage erstellt.

Andreas Exenberger ist habilitierter Wirtschafts- und Sozialhistoriker am Institut für Wirtschaftstheorie, -politik und -geschichte der Universität Innsbruck sowie diplomierter Politikwissenschaftler. Er ist Autor zahlreicher Aufsätze und Bücher, darunter *Außenseiter im Weltsystem* (2002) und *Der weite Horizont* (2006, gemeinsam mit Carmen Cian). Seine Forschungsschwerpunkte sind Globalisierungs-, Armuts- und Gewaltforschung. Andreas Exenberger ist neben seiner Beteiligung an der Konzeption für die Sekundärrecherche und Qualitätssicherung, die Textgestaltung und das Layout von „Unser kleines Dorf" verantwortlich.

Stefan Neuner ist diplomierter Betriebswirt und angehender Sozial- und Wirtschaftshistoriker. Daneben ist er als freiberuflicher Gestalter tätig (Grafiken und Webauftritte) und betreibt Forschungsprojekte im Bereich Kapitalismusforschung. Stefan Neuner ist neben seiner Beteiligung an der Konzeption für die gesamte grafische Gestaltung von „Unser kleines Dorf" verantwortlich.

Andere Publikationen aus den letzten Jahren, an denen die Autoren maßgeblich beteiligt waren:

Exenberger, Andreas / Nussbaumer, Josef (Hg.): *Von Körpermärkten*. Innsbruck: innsbruck university press, 2008. ISBN: 978-3-902571-74-8

Nussbaumer, Josef / Pruckner, Gerald J. / Theurl, Engelbert (Hg.): *Streiflichter der Verteilungsgerechtigkeit*. Marburg: Metropolis, 2008. ISBN: 978-3-89518-688-2

Exenberger, Andreas (Red.): *Wachstum – Umwelt – Entwicklung*. Wien: Mandelbaum, 2008. ISBN: 978-3-85476-276-8

Eberharter, Alexander / Exenberger, Andreas (Hg.): *Globalisierung und Gerechtigkeit. Eine transdisziplinäre Annäherung*. Innsbruck: innsbruck university press, 2007. ISBN: 978-3-902571-16-8

Exenberger, Andreas / Nussbaumer, Josef (Hg.): *Von Menschenhandel und Menschenpreisen. Wert und Preis von Menschen im Spiegel der Zeit*. Innsbruck: innsbruck university press, 2007. ISBN: 978-3-902571-22-9

Palaver, Wolfgang / Exenberger, Andreas / Stöckl, Kristina (Hg.): *Aufgeklärte Apokalyptik. Religion, Gewalt und Frieden im Zeitalter der Globalisierung*. Innsbruck: innsbruck university press, 2007. ISBN: 978-3-902571-41-0

Exenberger, Andreas / Cian, Carmen: *Der weite Horizont. Globalisierung durch Kaufleute*. Innsbruck: Studienverlag, 2006. ISBN: 978-3-7065-4194-7

Sedmak, Clemens (Hg.): *Option für die Armen. Die Entmarginalisierung des Armutsbegriffs in den Wissenschaften*. Freiburg: Herder, 2005. ISBN: 3-451-28777-3

Nussbaumer, Josef / Rüthemann, Guido: *Gewalt.Macht.Hunger. Große Hungerkatastrophen seit 1845*. Innsbruck: Studienverlag, 2003. ISBN: 978-3-7065-1558-0

Exenberger Andreas: *Außenseiter im Weltsystem. Die Sonderwege von Kuba, Libyen und Iran*. Frankfurt/M.: Brandes & Apsel, 2002. ISBN: 978-3-86099-228-9

Nussbaumer, Josef: *Vergessene Zeiten in Tirol. Lesebuch zur Hungergeschichte einer europäischen Region*. Innsbruck: Studienverlag, 2000. ISBN: 978-3-7065-1467-5